BARACK OBAMA

Barack Obama fue el 44º presidente de Estados Unidos. Fue elegido en noviembre de 2008 y se mantuvo en la presidencia durante dos mandatos. Es autor de los *bestsellers* del *New York Times* titulados *Una tierra prometida* y *La audacia de la esperanza*. Recibió el Premio Nobel de la Paz en 2009. Vive en Washington, D.C., con su esposa, Michelle, y sus dos hijas.

LOS SUEÑOS
DE MI
PADRE

LOS SUEÑOS
DE MI
PADRE

UNA HISTORIA DE RAZA Y HERENCIA

EDICIÓN ADAPTADA PARA JÓVENES

BARACK
OBAMA

TRADUCCIÓN DE DANIEL ESPARZA

VINTAGE ESPAÑOL

Penguin
Random House
Grupo Editorial

Título original: *Dreams from My Father (Adapted for Young Adults): A Story of Race and Inheritance*
Esta traducción es publicada por acuerdo con Delacorte Press, un sello de Random House Children's
Books, una división de Penguin Random House LLC.

Primera edición: noviembre de 2022

Publicado por Vintage Español,
una división de Penguin Random House Grupo Editorial USA, LLC.
Todos los derechos reservados.

Traducción: 2022, Daniel Esparza
Diseño de cubierta: Christopher Brand
Fotografía de portada: © The LIFE Images Collection/Getty Images
Fotografías de contraportada: (*arriba*) © Peter Macdiarmid/Getty Images;
(*centro y abajo*) Cortesía del Archivo de la Familia Obama-Robinson

Los créditos de las fotografías aparecen en las páginas 331 y 332.

Impreso en México / *Printed in Mexico*

ISBN: 978-1-64473-693-7

22 23 24 25 26   10 9 8 7 6 5 4 3 2 1

Porque nosotros, extranjeros y advenedizos
somos delante de ti, como todos nuestros padres.

1 Crónicas 29:15

EL ÁRBOL FAMILIAR DE LOS OBAMA

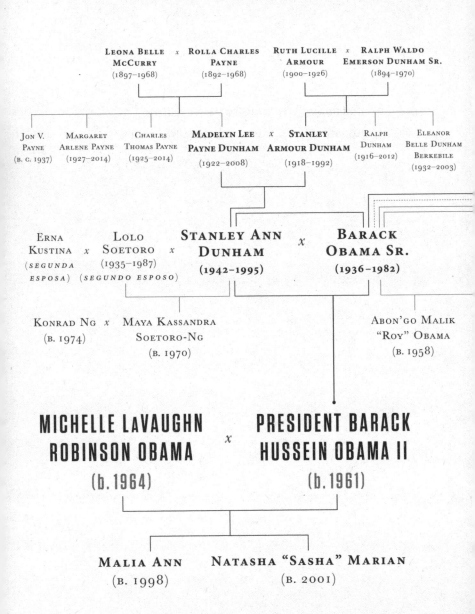

LEONA BELLE McCURRY (1897–1968) *x* ROLLA CHARLES PAYNE (1892–1968)   RUTH LUCILLE ARMOUR (1900–1926) *x* RALPH WALDO EMERSON DUNHAM SR. (1894–1970)

JON V. PAYNE (B. C. 1937)   MARGARET ARLENE PAYNE (1927–2014)   CHARLES THOMAS PAYNE (1925–2014)   **MADELYN LEE PAYNE DUNHAM (1922–2008)** *x* **STANLEY ARMOUR DUNHAM (1918–1992)**   RALPH DUNHAM (1916–2012)   ELEANOR BELLE DUNHAM BERKEBILE (1932–2003)

ERNA KUSTINA (*SEGUNDA ESPOSA*) *x* LOLO SOETORO (1935–1987) (*SEGUNDO ESPOSO*) *x* **STANLEY ANN DUNHAM (1942–1995)** *x* **BARACK OBAMA SR. (1936–1982)**

KONRAD NG (B. 1974) *x* MAYA KASSANDRA SOETORO-NG (B. 1970)   ABON'GO MALIK "ROY" OBAMA (B. 1958)

MICHELLE LaVAUGHN ROBINSON OBAMA (b. 1964) *x* PRESIDENT BARACK HUSSEIN OBAMA II (b. 1961)

MALIA ANN (B. 1998)   NATASHA "SASHA" MARIAN (B. 2001)

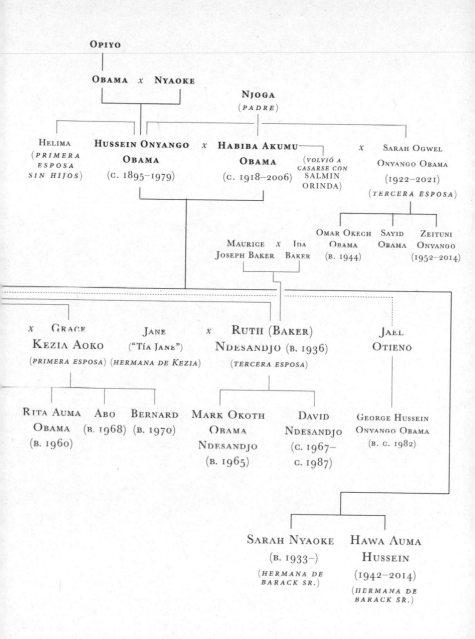

INTRODUCCIÓN

Tenía treinta y pocos años cuando escribí *Los sueños de mi padre*. Por aquel entonces, hacía unos años que había terminado la carrera de derecho. Michelle y yo estábamos recién casados y empezábamos a pensar en tener hijos. Mi madre seguía viva. Y yo todavía no había entrado en la política.

Ahora miro hacia atrás y comprendo que me encontraba en una importante encrucijada, pensando mucho en quién quería ser en el mundo y qué tipo de contribución podía hacer. Me apasionaban los derechos civiles, tenía curiosidad por el servicio público, estaba lleno de ideas sueltas y no sabía qué camino debía tomar. Tenía más preguntas que respuestas. ¿Era posible crear más confianza entre las personas y reducir nuestras divisiones? ¿Qué importancia tenían los pequeños pasos hacia el progreso —mejorar las condiciones de una escuela, por ejemplo, o registrar a más personas para que voten—, cuando nuestros sistemas más amplios lucían tan rotos? ¿Lograría más trabajando dentro de las instituciones existentes o fuera de ellas?

Detrás de todo esto flotaba algo más personal, un conjunto más profundo de preguntas sin resolver: ¿Quién soy? ¿De dónde vengo? ¿A dónde pertenezco?

Eso fue lo que me motivó a comenzar a escribir este libro.

Siempre he creído que la mejor manera de conocer el futuro es intentar comprender el pasado. Por eso me gusta leer distintos relatos de la historia y valoro las ideas de quienes llevan más tiempo que yo en esta tierra. Algunas personas pueden ver la historia como algo que dejamos atrás: un montón de palabras y fechas grabadas en piedra, un conjunto de artefactos polvorientos que es mejor guardar en una bóveda. Pero para mí, la historia está viva de la misma manera que lo está un bosque antiguo, profundo y rico, enraizado y ramificado en direcciones inesperadas, lleno de sombras y de luz. Lo que más importa es cómo nos movemos por ese bosque: las perspectivas que traemos, las suposiciones que hacemos y nuestra voluntad de seguir volviendo a él, para hacer las preguntas más difíciles sobre lo que ha sido ignorado, de quiénes han sido las voces borradas.

Estas páginas representan mi primer y más sincero intento de caminar por mi propio pasado, de examinar los hilos de mi herencia mientras consideraba mi futuro. Al escribirlas, pude adentrarme en las vidas de mis padres y abuelos, en los paisajes, las culturas y las historias que llevaban, en los valores y los juicios que los formaron y que, a su vez, me formaron a mí. Lo que aprendí a través de este proceso me ayudó a echar raíces. Se convirtió en la base para seguir adelante, dándome la confianza para saber que podía ser un buen padre para mis hijos y el valor para entender que estaba listo para avanzar como líder.

El acto de escribir es así de poderoso. Es una oportunidad para ser inquisitivo con uno mismo, para observar el mundo, enfrentarse a los propios límites, ponerse en la piel de otros y probar nuevas ideas. Escribir es difícil, pero de eso se trata. Puedes pasar horas esforzándote por recordar cómo olía una vieja aula, o el timbre de la voz de tu padre, o el color preciso de unas conchas que viste una vez en una playa. Este trabajo puede anclarte, fortificarte y sorprenderte. Al encontrar las palabras correctas, al invertir ese tiempo, puede que no siempre des con respuestas concretas a las grandes preguntas de la vida, pero te entenderás mejor a ti mismo.

El joven que conocerás en estas páginas es imperfecto y está lleno de anhelos; se interroga a sí mismo y al mundo que le rodea, aprendiendo sobre la marcha. Ahora sé, por supuesto, que esto era solo el inicio para él. Si tienes suerte, la vida te proporciona un buen arco argumental. Espero que mi historia te anime a pensar en contar tu historia y a valorar las historias de los demás a tu alrededor. El viaje siempre merece la pena. Tus respuestas llegarán.

Barack Obama

JUNIO DE 2021

PARTE UNO

ORÍGENES

CAPÍTULO 1

A penas conocí a mi padre. Dejó nuestra casa en Hawái en 1963, cuando yo tenía solo dos años. Ni siquiera sabía que lo normal era tener un padre que viviera con su familia. Lo único que sabía eran las historias que contaban mi madre y mis abuelos.

Cada uno tenía sus favoritas. Todavía puedo ver a mi abuelo recostado en su viejo sillón, riéndose de la vez que mi padre —cuyo nombre, al igual que el mío, era Barack Obama— estuvo a punto de arrojar a un hombre desde el mirador Pali, un acantilado no muy lejos de nuestra casa en la ciudad de Honolulu, por culpa de una pipa.

—Verás, tu madre y tu padre decidieron llevar a este amigo de visita por la isla, y Barack probablemente estuvo en el lado equivocado de la carretera todo el camino.

—Tu padre era un conductor terrible —dijo mi madre—. Terminaba siempre en el lado izquierdo, como los británicos, y si le decías algo se ponía a resoplar por las estúpidas normas americanas. Y se bajaron y se pusieron en la barandilla del acantilado para contemplar la vista. Y tu padre estaba dando una calada a la pipa que yo le había dado por su cumpleaños, señalando el paisaje con la caña como un capitán de barco.

—Estaba muy orgulloso de esta pipa —volvió a interrumpir mi madre.

—Mira, Ann, ¿quieres contar la historia o me vas a dejar terminar?

—Lo siento, papá. Adelante.

—En fin, el tipo le preguntó a Barack si podía probar la pipa. Pero en cuanto dio la primera calada, empezó a toser con ganas. Tosió tan fuerte que la pipa se le escapó de la mano y cayó por la barandilla, 30 metros más abajo de la cara del acantilado, así que tu padre le dijo que trepara por la barandilla y recuperara la pipa.

El abuelo se estaba riendo tanto que tuvo que hacer una pausa.

—El hombre echó un vistazo a la barandilla y dijo que le compraría una de repuesto. Pero Barack dijo que había sido un regalo y no se podía reemplazar. En ese momento tu padre lo levantó ¡y lo puso a colgar sobre el vacío!

Mientras se reía, me imaginé a mí mismo mirando a mi padre, oscuro contra el sol brillante, mientras el otro hombre agitaba los brazos. Parecía algo sacado de la Biblia: una visión aterradora y a la vez impresionante, como la de un rey impartiendo justicia.

Pregunté si había dejado caer al hombre.

—No, lo regresó a la tierra —dijo el abuelo—, pero después de un rato. Luego, le dio una palmadita en la espalda y sugirió, con toda la calma del mundo, que se fueran todos a tomar una cerveza. Más tarde, actuó como si no hubiera pasado nada.

Mi madre dijo que no fue tan grave, que mi padre no colgó a este hombre tan lejos.

—Estabas muy alterada cuando llegaste a casa —le dijo el abuelo a mi madre—. Pero Barack se limitó a negar con la cabeza y se echó a reír. Tenía una voz profunda y un acento británico. Dijo, "¡Solo quería darle una lección al tipo sobre el cuidado adecuado a la propiedad ajena!".

Mi abuela Toot, vino de la cocina y agregó que menos mal que mi padre se había dado cuenta de que la caída de la pipa había sido un accidente; ¡o quién sabe qué habría pasado!

Mi madre volteó los ojos, dijo que estaban exagerando y afirmó que mi padre podía ser dominante, pero solo porque era honesto.

—Si pensaba que tenía razón, no le gustaba doblegarse —dijo.

Ella prefería otra historia que contaba el abuelo, sobre la vez que mi padre aceptó cantar unas canciones africanas en un festival internacional de música, sin darse cuenta de que era un "gran lío". Resultó que la mujer que se presentaba justo antes que él era una profesional con una banda completa.

—Cualquier otro se habría echado atrás —dijo el abuelo—. Pero Barack no. Se levantó y empezó a cantar delante de esa gran multitud; lo que no es nada fácil, déjame decirte. No lo hizo genial, pero estaba tan seguro de sí mismo que antes de que te dieras cuenta estaba recibiendo tantos aplausos como cualquier otro. Eso es algo que puedes aprender de tu padre. La *confianza*; el secreto del éxito de un hombre.

———

ASÍ ERAN TODAS las historias: cortas, con alguna moraleja. Luego, mi familia las guardaba como si fueran fotos antiguas y las volvía a sacar, meses o años después. Mi madre también conservaba algunas fotos reales de mi padre, pero cuando empezó a salir con Lolo, el hombre con el que acabaría casándose, las guardó en un armario. De vez en cuando, buscando adornos de Navidad o un viejo juego de esnórquel, me encontraba con ellas. A veces mi madre y yo las mirábamos juntos. Me quedaba mirando el parecido con mi padre: la cara oscura y risueña, la frente grande y las gafas gruesas, y entonces, ella decía: "Tienes que agradecerme a mí tus grandes cejas; tu padre las tiene pequeñas y escasas. Pero tu cerebro y tu carácter, eso los sacaste de él".

Yo escuchaba mientras ella me contaba su historia.

Mi padre era africano, un keniano que se había criado en una tribu llamada luo. Había nacido a orillas del lago Victoria, en un lugar llamado Alego. El pueblo de Alego era pobre, pero su padre, mi otro abuelo, era un anciano de la tribu luo y un poderoso curandero. Mi padre creció pastoreando las cabras de su padre y asistiendo a la escuela local, que había sido creada por los colonialistas británicos, que en aquella época gobernaban Kenia.

Mi abuelo creía que el conocimiento era la fuente del poder, por lo que se alegró de que Barack se mostrara muy prometedor como estudiante y ganara una beca para estudiar en la capital, Nairobi. Luego fue seleccionado por los líderes kenianos y los patrocinadores estadounidenses para ir a la universidad en Estados Unidos. Kenia estaba a punto de convertirse en un país independiente, y los nuevos dirigentes enviaron a sus mejores estudiantes al extranjero para que aprendieran de economía y tecnología. Esperaban que estos estudiantes volvieran a casa y ayudaran a que África fuera más moderna y exitosa.

En 1959, con veintitrés años, mi padre llegó a la Universidad de Hawái para estudiar economía. Era el primer estudiante africano allí y se graduó en solo tres años, y como el mejor de su clase. Ayudó a organizar la Asociación de Estudiantes Internacionales y se convirtió en su primer presidente. Luego, en un curso de lengua rusa, conoció a una chica americana torpe y tímida, de solo dieciocho años, y se enamoraron. Se llamaba Stanley Ann Dunham, pero todos la llamaban Ann. Era mi madre.

Los padres de Ann no estaban convencidos al principio. Él era negro y ella blanca, y en aquella época no era habitual que salieran personas de distintas razas. Pero él se los ganó con su encanto e inteligencia. La joven pareja se casó y, poco después, nací yo.

Luego, a mi padre le concedieron otra beca, esta vez para hacer un doctorado en la Universidad de Harvard, a más de ocho mil kilómetros de distancia, en Cambridge, Massachusetts, pero no tenía dinero para llevar consigo a su nueva familia. Mi madre y yo quedamos en Hawái. Después de obtener su título regresó a África: "para hacer de su país un lugar mejor", decía mi madre, a la vez que insistía en que su vínculo de amor seguía fuerte.

Había muchas partes de esta historia que yo no entendía. No sabía dónde estaba Alego en el mapa, ni por qué los británicos mandaban en Kenia, ni qué era un doctorado. La vida de mi padre lucía tan misteriosa como las historias de un libro llamado *Orígenes* que mi madre me compró una vez. Era una colección de relatos de diferentes religiones y de todo el mundo sobre la creación de la Tierra: cristianos, judíos, griegos antiguos, indios;

y me llevó a plantear algunas preguntas difíciles. ¿Por qué dejó Dios que la serpiente causara tantos problemas en el Jardín del Edén? ¿Cómo soportó la tortuga de los cuentos hindúes el peso del mundo sobre su pequeña espalda? ¿Por qué mi padre no regresó?

Pasé mi infancia viviendo con mi madre y mis abuelos, Stanley y Madelyn Dunham, el abuelo y Toot. Toot es el diminutivo de Tutu, que significa "abuela" en hawaiano. El día que nací, Toot decidió que todavía era demasiado joven para que la llamaran abuela.

Amaba Hawái. Lo respiraba todo: el aire perfumado y sensual, el azul brillante del Pacífico, los acantilados cubiertos de musgo y el fresco torrente de las cataratas Manoa, con sus flores de jengibre y sus altas copas llenas del sonido de pájaros invisibles. Las estruendosas olas de la costa norte, tan enormes que cuando rompían parecía que estaba viendo el océano a cámara lenta.

Solo había un problema: mi padre no estaba. Y nada de lo que me contaran mi madre o mis abuelos podía hacerme olvidar ese hecho. Sus historias no me decían por qué se había ido. Y no podían describir cómo habría sido si se hubiera quedado.

En las fotografías veía que mi padre no se parecía en nada a la gente que me rodeaba: era negro como la brea y mi madre blanca como la leche. Pero nunca hablábamos de eso y mi mente no lo registraba.

De hecho, solo recuerdo una anécdota de mi padre que tuviera algo que ver con la raza. Después de largas horas de estudio, mi padre se había reunido con mi abuelo y otros amigos en un bar local de la playa de Waikiki. Todo el mundo estaba de humor festivo, comiendo y bebiendo al son de una guitarra hawaiana, cuando un hombre blanco le dijo bruscamente al camarero, en voz suficientemente alta para que todos lo oyeran, que no debía beber buen licor "al lado de un negro". La sala se quedó en silencio y la gente se volvió hacia mi padre, esperando una pelea. En lugar de eso, mi padre se levantó, se acercó al hombre, sonrió y procedió a darle un sermón sobre la estupidez de la intolerancia, la promesa del sueño americano y los derechos universales del hombre.

—El tipo se sintió tan mal cuando Barack terminó —dijo el abuelo—, que metió la mano en el bolsillo y le dio a Barack cien dólares en el acto. Pagó toda nuestra comida y bebida por el resto de la noche; y la renta de tu padre por el resto del mes.

Pero una cosa era ser negro en Hawái, un lugar donde la piel de la mayoría de la gente era más oscura que en el resto de Estados Unidos. Otra cosa era que una persona negra se *casara* con una blanca. En 1960, el año en que se casaron mis padres, más de la mitad de los estados consideraban un delito grave que personas de distintas razas tuvieran hijos juntos. Incluso en las ciudades más sofisticadas del norte había miradas hostiles y susurros. Una mujer blanca embarazada de un hombre negro probablemente consideraría seriamente la posibilidad de marcharse hasta tener el bebé y luego darlo en adopción. Incluso podría interrumpir el embarazo.

No fue sino hasta 1967, el año en que celebré mi sexto cumpleaños, tres años después de que el Dr. Martin Luther King, Jr. recibiera el Premio Nobel de la Paz, que el Tribunal Supremo de los Estados Unidos dijo al estado de Virginia que su prohibición de los matrimonios interraciales violaba la Constitución de Estados Unidos.

Así que, es bastante sorprendente que mis abuelos aceptaran el matrimonio de mis padres. Todavía me pregunto qué aspecto de su educación o su crianza hizo que fueran diferentes a tantas otras personas en aquella época.

MIS ABUELOS se criaron en Kansas, el centro del país, durante la depresión de los años treinta. La gente de Kansas era decente y trabajadora. Todavía tenían lo que se llamaba "el espíritu pionero". Pero junto a su decencia y valor había cualidades menos dignas. Desconfiaban de quienes eran diferentes y podían ser crueles con ellos. Muchas personas que no seguían las reglas al pie de la letra acababan marchándose.

El abuelo y Toot crecieron a menos de veinte millas de distancia el uno del otro, y les gustaba contar historias sobre la vida en un pueblo pequeño: los desfiles del 4 de julio y las películas o "espectáculos cinematográficos" en la pared de un granero; las luciérnagas en un tarro y el sabor de los tomates maduros, dulces como manzanas; las tormentas de polvo y las granizadas; las aulas llenas de niños de granja a quienes les cosían la ropa interior de lana (sin botones) al principio del invierno y apestaban como cerdos a medida que pasaban los meses. La Depresión estuvo llena de terribles dificultades. Los bancos perdieron dinero y cerraron. Las familias pobres perdieron sus granjas. Pero la forma en que mis abuelos hablaban de esa época hacía que sonara como una aventura. Todos compartían las mismas dificultades y la experiencia los unía.

El abuelo y Toot se aseguraron de hacerme saber que existía algo llamado "respetabilidad", había gente respetable y gente no tan respetable y, aunque no había que ser rico para ser respetable, sí tenías que esforzarte más si no eras rico.

La familia de Toot era respetable. Sus abuelos eran de origen escocés e inglés. Su padre tuvo un trabajo fijo en una gran compañía petrolera durante toda la Depresión, y su madre enseñó en una escuela hasta que nacieron los niños. La familia mantenía su casa impecable y pedía libros clásicos por correo. Leían la Biblia. Eligieron ser metodistas, lo que significaba que valoraban la calma y la razón. No se apasionaban ni se exaltaban tanto como los bautistas, que celebraban grandes y ruidosas reuniones en tiendas de campaña.

La familia del abuelo era otra historia. Sus abuelos lo criaron, y eran bautistas decentes y temerosos de Dios. Pero había habido problemas en casa. Cuando el abuelo tenía ocho años, su madre se suicidó y él fue quien encontró su cuerpo; la gente decía que su padre le había sido infiel y que por eso se había suicidado.

Sea cual sea la razón, el abuelo se volvió un poco salvaje. A los quince años lo expulsaron de la escuela por golpear al director en la nariz. Durante los tres años siguientes hizo trabajos esporádicos y saltó en trenes de carga con destino a lugares como Chicago y California. Finalmente se instaló en Wichita, Kansas, donde se había trasladado la familia de Toot.

Los padres de Toot habían oído historias sobre el joven que cortejaba a su hija y lo desaprobaban rotundamente. La primera vez que Toot llevó al abuelo a su casa para que conociera a la familia, su padre echó un vistazo al pelo negro peinado hacia atrás y la sonrisa de chico listo de mi abuelo y decidió que no era un buen tipo.

A mi abuela no le importaba. Acababa de salir de la escuela, donde se había especializado en economía doméstica, lo que implicaba sobre todo cocina, nutrición y costura. Estaba cansada de la respetabilidad. Y mi abuelo debía ser encantador. A veces me los imagino en aquellos años antes de la guerra, él con pantalones anchos y camiseta, el sombrero echado hacia atrás; ella como una chica inteligente con demasiado lápiz de labios rojo y el pelo teñido de rubio y unas piernas lo suficientemente bonitas como para modelar medias para los grandes almacenes locales. Él le habla de las grandes ciudades y dice que quiere escapar de las llanuras vacías y llenas de polvo. Dice que no quiere quedarse en un lugar en el que prácticamente desde que naces sabes dónde vas a morir y quién te va a enterrar. Él no va a terminar así, insiste mi abuelo; tiene sueños, tiene planes. Ella empieza a sentir tantas ganas de aventura como él.

Se casaron justo a tiempo para el bombardeo japonés de Pearl Harbor en 1941, y mi abuelo se alistó en el ejército. Nunca me contaron mucho sobre los años de la guerra. Sé que mi madre nació en la base militar en la que estaba el abuelo; que mi abuela, como muchas mujeres en los años cuarenta, entró a trabajar en la cadena de ensamblaje de un avión bombardero; y que mi abuelo sirvió en Francia como parte del ejército del general George S. Patton, aunque nunca estuvo en combate.

Cuando el abuelo regresó de la guerra, la familia se mudó a California. Se matriculó en la Universidad de California en Berkeley gracias a la Ley *G.I.*, que permitía a los veteranos militares como él estudiar por muy poco dinero. Pero era demasiado ambicioso e inquieto para quedarse en un solo lugar. La familia se trasladó a Kansas, luego a una serie de pequeñas ciudades de

Texas y finalmente a Seattle, donde compró una casa y el abuelo trabajó como vendedor de muebles. Ambos estaban contentos de que mi madre hubiera resultado ser una excelente estudiante. Aun así, cuando le ofrecieron admisión anticipada en la Universidad de Chicago, mi abuelo le prohibió ir. Dijo que todavía era demasiado joven para vivir sola.

Y ahí podría haber terminado la historia: un hogar, una familia, una vida respetable. Pero mi abuelo siempre estaba buscando un nuevo comienzo, siempre huyendo de lo conocido. Un día, el gerente de la empresa de muebles en la que trabajaba mencionó que estaba a punto de inaugurarse una tienda en Honolulu, Hawái; que en ese momento estaba a punto de convertirse en el quincuagésimo estado. El abuelo corrió a casa ese mismo día y convenció a mi abuela de vender la casa y hacer las maletas una vez más, para embarcarse en la última etapa de su viaje, hacia el oeste, hacia el sol poniente…

COMO MUCHOS ESTADOUNIDENSES de su generación, mi abuelo creía en la libertad individual. Creía que uno debía tener la libertad de hacer lo que quisiera y que nadie podía decirle lo contrario. Era de mente abierta para la época y se consideraba un "libre pensador". Escribía poesía de vez en cuando, escuchaba jazz y tenía amigos cercanos judíos que había conocido en el negocio de los muebles, aunque los cristianos y los judíos no siempre se mezclaban entonces. Inscribió a la familia en la iglesia universalista unitaria local porque le gustaba la idea de que los unitarios a veces tomaban prestadas ideas de otras religiones. "Es como si tuvieras cinco religiones en una", decía. Mi abuela era más escéptica por naturaleza. Sacaba sus propias conclusiones y le bajaba los humos al abuelo cuando sus planes no eran realistas.

Pero al final, cuando su hija declaró que quería casarse y tener una familia con un hombre negro de Kenia, ambos siguieron siendo leales, solidarios y afectuosos.

Y cuando yo era pequeño, parecía que les gustaba hacerme saber lo diferentes que ellos eran. El abuelo me recordaba que Kansas había luchado del lado de la Unión en la Guerra Civil y que algunos de sus parientes habían estado en contra de la esclavitud. Me hablaba de mi tatarabuelo Christopher Columbus Clark, que había sido un soldado condecorado de la Unión. Y Toot mostraba de vez en cuando su nariz picuda y sus ojos negros como el azabache y decía que tenía sangre cherokee.

Pero a medida que crecía, descubrí que esta no era la historia completa. Kansas aprobó una ley contra la esclavitud, pero solo después de cuatro años de violentas batallas entre las fuerzas pro-esclavistas y antiesclavistas. Me enteré de rumores de que otro pariente del lado del abuelo era primo segundo de Jefferson Davis, presidente de la Confederación pro-esclavista. Y me enteré de que la madre de Toot se avergonzaba profundamente de su antepasado nativo americano y había tratado de mantenerlo en secreto.

La verdad es que, como la mayoría de los estadounidenses blancos de la época, mis abuelos nunca habían pensado mucho en la gente negra. Los mismos códigos tácitos que regían la vida de los blancos mantenían al mínimo el contacto personal entre las razas. Cuando los negros aparecen en los recuerdos de Kansas de mis abuelos, las imágenes son fugaces: hombres negros que vienen de vez en cuando a los campos petrolíferos en busca de trabajo como jornaleros; mujeres negras que lavan la ropa de los blancos o ayudan a limpiar sus casas. Los negros están, pero no están, como Sam el pianista o Beulah la criada o Amos y Andy de la radio; presencias silenciosas que no provocan ni pasión ni miedo.

Cuando empecé a hacer preguntas sobre la raza, comencé a escuchar historias sobre su papel en el pasado.

Justo después de que mi madre y sus padres se mudaran a Texas en los años 50, el abuelo recibió un consejo amistoso de sus compañeros vendedores sobre cómo atender a clientes negros y mexicanos: "Si los de color quieren ver la mercancía, tienen que venir fuera de horario y organizar su propia entrega". Más tarde, en el banco donde trabajaba, Toot conoció al conserje, un veterano de la Segunda Guerra Mundial negro, alto y digno, al que solo recuerda como el Sr. Reed. Un día, mientras charlaban en el pasillo, una secretaria se acercó y le dijo a Toot que nunca, jamás, debía llamar "señor" a ningún negro. Poco después, Toot encontró al Sr. Reed en un rincón del edificio llorando en silencio. Cuando ella le preguntó qué le pasaba, él enderezó la espalda, se secó los ojos y respondió con una pregunta:

—¿Qué hemos hecho para que nos traten tan mal?

Mi abuela no tenía una respuesta ese día, pero la pregunta persistió en su mente. A veces, ella y el abuelo hablaban de ello cuando mi madre se iba a la cama. Según Toot, la palabra *racismo* no formaba parte de su vocabulario entonces.

—Tu abuelo y yo pensábamos que debíamos tratar a la gente con decencia, Bar —me dijo—. Eso es todo.

Decidieron que Toot seguiría llamando "señor" al señor Reed. Pero el conserje ahora mantenía una cuidadosa distancia cuando se cruzaba con ella en el pasillo. Tenía miedo por el bien de ambos. El abuelo, por su parte, se sentía tan incómodo con las conversaciones racistas que empezó a rechazar las invitaciones de sus compañeros de trabajo para salir a tomar una cerveza, diciéndoles que tenía que volver a casa. Él y Toot empezaron a sentirse como extraños en su propia ciudad.

Este malestar en el aire fue el que más afectó a mi madre. Tenía once o doce años, era hija única y acababa de salir de un mal caso de asma. La enfermedad, junto con todos los traslados de ciudad en ciudad, la habían convertido en una especie de solitaria, alegre pero propensa a esconder la cabeza en un libro o a pasear sola. Mi madre hizo pocos amigos en su nuevo colegio. Se burlaban de ella por su nombre, Stanley Ann (el primer nombre masculino fue una de las ideas tontas del abuelo, que quería un hijo). La llamaban *Stanley Steamer. Stan The Man*, el Hombre. Cuando Toot llegaba a casa del trabajo, solía encontrar a mi madre sola en el patio delantero, balanceando las piernas en el porche o tumbada en la hierba, metida en su propio mundo solitario.

Excepto aquel día caluroso y sin viento en el que Toot llegó a casa y encontró a una multitud de niños reunidos frente a la cerca que rodeaba su casa. Cuando Toot se acercó, pudo distinguir el sonido de risas burlonas y pudo ver la rabia y el asco en las caras de los niños. Los niños coreaban, con un ritmo agudo y alternado:

—¡*Nigger lover*!

—¡Sucia yanqui!

—¡*Nigger lover*!

Los niños se dispersaron al ver a Toot, pero no antes de que uno de los chicos lanzara una piedra por encima de la cerca. La piedra aterrizó al pie de un árbol, y allí Toot encontró la causa de todo el alboroto: mi madre y una niña negra de más o menos la misma edad tumbadas una al lado de la otra en la hierba, con las faldas recogidas por encima de las rodillas, los dedos de los pies clavados en el suelo y la cabeza apoyada en las manos frente a uno de los libros de mi madre. Desde la distancia, las dos niñas parecían perfectamente serenas bajo la frondosa sombra. Solo cuando Toot abrió la puerta se dio cuenta de que la niña negra estaba temblando y los ojos de mi madre brillaban con lágrimas. Las niñas permanecieron inmóviles, paralizadas por el miedo, hasta que Toot finalmente se inclinó y les puso las manos en la cabeza a ambas.

—Si van a jugar —dijo—, entonces, por el amor de Dios, entren. Vamos. Las dos.

Levantó a mi madre y cogió la mano de la otra niña. Pero antes de que pudiera decir nada más, la niña se puso a correr, sus largas piernas como las de una fusta mientras desaparecía por la calle.

El abuelo estaba fuera de sí cuando se enteró de lo que había pasado. Habló con mi madre y anotó los nombres de todos esos niños. Al día siguiente se tomó la mañana libre para visitar al director del colegio. Llamó personalmente a los padres de algunos de los niños infractores para darles su opinión. Y de todos los adultos con los que habló recibió la misma respuesta:

—Será mejor que hable con su hija, señor Dunham. Las niñas blancas no juegan con las de color en esta ciudad.

ESTOS EPISODIOS NO fueron la razón principal por la que mis abuelos abandonaron Texas, pero dejaron su huella. A lo largo de los años me he preguntado qué hizo que mi abuelo se enfadara tanto aquel día. Tal vez porque había crecido sin padres en un lugar donde las burlas, los susurros y los chismes lo habían mantenido al margen, se imaginaba que podía entender la experiencia del mundo de la gente que era negra.

Y así, años después, cuando mi madre llegó a casa un día y mencionó a un amigo que había conocido en la Universidad de Hawái, un estudiante africano llamado Barack, su primer impulso fue invitarlo a cenar.

¿En qué estaban pensando? El abuelo podría haber dicho: "Ese pobre chico probablemente se sienta solo, tan lejos de casa". Toot era precavida y probablemente quería echarle un vistazo. ¿Pero qué pensaron cuando Barack apareció en su puerta? Si conozco al abuelo, le habría llamado la atención el parecido de mi padre con uno de sus cantantes favoritos, Nat King Cole. Toot habría sido educada sin importar lo que estuviera pensando. Al terminar la velada, ambos habrían comentado lo inteligente que parecía el joven, tan digno, con ese acento que sonaba británico.

Pero ¿cómo se sintieron al ver que su hija se casaba con un negro? No sé cómo reaccionaron ante el compromiso, ni cómo fue la ceremonia. No hay registro de una boda real, un pastel, un anillo, una entrega de la novia; solo una pequeña ceremonia civil, realizada por un juez de paz.

Mis abuelos deben haber estado preocupados, sin embargo. En muchas partes del sur, mi padre podría haber sido asesinado simplemente por coquetear con mi madre. Tal vez se callaron porque no creían que el matrimonio fuera a durar mucho.

Si es así, subestimaron la tranquila determinación de mi madre. Pronto llegó el bebé: ocho libras, dos onzas, con diez dedos en los pies y diez en las manos, y hambriento de comida. ¿Qué diablos se suponía que hicieran?

Entonces el país empezó a cambiar y mi abuelo no tenía intención de quedarse atrás. Escuchaba a su nuevo yerno hablar de política o de economía, de lugares lejanos como el parlamento británico o el Kremlin, y se imaginaba un mundo muy distinto del que conocía. Leía los periódicos con más cuidado, prestando especial atención a cada artículo sobre los derechos civiles y la integración racial. Creía que el mundo avanzaba hacia el magnífico sueño del Dr. King.

Empezó a preguntarse cómo era posible que Estados Unidos estuviera tan avanzado en conocimiento científico para enviar hombres al espacio y, sin embargo, estuviera tan atrasado en lo moral que impidiera a sus ciudadanos negros tener las mismas oportunidades que los demás. Se convenció de que el mundo estaba cambiando, y que nosotros —nuestra familia, que no hacía mucho había salido de Wichita— estábamos a la vanguardia de ese cambio. Uno de mis primeros recuerdos es estar sentado sobre los hombros de mi abuelo mientras los astronautas de una de las misiones Apolo llegaban a la base aérea de Hickam después de un amarizaje. Recuerdo que los astronautas, con gafas de aviador, estaban tan lejos que apenas eran visibles. Pero el abuelo siempre juró que uno de ellos me saludó solo a mí y que yo le devolví el saludo. Era parte de la historia que se contaba a sí mismo. Con su yerno negro y su nieto moreno, el abuelo había entrado en la era espacial.

Hawái, el estado más reciente en incorporarse a la Unión, parecía el puerto perfecto para emprender esta nueva aventura. Nadie parecía recordar que la historia de Hawái estaba llena de injusticias. Se firmaron y rompieron tratados. Los hombres y mujeres llamados misioneros que habían venido de tierras extranjeras para convertir a los hawaianos al cristianismo trajeron accidentalmente enfermedades que los hawaianos nunca habían conocido, y esas enfermedades mataron a muchos. Las empresas estadounidenses se apoderaron del rico suelo para cultivar caña de azúcar y piña. Los inmigrantes japoneses, chinos y filipinos ganaban centavos por trabajar de sol a sol en las plantaciones. Y después de que Japón atacara a Estados Unidos durante la Segunda Guerra Mundial, muchos japoneses-estadounidenses de Hawái fueron confinados en campos y tratados como prisioneros. Todo esto era historia reciente. Sin embargo, cuando mi familia llegó en 1959, todas estas injusticias parecían haber desaparecido de la memoria de la gente. Ahora, de repente, Hawái era aclamado como el verdadero "crisol de razas", un experimento de armonía racial.

Mis abuelos se lanzaron a ese experimento. Querían hacerse amigos de todo el mundo. Mi abuelo incluso tenía un ejemplar del famoso libro de Dale Carnegie *Cómo ganar amigos e influir en la gente*, que explicaba cómo actuar para caerle bien a los demás y, en algunos casos, para que le compraran cosas. Oía al abuelo hablar de una manera desenfadada, que debía de pensar que le ayudaría con sus clientes. Mostraba fotos de la familia y ofrecía la historia de su vida a los desconocidos; le daba la mano al cartero y le hacía bromas de mal gusto a las camareras en los restaurantes.

A veces sus modales me hacían sentir mal, pero a mucha gente le gustaba que fuera tan curioso, y se hizo un amplio círculo de amigos. Un japonés-estadounidense que regentaba un pequeño mercado cerca de nuestra casa nos guardaba los cortes más selectos de pescado para hacer sashimi y me regalaba caramelos de arroz con envoltorios comestibles. De vez en cuando, los hawaianos que trabajaban en la tienda de mi abuelo haciendo repartos nos invitaban a comer cerdo asado y un plato autóctono llamado poi, que el abuelo engullía. (Mi abuela esperaba a llegar a casa y se preparaba unos huevos revueltos).

A veces acompañaba al abuelo al parque Ali'i, donde le gustaba jugar a las damas con los viejos filipinos que fumaban puros baratos y mascaban nueces de betel, cuyo jugo rojo parecía sangre. Y aún recuerdo cómo, una mañana temprano, horas antes de que saliera el sol, un cliente portugués del abuelo nos llevó a pescar con arpón en la bahía de Kailua. Una linterna de gas colgaba de la cabina de la pequeña embarcación mientras yo veía a los hombres sumergirse en aguas negras como la tinta, con los haces de sus linternas brillando bajo la superficie hasta que salían con un gran pez, iridiscente y flotando en el extremo de una caña. El abuelo me dijo su nombre hawaiano, *humu-humu-nuku-nuku-apuaa*, y lo repetimos el uno al otro durante todo el camino de vuelta a casa.

En este entorno, mi piel morena le causaba pocos problemas a mis abuelos, y se molestaban cuando los visitantes le daban demasiada importancia. A veces, cuando el abuelo veía que los turistas me miraban jugar en la arena, se acercaba a ellos y les susurraba que yo era el bisnieto del rey Kamehameha, el primer rey de Hawái. Les estaba gastando una broma, por supuesto. Pero a veces me preguntaba si no desearía que eso fuera verdad. Era mucho más fácil que decir: "Su madre es blanca y su padre es negro".

También había veces que no podía resistirse a hacerles saber lo equivocadas que eran sus percepciones. Un día un turista me vio en el agua y quedó muy impresionado. "La natación debe ser algo natural para estos niños hawaianos", le dijo. A lo que el abuelo respondió que eso sería difícil de entender, ya que ese chico resultaba ser su nieto, que su madre era de Kansas, su padre del interior de Kenia, y que no había un océano a kilómetros de ninguno de los dos lugares. Para mi abuelo, la raza ya no era algo de lo que hubiera que preocuparse. Si algunos lo hacían, bueno, en poco tiempo aprenderían a no hacerlo.

Quizás el viaje de mi abuelo decía tanto de la época en la que vivía como de él mismo. Quería formar parte del espíritu que, durante un período fugaz, se apoderó de la nación. Comenzó con la elección del joven y esperanzado John F. Kennedy como presidente de los Estados Unidos en 1960 y continuó hasta 1965, cuando el Congreso aprobó la Ley del Derecho al Voto, que garantizaba el voto a los negros. Mucha gente pensó que se trataba del nacimiento de un nuevo y brillante mundo, más abierto y sin prejuicios. Sí, admitían, seguiría habiendo diferencias. Pero en lugar de odiarnos o temernos unos a otros, nos reiríamos de esas diferencias y aprenderíamos de las culturas de los demás.

Las historias que mi madre y mis abuelos contaban sobre mi padre formaban parte de ese sueño de un mundo justo en el que todas las barreras raciales se disolverían. Ese sueño era un hechizo.

Y cuando ese hechizo se rompió por fin, cuando cada uno de ellos se dio cuenta de que no era tan fácil escapar de los mundos que creían haber dejado atrás, yo seguía allí, ocupando el lugar en el que una vez habían estado sus sueños.

CAPÍTULO 2

U n día, cuando tenía seis años, mi madre me sentó para decirme que se iba a casar de nuevo, y que nos mudaríamos a un lugar lejano.

Ella había estado saliendo con un hombre llamado Lolo desde que yo tenía cuatro años, así que lo conocía bien. Era (como lo había sido mi padre) un estudiante de la Universidad de Hawái, y venía de un país del sudeste asiático llamado Indonesia. El nombre Lolo significaba "loco" en hawaiano, lo que siempre hacía reír al abuelo. Pero el significado no se ajustaba a este Lolo. Tenía buenos modales y una gracia fácil. Era bajito y moreno, guapo, con un espeso pelo negro, y era excelente jugando tenis. Durante los dos últimos años había soportado interminables horas de ajedrez con el abuelo y largas sesiones de lucha conmigo.

No me opuse. Sí le pregunté si amaba a Lolo; había vivido lo suficiente como para saber que esas cosas eran importantes. A mi madre le tembló la barbilla y parecía que iba a llorar. Me dio un largo abrazo que me hizo sentir muy valiente, aunque no sabía por qué.

Lolo se marchó de Hawái de forma bastante repentina después de aquello, para elegir una casa y hacer otros preparativos para nosotros en Indonesia, y mi madre y yo pasamos gran parte del año siguiente preparándonos para la mudanza. Necesitábamos pasaportes, visados, billetes de avión, reservas de hotel y una serie interminable de vacunas. Mientras hacíamos las maletas, mi abuelo sacó un atlas y me enseñó dónde iba a vivir. Indonesia es una cadena de islas: más de *diecisiete mil* islas, aunque solo unas seis mil están habitadas. El abuelo me dijo los nombres de las más famosas: Java, Borneo, Sumatra, Bali. Cuando él tenía mi edad, se llamaban las Islas de las Especias, nombres encantados, rodeados de misterio.

—Aquí dice que todavía hay tigres y orangutanes allí —dijo. Levantó la vista del libro y sus ojos se abrieron de par en par.

—¡Aquí dice que incluso hay cazadores de cabezas!

El gobierno del país había sido derrocado recientemente por un nuevo grupo de funcionarios, pero las noticias en Estados Unidos decían que había habido poca violencia. Toot llamó al Departamento de Estado para saber si el país era estable y le dijeron que la situación estaba "bajo control". Aun así, insistió en que empacáramos varios baúles llenos de comida en caso de emergencia: Tang, leche en polvo, latas de sardinas.

—Nunca se sabe lo que va a comer esa gente —dijo con firmeza.

Mi madre suspiró, pero Toot metió también varias cajas de caramelos para que me pusiera de su lado.

Mi madre me advirtió que Indonesia era un país muy pobre. Me advirtió que existía la posibilidad de contraer disentería, una infección bacteriana que provoca una grave diarrea; y que tendría que acostumbrarme a los baños de agua fría y a los días en los que se iba la luz. Pero eran solo pequeños inconvenientes, insistió. Me di cuenta de que estaba emocionada por la promesa de algo nuevo e importante. Pensaba que ella y su nuevo marido podrían ayudar a reconstruir el país. Además, sería bueno alejarse por fin de sus padres, a pesar de que los quería.

Finalmente subimos a un avión para nuestro vuelo alrededor del mundo. Llevaba una camisa blanca de manga larga y una corbata gris de pinza, y las azafatas me dieron rompecabezas y cacahuetes extra y un juego de alas metálicas de piloto. Cuando bajamos del avión en la capital del país, Yakarta, el sol se sentía tan caliente como un horno. Me aferré a la mano de mi madre. Estaba decidida a protegerla de lo que pudiera venir.

Lolo estaba allí para recibirnos, con unos cuantos kilos más y un poblado bigote. Abrazó a mi madre, me levantó en el aire y nos dijo que siguiéramos a un hombre pequeño y enjuto que llevaba nuestro equipaje directamente a la larga cola de la aduana y a un coche que nos esperaba. Mi madre le dijo algo al hombre y él se rio y asintió, pero estaba claro que no entendía ni una palabra de inglés. La gente se arremolinaba a nuestro alrededor, hablando rápidamente en un idioma que yo desconocía, con un olor desconocido.

El coche era prestado, nos dijo Lolo, pero se había comprado una moto nueva. La nueva casa estaba terminada, solo faltaban algunos retoques. Yo ya estaba matriculado en un colegio cercano, y los padres, primos y amigos de Lolo estaban emocionados por conocernos. Mientras él y mi madre hablaban, yo sacaba la cabeza por la ventanilla trasera y contemplaba el paisaje marrón y verde y olía el gasoil y el humo de madera. Hombres y mujeres caminaban como grullas por los arrozales, con los rostros ocultos por sus sombreros de paja. Un niño, mojado y resbaladizo como una nutria, iba en el lomo de un búfalo de agua, azotando su anca con una vara de bambú. Luego, comenzamos a ver calles repletas de gente. Aparecieron pequeñas tiendas y hombres que tiraban de carros cargados de piedra y madera. Los edificios empezaron a ser más altos, como los de Hawái.

—Ahí está el Hotel Indonesia —dijo Lolo—. Muy moderno. Ahí está el nuevo centro comercial.

Pero solo unos pocos edificios eran más altos que los árboles que ahora refrescaban la carretera.

Cuando pasamos por una hilera de grandes casas con altos setos y guardias, mi madre dijo algo que no entendí sobre el gobierno y un hombre llamado Sukarno.

—¿Quién es Sukarno? —grité desde el asiento trasero, pero Lolo pareció no oírme. En su lugar, me tocó el brazo y señaló hacia el frente.

—Mira —dijo, haciendo un gesto hacia arriba.

Allí, junto a la carretera, había un imponente gigante de al menos diez pisos de altura, con cuerpo de hombre y cara de simio. Era una estatua.

—Es Hanuman, el dios mono —dijo Lolo.

Me sorprendió la figura solitaria, tan oscura contra el sol. Parecía estar a punto de saltar al cielo mientras los coches insignificantes se arremolinaban alrededor de sus pies.

—Es un gran guerrero —dijo—. Fuerte como cien hombres. Cuando lucha contra los demonios nunca es derrotado.

Nuestra casa estaba en las afueras del pueblo. La carretera pasaba por un estrecho puente sobre un ancho río marrón y, al pasar, pude ver a los aldeanos bañándose y lavando la ropa en las empinadas orillas. El camino pasó a ser de grava y luego de tierra, al pasar junto a pequeñas tiendas y bungalows encalados, hasta que finalmente desembocó en los estrechos senderos del *kampong*, o recinto. La casa en sí era modesta, de estuco y tejas rojas, pero abierta y aireada, con un gran árbol de mango en el pequeño patio de enfrente.

Cuando atravesamos el portón, Lolo anunció que tenía una sorpresa para mí; pero antes de que pudiera explicarlo oímos un aullido ensordecedor desde lo alto del árbol. Mi madre y yo dimos un salto hacia atrás y vimos cómo una criatura grande y peluda, con una cabeza pequeña y plana y unos brazos largos y amenazantes, se dejaba caer sobre una rama baja.

—¡Un mono! —grité.

—Un simio —me corrigió mi madre.

Lolo sacó un cacahuete de su bolsillo y lo entregó a los dedos del animal.

—Se llama Tata —dijo—. Lo he traído desde Nueva Guinea para ti.

Empecé a dar un paso adelante para ver más de cerca, pero Tata amenazó con embestir, con sus ojos de anillos oscuros, fieros y sospechosos. Decidí quedarme donde estaba.

—No te preocupes —dijo Lolo, dándole a Tata otro cacahuete—. Está atado a una correa. Vengan, hay más que ver.

Miré a mi madre y me dedicó una sonrisa tentativa. En el patio trasero encontramos lo que parecía un pequeño zoológico: gallinas y patos corriendo por todas partes, un gran perro amarillo con un aullido aterrador, dos aves del paraíso, una cacatúa blanca y dos crías de cocodrilo, medio sumergidas en un estanque cercado. Lolo se quedó mirando a los reptiles.

—Había tres —dijo—, pero el más grande salió arrastrándose por un agujero en la cerca. Se coló en el campo de arroz de alguien y se comió uno de los patos del hombre. Tuvimos que cazarlo a la luz de las antorchas.

No quedaba mucha luz, pero dimos un pequeño paseo por el sendero de barro hacia el pueblo. Grupos de niños risueños del vecindario saludaban desde sus recintos, y algunos ancianos descalzos se acercaron a estrecharnos la mano. Nos detuvimos en el centro del pueblo, el "común", donde un hombre conocido por Lolo apacentaba unas cabras, y un niño pequeño se acercó a mi lado, sosteniendo una libélula que flotaba en el extremo de un cordel.

Cuando volvimos a la casa, el hombre que había llevado nuestro equipaje estaba de pie en el patio trasero con una gallina roja bajo el brazo y un largo cuchillo en la mano derecha. Le dijo algo a Lolo, quien asintió y nos llamó a mi madre y a mí. Mi madre me dijo que esperara y miró interrogativamente a Lolo.

—¿No crees que es un poco joven?, le preguntó.

Lolo se encogió de hombros y me miró.

—El chico debería saber de dónde viene su cena. ¿Qué te parece, Barry?

Miré a mi madre y luego me volví hacia el hombre con la gallina. Lolo volvió a asentir con la cabeza y vi cómo el hombre dejaba el ave en el suelo, la inmovilizaba suavemente bajo una rodilla y le sacaba el cuello por un estrecho canalón. Por un momento luchó, batiendo las alas con fuerza contra el suelo, y algunas plumas bailaron con el viento. Luego se quedó completamente inmóvil. El hombre tiró de la hoja para atravesar el cuello del pájaro con un único y suave movimiento. La sangre salió disparada en una larga cinta carmesí. El hombre se levantó, sosteniendo el pájaro lejos de su cuerpo, y lo lanzó de repente al aire. Aterrizó con un ruido sordo y luego se puso en pie con dificultad, moviendo las patas en un círculo amplio y tambaleante. Observé cómo el círculo se hacía más pequeño, hasta que finalmente el ave se desplomó, sin vida, sobre la hierba.

Lolo me pasó la mano por la cabeza y nos dijo a mí y a mi madre que fuéramos a lavarnos antes de cenar. Los tres comimos en silencio bajo una tenue bombilla amarilla: estofado de pollo y arroz, y luego un postre de una fruta roja de piel peluda, tan dulce en el centro que solo un dolor de estómago podría hacerme dejar de comer. Más tarde, tumbado bajo un dosel de mosquitera, escuché el canto de los grillos bajo la luz de la luna y recordé el último gesto de vida del pollo. Apenas podía creer mi buena suerte.

UN DÍA, no mucho después de mi llegada a Indonesia, estaba jugando al fútbol con un amigo y, en medio del partido, un chico mayor saltó y salió corriendo con el balón. Le perseguí, pero cuando estuve cerca cogió una piedra y me la lanzó. Cuando llegué a casa tenía un bulto del tamaño de un huevo en un lado de la cabeza. Cuando Lolo me vio, levantó la vista de su moto y me preguntó qué había pasado. Le conté la historia.

—No es justo —dije, con la voz entrecortada—. Hizo trampa.

Lolo me separó el pelo con los dedos para examinar la herida.

—No sangra— dijo finalmente. Luego volvió a su moto.

Pensé que eso había sido todo. Pero cuando llegó a casa del trabajo al día siguiente, tenía dos pares de guantes de boxeo. Olían a cuero nuevo. El par más grande era negro y el más pequeño rojo. Me puse el par rojo y él se ató los cordones, luego retrocedió para inspeccionarme. Mis manos colgaban a los lados como si fueran bulbos en los extremos de finos tallos. Sacudió la cabeza y levantó los guantes para cubrirme la cara. Nos enfrentamos en el patio trasero.

—Lo primero que hay que recordar es cómo protegerse. Ahí. Mantén las manos en alto.

Me ajustó los codos, luego se agachó y empezó a moverse.

—Tienes que estar siempre moviéndote, pero siempre agachado; no les des un blanco. ¿Qué te parece?

Asentí con la cabeza, copiando sus movimientos lo mejor que podía. Después de unos minutos, se detuvo y me puso la palma de la mano delante de la nariz.

—Está bien —dijo—. Vamos a ver tu swing.

Di un paso atrás, me preparé y lancé mi mejor golpe a su mano. Apenas se tambaleó.

—No está mal —dijo Lolo. Asintió con la cabeza, sin cambiar su expresión—. No está nada mal. Pero mira dónde tienes las manos ahora. ¿Qué te dije? Levántalas…

Levanté los brazos, lanzando suaves golpes a la palma de Lolo, levantando la vista de vez en cuando y dándome cuenta de lo familiar que se había vuelto su rostro después de nuestros dos años juntos, tan familiar como la tierra sobre la que estábamos.

TARDÉ menos de seis meses en aprender la lengua de Indonesia, sus costumbres y sus leyendas. Había sobrevivido a la varicela, al sarampión y a la picadura de las agujas de bambú de mis profesores. Los hijos de campesinos, sirvientes y funcionarios de bajo nivel se habían convertido en mis mejores amigos, y juntos recorríamos las calles mañana y noche, haciendo trabajos esporádicos y atrapando grillos. Uno de nuestros juegos era intentar cortar los hilos de las cometas de los demás. El perdedor veía cómo la suya se alejaba con el viento mientras los demás la perseguían, esperando que su premio aterrizara. Con Lolo aprendí a comer pequeños pimientos verdes crudos con la cena (mucho arroz) y, fuera de la mesa del hogar, conocí la carne de perro (dura), la de serpiente (más dura) y el saltamontes asado (crujiente). Como muchos indonesios, Lolo seguía una versión de la religión islámica que incluía elementos de otras creencias. Al igual que los hindúes, creía que el hombre adquiría los poderes de lo que comía. Un día, prometió, traería a casa un trozo de carne de tigre para que lo compartiéramos.

Así eran las cosas, como una larga aventura. Mis abuelos enviaban paquetes de chocolate y mantequilla de cacahuete, y yo les escribía fielmente. Pero algunas cosas de esta nueva y extraña tierra me resultaban demasiado difíciles de explicar.

No les conté a Toot y al abuelo lo del hombre que había llegado a nuestra puerta un día con un agujero en el lugar donde debería haber estado su nariz, y el silbido que hizo al pedirle comida a mi madre.

No mencioné la historia que me había contado uno de mis amigos, sobre el viento que había traído un espíritu maligno la noche anterior y había matado a su hermanito. No buscaba asustarme; había terror en su mirada.

No escribí sobre la mirada de los campesinos cuando las lluvias no llegaban, sobre el encorvamiento de sus hombros mientras caminaban descalzos por sus campos áridos y agrietados. No escribí sobre la desesperación de esos mismos agricultores cuando las lluvias se prolongaron durante más de un mes y el río se desbordó y las calles se llenaron de agua, a la altura de mi cintura. No escribí sobre las familias que se apresuraban a rescatar a sus cabras y gallinas mientras la corriente arrancaba trozos de sus cabañas.

El mundo era violento, aprendí; impredecible y a menudo cruel. Decidí que mis abuelos no sabían nada de ese mundo, así que no tenía sentido molestarlos con preguntas que no podían responder. A veces, cuando mi madre volvía a casa de su trabajo en la Embajada de Estados Unidos, le contaba las cosas que había visto u oído, y ella me acariciaba la frente e intentaba explicar lo que podía. Me gustaba la atención: su voz y el contacto de su mano me hacían sentir seguro. Pero ella no sabía más que yo sobre las inundaciones y los vientos malignos. Me marchaba con la sensación de que mis preguntas solo la habían preocupado innecesariamente.

Así que me dirigía a Lolo en busca de orientación. No hablaba mucho, pero era fácil estar con él. Con su familia y amigos me presentaba como su hijo, pero nunca pretendía ser mi verdadero padre. De alguna manera, eso no me molestaba. Me gustaba que me tratara más como un hombre que como un niño. Y su conocimiento del mundo parecía inagotable. No solo sabía cómo cambiar una rueda pinchada o hacer la primera jugada en una partida de ajedrez: sabía cómo ayudarme a gestionar mis emociones. Sabía cómo explicar los misterios que me rodeaban.

Por ejemplo, cómo tratar a los mendigos. Parecían estar por todas partes: hombres, mujeres, niños, con ropas andrajosas y sucias, algunos sin brazos, otros sin pies, víctimas de enfermedades no tratadas como la poliomielitis o la lepra, que caminaban con las manos o rodaban por las aceras atestadas de gente en carritos cascros.

Al principio, veía a mi madre dar su dinero a cualquiera que se detuviera en nuestra puerta o extendiera un brazo cuando pasábamos por las calles. Más tarde, cuando quedó claro que la marea de dolor era interminable, comenzó a darle a menos personas, haciendo lo posible por calcular quiénes necesitaban más su ayuda. A Lolo le conmovían sus cálculos, pero le parecían tontos. Cuando me sorprendía siguiendo su ejemplo y regalando las pocas monedas que tenía, me llevaba aparte y me cuestionaba.

—¿Cuánto dinero tienes?

—Treinta rupias.

—¿Cuántos mendigos hay en la calle?

Intentaba imaginar el número que había pasado por la casa en la última semana.

—¿Lo ves? —decía cuando quedaba claro que había perdido la cuenta—. Es mejor que ahorres tu dinero y te asegures de no acabar en la calle tú.

Era igual con los sirvientes. En su mayoría eran jóvenes que acababan de llegar a la gran ciudad desde pequeños pueblos. A menudo trabajaban para familias que no tenían mucho más dinero que ellos. Enviaban la pequeña cantidad que ganaban a sus familias en casa, o intentaban ahorrar lo suficiente para montar sus propios negocios. Si eran muy trabajadores, Lolo estaba dispuesto a ayudarles. Pero los despedía sin pensarlo dos veces si eran torpes u olvidadizos, o si le hacían perder dinero. Y se quedaba perplejo cuando mi madre o yo los defendíamos.

—Tu madre tiene un corazón blando —me dijo Lolo un día, después de que mi madre tratara de asumir la culpa por haber dejado caer un radio de la cómoda—. Eso es bueno en una mujer. Pero algún día serás un hombre, y un hombre debe tener más sentido común.

No tenía nada que ver con el bien o el mal, explicó, ni con el gusto o el disgusto. Era una cuestión de tomar la vida en sus propios términos.

SENTÍ un fuerte golpe en la mandíbula. Lolo quería practicar boxeo conmigo:

—Presta atención. Mantén tus manos arriba.

Nos dimos golpes durante media hora más antes de que Lolo decidiera que era hora de descansar. Me ardían los brazos; la cabeza me latía con un latido sordo y constante. Cogimos una jarra llena de agua y nos sentamos cerca del estanque de los cocodrilos.

—¿Cansado? —me preguntó.

Me desplomé hacia delante, asintiendo apenas. Sonrió y se subió una manga de su pantalón para rascarse la pantorrilla. Me fijé en una serie de cicatrices que iban desde el tobillo hasta la mitad de la espinilla.

—¿Qué son?

—Marcas de sanguijuelas —dijo—. De cuando estuve en Nueva Guinea. Se meten dentro de las botas cuando vas de excursión por los pantanos. Por la noche, cuando te quitas los calcetines, se quedan pegadas allí, llenas de sangre. Les echas sal y se mueren, pero aun así tienes que sacarlas con un cuchillo caliente.

Pasé el dedo por uno de los surcos ovalados. Estaba liso y sin pelo donde la piel se había chamuscado. Le pregunté a Lolo si le había dolido.

—Claro que me dolió —dijo, tomando un sorbo de la jarra—. A veces no puedes preocuparte por el dolor. A veces solo te preocupas por llegar a donde tienes que ir.

Nos quedamos en silencio y le observé con el rabillo del ojo. Me di cuenta de que nunca le había oído hablar sobre lo que sentía. Nunca le había visto realmente enfadado o triste. Una extraña idea me vino de repente a la cabeza.

—¿Has visto alguna vez matar a un hombre? —le pregunté.

Miró hacia abajo, sorprendido por la pregunta.

—¿Lo has visto? —volví a preguntar.

—Sí —respondió.

—¿Fue sangriento?

—Sí.

Pensé por un momento.

—¿Por qué mataron al hombre? ¿Por qué mataron al hombre que viste?

—Porque era débil.

—¿Eso es todo?

Lolo se encogió de hombros y se bajó la manga del pantalón.

—Eso suele ser suficiente. Los hombres se aprovechan de la debilidad de otros hombres. Son como los países en ese sentido. El hombre fuerte toma la tierra del hombre débil. Hace que el hombre débil trabaje en sus campos. Si la mujer del débil es bonita, el hombre fuerte se la lleva.

Hizo una pausa para beber otro sorbo de agua y luego preguntó:

—¿Cuál prefieres ser?

No respondí, y Lolo miró al cielo.

—Mejor ser fuerte —dijo finalmente, poniéndose de pie—. Si no puedes ser fuerte, sé inteligente y haz las paces con alguien que sea fuerte. Pero siempre es mejor ser fuerte uno mismo. Siempre.

MI MADRE esperaba que esta nueva vida fuera difícil. Antes de salir de Hawái, había intentado aprender todo lo posible sobre Indonesia. Supo que era el quinto país más poblado del mundo, con cientos de grupos étnicos y dialectos. Supo que durante mucho tiempo había estado bajo el control de otros países ávidos de sus enormes cantidades de petróleo y madera. Los holandeses gobernaron Indonesia durante más de tres siglos, y los japoneses tomaron el control durante la Segunda Guerra Mundial. Aprendió sobre la batalla de Indonesia por su independencia. Un luchador por la libertad llamado Sukarno se convirtió en el primer presidente del país, pero acababa de ser sustituido. Algunos decían que era corrupto. Otros decían que era demasiado cercano de los comunistas.

Era un país pobre, diferente del que ella había conocido, y mi madre estaba preparada para sus dificultades. Estaba preparada para ponerse en cuclillas sobre un agujero en el suelo para orinar. Estaba preparada para el calor y los mosquitos. Para lo que no estaba preparada era para la soledad. Era constante, como una falta de aliento. No había nada concreto que pudiera señalar, en realidad. Lolo era amable y se había desvivido por hacerla sentir como en casa, y su familia era generosa con ella.

Pero algo había pasado entre ella y Lolo durante el año que habían estado separados. En Hawái él estaba lleno de vida, ansioso por realizar sus planes. Por la noche, cuando estaban solos, le contaba sobre su infancia durante la guerra, sobre ver partir a su padre y a su hermano mayor para alistarse en el ejército revolucionario, sobre enterarse de que ambos habían muerto y todo estaba perdido. Le contaba que el ejército holandés había incendiado la casa de su familia, que habían huido al campo, que su madre se había visto obligada a vender sus joyas de oro una a una a cambio de comida. Le dijo que ahora que los holandeses habían sido expulsados del país, todo cambiaría. Tenía la intención de regresar, enseñar en la universidad y ser parte de ese cambio.

Ya no hablaba así. De hecho, apenas le hablaba, a no ser que fuera para reparar una gotera o para planificar un viaje para visitar a algún primo lejano. Era como si se hubiera metido en algún lugar oscuro y oculto, llevándose consigo la parte más brillante de sí mismo. Algunas noches, mi madre lo oía levantado mientras los demás dormían, vagando por la casa, bebiendo whisky de una botella. Otras noches metía una pistola bajo la almohada antes de dormir. Cuando ella le preguntaba qué le pasaba, él decía que solo estaba cansado.

Mi madre sospechaba que estos problemas tenían que ver con el trabajo de Lolo. Trabajaba para el ejército como geólogo, inspeccionando carreteras y túneles. Era un trabajo agotador que no pagaba mucho. Solo nuestro refrigerador costaba dos meses de sueldo. Y ahora tenía una esposa y un hijo que mantener… no es de extrañar que estuviera deprimido. Mi madre decidió que no había viajado hasta aquí para ser una carga. Comenzaría a ganar dinero también.

Enseguida encontró un trabajo enseñando inglés a empresarios indonesios en la embajada americana. El dinero ayudó, pero seguía sintiéndose terriblemente sola. Los estadounidenses de la embajada eran en su mayoría hombres mayores y hacían bromas groseras sobre los indonesios hasta que se enteraron de que estaba casada con uno. Aun así, durante el almuerzo o en una conversación casual, estos hombres le contaban cosas sobre Indonesia que no podría leer en los periódicos. Le explicaron que el gobierno estadounidense se había molestado por las inclinaciones comunistas de Sukarno y había decidido que no era un amigo de Estados Unidos. Se decía que la Agencia Central de Inteligencia de Estados Unidos (la CIA) había participado en la operación militar que le llevó al poder, aunque en aquel momento nadie lo sabía con certeza. Después de la toma del poder, le dijeron, los militares habían barrido el campo y matado a cualquiera que consideraran simpatizante comunista. El número de muertos era una incógnita: unos cientos de miles, tal vez; medio millón.

A mi madre le impactó saber que habíamos llegado a Yakarta menos de un año después de esta ola de brutales asesinatos. Resultaba aterrador que la historia pudiera ser engullida de forma tan completa, que la gente siguiera ocupándose de sus asuntos bajo los carteles gigantes del nuevo presidente como si no hubiera pasado nada. A medida que su círculo de amigos indonesios se ampliaba, algunos de ellos susurraban otras historias sobre la corrupción en el nuevo gobierno, los sobornos que exigían la policía y el ejército, y los negocios torcidos de la familia y los amigos del presidente. Con cada nueva historia, ella se dirigía a Lolo en privado y le preguntaba: "¿Es cierto?".

Lolo nunca respondía. "¿Por qué te preocupas por esas habladurías?", le preguntaba de vuelta. "¿Por qué no te compras un vestido nuevo?".

Finalmente se quejó con uno de los primos de Lolo, un pediatra que había ayudado a cuidar a Lolo durante la guerra.

—No lo entiendes —le dijo el primo con amabilidad.

—¿Entender qué?

—Lolo no tenía previsto volver de Hawái tan pronto —dijo el primo—. Durante la toma del poder por parte de los militares, a todos los indonesios que estudiaban en el extranjero se les exigió que regresaran inmediatamente, sin ninguna explicación, y se les retiró el pasaporte. Así que cuando Lolo bajó del avión, no tenía ni idea de lo que iba a pasar después. Los oficiales del ejército se lo llevaron y lo interrogaron. Le dijeron que acababa de ser reclutado y que iría a las selvas de Nueva Guinea durante un año. Y fue uno de los afortunados. Algunos de los estudiantes siguen en la cárcel, o desaparecieron. No seas tan dura con Lolo; es mejor olvidar esos tiempos.

Mi madre salió de la casa del primo aturdida. Afuera el sol estaba alto y el aire lleno de polvo, pero en lugar de coger un taxi para volver a casa, empezó a caminar sin rumbo.

No podía dejar de pensar en la palabra *poder*. En Estados Unidos, el poder estaba generalmente oculto a la vista. Se suponía que todo el mundo era igual, y eso era lo que creías, a no ser que visitaras una reserva nativa americana o hablaras con un negro que confiara en ti. Entonces veías claramente lo que se escondía bajo la superficie. Pero en Indonesia, el poder no se disimulaba. La gente que lo tenía lo manifestaba abiertamente. La gente que no lo tenía, como Lolo, sabía que su vida no era suya. Así eran las cosas; no podías cambiarlo, solo podías vivir según las reglas, tan sencillas una vez que las aprendías. Y así, Lolo había hecho las paces con el poder. Aprendió a olvidar que no tenía libertad. Su cuñado también lo había "olvidado" y había conseguido tener éxito, haciendo una fortuna como alto funcionario de la compañía petrolera nacional. Otro hermano, sin embargo, había cometido errores. Robaba cosas de nuestra vajilla cada vez que venía de visita. Lolo comprendió que, en este país, un hombre como él podía cometer un resbalón y caer de espaldas.

Mi madre era extranjera, de clase media y blanca. Siempre podía marcharse si las cosas se complicaban demasiado. La diferencia de sus posiciones creó una brecha entre ella y Lolo que nunca pudo ser salvada.

No estoy seguro de que Lolo llegara a entender lo que estaba pasando mi madre, por qué las cosas que él se esforzaba en proporcionarle parecían aumentar la distancia entre ellos. No era un hombre que se hiciera esas preguntas. En cambio, se concentró en ascender en la sociedad. Con la ayuda de su cuñado, consiguió un nuevo trabajo en la oficina de relaciones gubernamentales de una empresa petrolera estadounidense. Nos mudamos a una casa en un barrio mejor; un coche sustituyó a la moto; un televisor y una chimenea sustituyeron a los cocodrilos y a Tata, el mono. A veces los oía discutir a él y a mi madre en su dormitorio, usualmente cuando ella se negaba a asistir a las cenas de su empresa, en las que empresarios blancos de Texas y Luisiana le daban palmadas en la espalda a Lolo y se jactaban de los sobornos que habían pagado por derechos de perforación petrolífera en altamar, mientras sus esposas se quejaban con mi madre de la incompetencia de las empleadas domésticas en Indonesia. Lolo le decía que le parecía mal ir solo y le recordaba que era su propia gente, y la voz de mi madre se elevaba hasta casi un grito. "No son mi gente", decía.

Pero estas discusiones eran raras. Mi madre y Lolo se mantuvieron en buenos términos cerca del nacimiento de mi hermana, Maya, y durante su separación y posterior divorcio. Diez años más tarde, cuando yo era adolescente, mi madre incluso ayudó a Lolo a viajar a Los Ángeles para tratarse la enfermedad hepática que lo mataría. Fue la última vez que lo vi.

Resultó que la tensión que notaba tenía que ver principalmente conmigo. Mi madre siempre me había animado a adaptarme a Indonesia, y lo hice. Me cuidaba, no me quejaba de no tener mucho dinero y tenía muy buenos modales en comparación con otros niños estadounidenses. Con demasiada frecuencia, los estadounidenses en el extranjero no se enteraban de los lugares que visitaban y actuaban con prepotencia, y ella me enseñó a no ser nunca así. Pero por fin se había dado cuenta de que tendría muchas más oportunidades en Estados Unidos que en Indonesia, y que mi verdadera vida estaba en otra parte.

EL PRIMER PASO era asegurarme de recibir una buena educación. Como mi madre y Lolo no tenían dinero para enviarme a la Escuela Internacional, a la que acudían la mayoría de los niños extranjeros de Yakarta, mi madre se encargó de complementar mi educación indonesia con lecciones de un curso por correspondencia estadounidense: lecciones que llegaban por correo. Cinco días a la semana, aparecía en mi habitación a las cuatro de la mañana, me obligaba a desayunar y me daba clases de inglés durante tres horas antes de que yo me fuera a la escuela y ella al trabajo. Yo me resistía. Le decía que me dolía el estómago. A veces se me cerraban los ojos cada cinco minutos. Pero ella estaba decidida y decía pacientemente: "Esto tampoco es fácil para mí, amigo".

Mi madre no solo estaba preocupada por mi educación. Cuanto más tiempo pasábamos en Indonesia, más se preocupaba por mi seguridad.

Una noche, un amigo y yo hicimos *autostop* hasta la granja de su familia. Empezó a llover y había un lugar estupendo para deslizarse por el barro. Pero al pie de la colina había una cerca de alambre de púas.

Llegué a casa al anochecer y encontré un gran grupo de búsqueda de vecinos en nuestro patio. Mi madre no parecía contenta, pero estaba tan aliviada de verme que tardó varios minutos en fijarse en el calcetín mojado, marrón por el barro, envuelto alrededor mi antebrazo.

—¿Qué es eso?

—¿Qué?

—Eso. ¿Por qué tienes un calcetín enrollado en el brazo?

—Me corté.

—Veamos.

—No es tan grave.

—*Barry*, déjame ver.

Desenvolví el calcetín y dejé al descubierto un largo corte que iba desde la muñeca hasta el codo. No había llegado a la vena por un centímetro, pero era más profunda en el músculo, donde la carne rosada salía de debajo de la piel.

A mi madre no le gustó que Lolo sugiriera que esperáramos hasta la mañana para coserme. Acosó a nuestro único vecino con coche para que nos llevara al hospital. La mayoría de las luces estaban apagadas cuando llegamos, sin recepcionista a la vista y solo con el sonido de los frenéticos pasos de mi madre resonando en el pasillo. Finalmente, encontró a dos jóvenes en calzoncillos jugando al dominó en una pequeña habitación al fondo. Cuando les preguntó dónde estaban los médicos, los hombres respondieron alegremente: "Nosotros somos los médicos", y siguieron con su juego antes de vestirse y darme veinte puntos de sutura que me dejarían una fea cicatriz.

Años más tarde me dijo que había sentido que mi vida podría escaparse cuando ella no estuviera mirando, que todos los demás a su alrededor estarían demasiado ocupados intentando sobrevivir para darse cuenta.

Pero había algo aún más importante para ella que los expedientes escolares o los servicios médicos, y eso se convirtió en el centro de sus lecciones conmigo. Temía que yo recibiera las lecciones equivocadas de Indonesia y quería enseñarme las virtudes que ella había aprendido en su infancia en el Medio Oeste. "Si quieres crecer para convertirte en un ser humano", me decía, "vas a necesitar valores".

Los explicaba con ejemplos de nuestra vida:

Honestidad: "No imites a Lolo, que esconde el refrigerador en el almacén cuando vienen los funcionarios para no tener que pagar impuestos por ello. En Indonesia, incluso los funcionarios de Hacienda esperan ese comportamiento, pero no es correcto, ni aquí ni en ningún sitio".

Equidad: "Los padres de los alumnos más ricos no deberían regalar televisores a los profesores con la esperanza de que sus hijos saquen mejores notas. Si esos niños obtienen mejores notas, no deberían enorgullecerse de ellas".

Hablar claro: "Si no te gustó la camisa que te compré para tu cumpleaños, deberías haberlo dicho en lugar de guardarla enrollada en el fondo de tu armario".

Juicio independiente: "Solo porque los otros niños se burlan del pobre chico por su corte de pelo no significa que tú tengas que hacerlo también".

Desgraciadamente, no había mucho que reforzara sus lecciones. Yo asentía obedientemente, pero pensaba que sus ideas eran poco prácticas. A mi alrededor veía pobreza, corrupción, cinismo y gente que haría cualquier cosa por un poco de seguridad. Vivían una vida dura y parecían aceptar su destino. Yo no tenía su fe en la bondad de las personas y en su capacidad para forjar su propio destino. Solo mucho más tarde aprecié el poder de su humanismo, que llegué a ver como parte de una tradición más amplia en Estados Unidos; los valores que dieron a Estados Unidos cosas como el *New Deal* de Franklin Delano Roosevelt y los Cuerpos de Paz.

El ejemplo más persuasivo que podía ofrecer era, curiosamente, mi lejano padre. Me recordaba su historia: había crecido pobre, en un país pobre, en un continente pobre; su vida había sido dura, tan dura como cualquier cosa que Lolo hubiera conocido. Sin embargo, no había tomado atajos, ni había traicionado sus valores. Era trabajador y honesto, sin importar lo que le costara. Había llevado su vida según unos principios que exigían un tipo de dureza diferente, unos principios que lo llevarían a una forma de poder superior. Mi madre decidió que yo seguiría su ejemplo. No tenía elección, me dijo. Estaba en mis genes.

Mi madre se propuso enseñarme la experiencia de los negros en Estados Unidos. Llegaba a casa con libros sobre el movimiento de los derechos civiles, las grabaciones de la cantante de *gospel* Mahalia Jackson y los discursos del Dr. King. Cuando me contaba historias de escolares del sur que tenían que leer libros regalados de escuelas blancas ricas, pero que llegaron a ser médicos, abogados y científicos, me avergonzaba de mi reticencia a levantarme y estudiar por las mañanas. Según ella, todo hombre negro podía ser el gran juez del Tribunal Supremo Thurgood Marshall o el actor Sidney Poitier; toda mujer negra podía ser la líder del derecho al voto Fannie Lou Hamer o la magnífica cantante de jazz Lena Horne. Ser negro era heredar un destino especial. Había cargas, pero nosotros y solo nosotros éramos lo suficientemente fuertes para soportarlas. Y estábamos destinados a llevar esas cargas con estilo. Más de una vez, mi madre me dijo que el cantante de calipso Harry Belafonte era "el hombre más guapo del planeta".

Pero aprendí que no todos los negros eran capaces de apreciar esa herencia. Un día, mi madre me llevó a la embajada estadounidense, donde me senté en la biblioteca mientras ella se iba a trabajar. Cuando terminé mis cómics y mis deberes, me encontré con una colección de revistas americanas perfectamente expuestas en carpetas de plástico transparente. En una de ellas encontré una fotografía de un hombre mayor con gafas oscuras y gabardina que caminaba por una calle vacía. En la página siguiente había otra fotografía, esta vez un primer plano de las manos del mismo hombre. Estaban extrañamente pálidas, como si se hubiera extraído sangre de su carne. Volviendo a la primera foto, vi que el pelo arrugado del hombre, sus labios gruesos y su nariz ancha y carnosa tenían el mismo tono irregular y fantasmal.

Pensé que tal vez había sido envenenado por radiación, o tal vez era un albino; había visto uno de ellos en la calle y mi madre me había explicado sobre esas cosas. Pero cuando leí las palabras que acompañaban la foto, no se trataba en absoluto de eso. El hombre se había sometido a un tratamiento químico, explicaba el artículo, para aclarar su tez y poder pasar por un hombre blanco. Lo había pagado con su propio dinero. Estaba muy arrepentido. Las cosas habían salido mal; los resultados eran irreversibles.

Resultó que había miles de personas como él, negros en Estados Unidos que se habían sometido al mismo tratamiento en respuesta a los anuncios que les prometían la felicidad de ser blancos.

Sentí que mi cara y mi cuello se calentaban. El estómago se me anudó; la letra empezó a desdibujarse en la página. ¿Lo sabía mi madre? Tuve un impulso desesperado de saltar de mi asiento, de exigir alguna explicación o palabras que me tranquilizaran. Pero algo me contuvo. Como en un mal sueño, no tenía voz para decirle a mi madre lo que sentía. Cuando vino a llevarme a casa, mi rostro tenía una sonrisa y las revistas estaban de nuevo en su sitio.

Nunca superé el shock de esa revelación. Sigo pensando en los niños negros que han pasado por momentos similares: el niño al que sus padres le advierten que no debe cruzar los límites de un determinado barrio, o la niña frustrada por no tener el pelo como el de Barbie por mucho que se lo peinen. Tal vez un padre o un abuelo les cuente una historia de haber sido humillados por un empleador o un policía. Cuando imagino esas pequeñas dosis de malas noticias, semana tras semana, sospecho que tuve suerte de crecer como lo hice. Tuve un largo tramo de infancia libre de esas dudas.

Mi madre me advirtió sobre las personas prejuiciosas, por supuesto. Decía que eran ignorantes e incultas y que debía evitarlas. Pero aquella fotografía me había dicho algo más: que había un enemigo oculto ahí afuera, que podía llegar a mí sin que yo lo supiera. Cuando llegué a casa esa noche de la biblioteca de la embajada, entré en el baño y me quedé de pie frente al espejo mirándome y preguntándome si había algo malo en mí.

Mi ansiedad pasó, y estuve mi último año en Indonesia igual que antes, confiado y a menudo travieso. Pero mi visión se había alterado de forma permanente. En los programas de importados que habían empezado a transmitir por las tardes en la televisión, empecé a notar que el negro de *Misión Imposible* pasaba todo el tiempo bajo tierra. Me di cuenta de que no había nadie como yo en los catálogos de Navidad de los grandes almacenes que nos enviaban Toot y el abuelo, y que Papá Noel era un hombre blanco.

Me guardaba estas observaciones, decidiendo que, o bien mi madre no las veía, o bien intentaba protegerme de ellas. Seguía confiando en su amor, pero ahora me enfrentaba a la posibilidad de que su visión del mundo, y del lugar que ocupaba mi padre en él, fuera incompleta.

CAPÍTULO 3

Cuando concluí todas las lecciones de mi curso por correspondencia, mi madre me dijo que había llegado el momento de volver a Hawái, vivir con mis abuelos y asistir a una escuela americana. El nuevo acuerdo no sonó tan mal cuando me lo explicó por primera vez. Me dijo que ella y mi hermana Maya se reunirían conmigo en Hawái muy pronto; un año como máximo. Me recordó lo bien que me lo había pasado viviendo con el abuelo y Toot el verano anterior; los helados, los dibujos animados, los días de playa.

—Y no tendrás que levantarte a las cuatro de la mañana. Esa sería la mejor parte —dijo.

Pero cuando aterricé en Honolulu, me sentí menos seguro. Me costó un poco reconocer al abuelo y a Toot entre la masa de caras sonrientes y ansiosas. Finalmente, divisé a un hombre alto y de cabello plateado al fondo de la multitud, con una mujer bajita y de aspecto de búho apenas visible a su lado. Yo llevaba una máscara de madera, un regalo del copiloto indonesio, un amigo de mi madre que me había llevado al avión mientras ella y Lolo se despedían. La madera tenía un olor a nuez y a canela, y al inhalarla sentí que me transportaba a través de océanos y nubes, de vuelta al lugar donde había estado. Sin pensarlo, me llevé la máscara al rostro y balanceé la cabeza en un extraño baile. Mis abuelos se rieron.

En ese momento, un funcionario de aduanas me tocó el hombro y me preguntó si era estadounidense. Asentí con la cabeza y le entregué mi pasaporte.

—Adelante —dijo, pidiéndole a la familia china que estaba en la fila delante de mí que se hiciera a un lado. Recordé lo animados que habían estado en el avión, pero cuando pasé junto a ellos se quedaron absolutamente quietos, y vi manos rebuscando en sus pasaportes y equipajes.

Toot me abrazó y puso alrededor de mi cuello un collar hawaiano de caramelos y chicles. El abuelo me echó un brazo por encima del hombro y bromeó diciendo que la máscara era una mejora definitiva con respecto a mi cara. Me llevaron a su nuevo coche y el abuelo me enseñó a controlar el aire acondicionado. Condujimos por la autopista, pasando por restaurantes de comida rápida, moteles baratos y lotes de coches usados. Les hablé del viaje y de todos los que estaban en Yakarta. El abuelo me contó lo que habían planeado para mi cena de bienvenida. Toot miró lo que llevaba puesto y dijo, con delicadeza, que necesitaría ropa nueva para la escuela.

Entonces, de repente, la conversación se detuvo. Y me di cuenta de inmediato de que iba a vivir con extraños.

Los dos habían cambiado. Después de que mi madre y yo nos fuéramos a Indonesia, habían vendido su casa grande y caótica cerca de la universidad, y habían alquilado un pequeño apartamento de dos habitaciones en un edificio alto. El abuelo había abandonado el negocio de los muebles para convertirse en agente de seguros de vida, pero como era incapaz de convencerse de que la gente necesitaba lo que vendía y le afligía el rechazo, le estaba yendo mal. Todos los domingos por la noche lo veía volverse más y más irritable cuando llegaba el momento de echarnos de la sala de estar y tratar de concertar citas con posibles clientes por teléfono.

A veces iba de puntillas a la cocina por un refresco y oía la desesperación en su voz, el silencio que se producía cuando sus interlocutores le decían que no, que el jueves no iba bien y que el martes no sería mucho mejor. El abuelo rebuscaba entre los archivos que tenía en su regazo y suspiraba con fuerza tras colgar el teléfono.

Sin embargo, al final convencía a algunas personas de reunirse con él, se le pasaba el dolor, y entraba en mi habitación para contarme historias de su juventud o el nuevo chiste que había leído en *Reader's Digest*. Si sus llamadas telefónicas habían ido especialmente bien, podía hablar conmigo de algún plan que todavía albergaba: el libro de poemas que había empezado a escribir, el boceto que pretendía convertir en una pintura, los planos de su casa ideal. Cuanto más atrevidos eran sus planes, menos probables parecían, pero yo reconocía algo de su antiguo entusiasmo y trataba de hacerle preguntas alentadoras para mantener su buen humor. Entonces, en algún momento de su presentación, ambos nos dábamos cuenta de que Toot estaba de pie en el pasillo, fuera de mi habitación.

—¿Qué quieres, Madelyn?

—¿Has terminado con tus llamadas, querido?

—*Sí, Madelyn*. He terminado con mis llamadas. ¡Son las diez de la noche!

—No hay necesidad de gritar, Stanley. Solo quería saber si podía entrar en la cocina.

—¡No estoy gritando!

Toot se retiraba a su dormitorio y el abuelo salía de mi habitación con una mirada de abatimiento y rabia.

¿A qué venía todo eso? Escenas como esa se volvieron frecuentes, y pronto me di cuenta de que la tensión tenía que ver con el hecho, pocas veces mencionado, de que Toot ganaba más dinero que el abuelo. En aquella época las mujeres casi nunca ganaban más que sus maridos, pero Toot era una pionera. Se había convertido en la primera mujer vicepresidenta de un banco local, y aunque al abuelo le gustaba decir que siempre la animaba en su carrera, no podía evitar avergonzarse de que cada vez pagara menos las facturas de la familia.

Toot no había esperado tener tanto éxito. No tenía estudios universitarios y solo había empezado a trabajar como secretaria después de que yo naciera, para ayudar a mi madre económicamente. Pero tenía una mente ágil, buen juicio y capacidad para trabajar duro. Poco a poco había ido ascendiendo, siguiendo las reglas; hasta que, como mujer, no pudo subir más. No importaba cuán competente fuera. Durante veinte años vio cómo sus colegas masculinos la superaban y se convertían en hombres ricos.

Más de una vez, mi madre le decía a Toot que el banco no debería salirse con la suya con un sexismo tan evidente, al ascender a hombres por encima de mujeres que estaban mejor cualificadas. Pero Toot no prestaba atención a los comentarios de mi madre; decía que todo el mundo podía encontrar una razón para quejarse de algo. Toot no se quejaba. Todas las mañanas se levantaba a las cinco, se empolvaba la cara y se ponía un traje a medida y unos zapatos de tacón. Luego cogía el autobús de las seis y media para llegar a su oficina en el centro de la ciudad antes que nadie. Se sentía orgullosa de su trabajo. Le gustaba leer un artículo sobre el dinero en el periódico y poder contarnos la historia desde adentro, la historia real.

Sin embargo, cuando me hice mayor, me confesó que nunca había dejado de soñar con otro tipo de vida: una casa con cercas blancas, días dedicados a hornear o a jugar al bridge o a ser voluntaria en la biblioteca local. Me sorprendió, porque rara vez mencionaba esperanzas o remordimientos. Y no sé si realmente hubiera preferido esa otra vida, la de una mujer que no tenía que trabajar. Pero cuando fui mayor comprendí que, en la época en que construyó su carrera, una esposa que trabajaba fuera de casa no era nada de lo que presumir, ni para ella ni para el abuelo. Lo hacía por mí.

—Mientras a tus hijos les vaya bien, Bar —dijo más de una vez—, eso es lo único que realmente importa.

Ya casi no invitaban a gente a cenar. No íbamos a la playa ni de excursión juntos. Por las noches, el abuelo veía la televisión mientras Toot se sentaba en su habitación a leer novelas de crimen. Deberían haber estado disfrutando de su mediana edad, época donde las personas pueden empezar a sentirse satisfechas con sus logros y tienen todavía mucho tiempo por delante. Pero se limitaban a aguantar, a pasar por el aro. En algún momento, mientras yo estaba en Indonesia, habían renunciado a los sueños que los habían llevado a Hawái. No veían más destinos a los que aspirar.

HABÍA UNA cosa que llenaba de orgullo a mis abuelos: me habían aceptado en la prestigiosa Academia Punahou. Fundada por misioneros en 1841, Punahou era ahora la escuela predilecta de los hijos de los ricos y poderosos de Hawái. No había sido fácil entrar; había una larga lista de espera. Pero la escuela aceptó considerarme después de que el jefe del abuelo, que había estudiado allí años antes, se pusiera en contacto con ellos. Así que mi primera experiencia con la "acción afirmativa" tuvo poco que ver con la raza y mucho que ver con a quién conocía mi familia.

Cuando presenté mi solicitud, el abuelo y yo visitamos el campus y nos sorprendieron sus hectáreas de exuberantes campos verdes y árboles de sombra, los antiguos edificios de mampostería y las modernas estructuras de cristal y acero. Había canchas de tenis, piscinas y estudios de fotografía. En un momento, el abuelo me agarró del brazo.

—Esto no es una escuela —susurró—. Esto es el paraíso. Puede que logres que regrese a la escuela contigo.

Con mi aceptación llegó un grueso paquete de información. "Bienvenido a la familia Punahou", anunciaba la carta. Se me había asignado un casillero, estaba inscrito en un plan de comidas, y había una lista de cosas que comprar: un uniforme para educación física, tijeras, una regla, lápices número dos, una calculadora (opcional). El abuelo se pasó la tarde leyendo todo el catálogo de la escuela, todo lo que se esperaría de mí durante los siguientes siete años. Con cada nuevo ítem, el abuelo se emocionaba más y más. Varias veces se levantó, marcando una página con el pulgar, y se dirigió hacia la habitación donde Toot estaba leyendo, con la voz llena de asombro:

—¡Madelyn, mira esto!

Así que el abuelo estaba encantado de llevarme a mi primer día de escuela. Insistió en que llegáramos temprano y Castle Hall, el edificio para los alumnos de quinto y sexto grado, todavía no estaba abierto. Nos sentamos junto a un delgado chico chino que llevaba un gran retenedor dental atado alrededor de su cuello.

—Hola —le dijo el abuelo al chico—. Este es Barry. Yo soy el abuelo de Barry. Puedes llamarme *abuelo*. —Estrechó la mano del niño, que se llamaba Frederick—. Barry es nuevo aquí.

—Yo también —dijo Frederick, y los dos se lanzaron a una animada conversación.

Me quedé sentado, avergonzado, hasta que por fin se abrieron las puertas y subimos las escaleras hasta nuestra clase. En la puerta, el abuelo nos dio una palmada en la espalda a los dos.

—No hagan nada que yo haría —dijo con una sonrisa.

—Tu abuelo es gracioso —dijo Frederick mientras veíamos cómo el abuelo se le presentaba a la señorita Hefty, nuestra profesora.

—Sí, lo es.

Nos sentamos en una mesa con otros cuatro niños y la señorita Hefty, una enérgica mujer de mediana edad con el pelo corto y gris, pasó lista. Cuando leyó mi nombre completo: Barack Hussein Obama, oí risitas. Frederick se inclinó hacia mí.

—Creía que te llamabas Barry.

—¿Prefieres que te llamemos Barry? —preguntó la señorita Hefty—. Barack es un nombre tan bonito. Tu abuelo me ha dicho que tu padre es keniano. Yo viví un tiempo en Kenia, ¿sabes? Enseñaba a niños de tu edad. Es un país magnífico. ¿Sabes de qué tribu es tu padre?

Su pregunta provocó más risas, y yo me quedé sin palabras por un momento. Cuando por fin dije "luo", un niño de pelo rubio que estaba detrás de mí repitió la palabra con un fuerte graznido, como el sonido de un mono. Los niños ya no pudieron contenerse, y fue necesaria una severa reprimenda de la señorita Hefty para que la clase se calmara y pudiéramos avanzar, misericordiosamente, hacia la siguiente persona de la lista.

Pasé el resto del día aturdido. Una chica pelirroja pidió tocarme el cabello y pareció dolida cuando me negué. Un chico con la cara rubicunda me preguntó si mi padre comía personas. Cuando llegué a casa, el abuelo estaba preparando la cena.

—¿Qué tal estuvo? ¿No es genial que la señorita Hefty haya vivido en Kenia? Seguro que hizo que el primer día fuera más fácil.

Entré en mi habitación y cerré la puerta.

La novedad de tenerme en la clase desapareció rápidamente para los otros niños, pero mi sensación de que no pertenecía seguía creciendo. La ropa que el abuelo y yo habíamos elegido para mí estaba pasada de moda; las sandalias indonesias que habían estado bien en Yakarta ahora lucían anticuadas. La mayoría de mis compañeros de clase habían estado juntos desde el jardín de infancia; vivían en los mismos barrios, en casas de dos niveles con piscinas; sus padres entrenaban a los mismos equipos de la liga infantil; sus madres patrocinaban las ventas de pasteles. Nadie jugaba al fútbol o al bádminton o al ajedrez como los niños de Yakarta, y yo no tenía ni idea de cómo lanzar un balón de fútbol en espiral o balancearme en una patineta como ellos.

Era la pesadilla de un niño de diez años. En cualquier caso, no me iba peor que a los otros niños considerados "inadaptados";

las niñas demasiado altas o demasiado tímidas, el chico ligeramente hiperactivo, los niños cuya asma los eximía de clase de educación física.

Sin embargo, había otra niña en mi clase que me recordaba a otro tipo de dolor. Su nombre era Coretta, y antes de mi llegada había sido la única persona negra de nuestro curso. Era regordeta y de piel oscura y no parecía tener muchos amigos. Desde el primer día nos evitamos mutuamente, pero nos observamos desde la distancia, como si tener contacto nos hiciera sentir aún más diferentes y solos.

Finalmente, durante el descanso en un día caluroso y sin nubes, nos encontramos en el mismo rincón del patio de recreo. No recuerdo lo que nos dijimos, pero sí que de repente me estaba persiguiendo entre los columpios. Se reía alegremente, y yo me burlaba de ella y la esquivaba de un lado a otro, hasta que finalmente me atrapó y caímos al suelo sin aliento. Cuando levanté la vista vi a un grupo de niños, sin rostro ante el resplandor del sol, que nos señalaban.

—¡Coretta tiene novio! ¡Coretta tiene novio!

Los cánticos se hicieron más fuertes mientras unos cuantos niños más nos rodeaban.

—No es mi no-novia —tartamudeé. Miré a Coretta en busca de ayuda, pero ella se limitó a mirar al suelo.

—¡Coretta tiene novio! ¿Por qué no la besas, señor novio?

—¡No soy su novio! —grité. Corrí hacia Coretta y le di un ligero empujón; ella se tambaleó hacia atrás y me miró, pero siguió sin decir nada—. ¡Déjame en paz! —volví a gritar.

Y de repente Coretta echó a correr, cada vez más rápido, hasta desaparecer de vista. A mi alrededor surgieron risas de satisfacción. Entonces sonó la campana y los profesores aparecieron para llevarnos de regreso a la clase.

Durante el resto de la tarde, me atormentó la mirada de Coretta justo antes de empezar a correr: su decepción por haberla abandonado. Quería explicarle de algún modo que no había sido nada personal, simplemente, nunca había tenido novia y no veía ninguna necesidad de tener una ahora. Pero ni siquiera sabía si eso era cierto. Solo sabía que era demasiado tarde para dar explicaciones, que de alguna manera me habían puesto a prueba y había fracasado. Cada vez que echaba un vistazo al escritorio de Coretta, la veía con la cabeza inclinada sobre su trabajo, metida en sí misma y sin pedir favores.

Después de eso, casi siempre me dejaban tranquilo, como a Coretta. Aprendí a hablar menos en clase para no llamar la atención. Hice algunos amigos y logré lanzar un balón de fútbol tambaleante. Pero a partir de ese día, una parte de mí se sintió aplastada. A la salida del colegio, caminaba las cinco cuadras que había hasta nuestro apartamento. Si tenía algo de cambio en los bolsillos, me paraba en un quiosco de prensa atendido por un hombre ciego, que me informaba de los nuevos cómics que habían llegado. El abuelo me abría la puerta y, mientras él se acostaba para dormir la siesta, yo veía dibujos animados y repeticiones de comedias. A las cuatro y media, despertaba al abuelo y conducíamos al centro a recoger a Toot. Mis deberes estarían hechos a tiempo para la cena, la cual comíamos frente al televisor. Allí me quedaba el resto de la noche, negociando con el abuelo qué programas ver, compartiendo el último bocadillo que había descubierto en el supermercado. A las diez me iba a mi habitación y me dormía con el sonido de los éxitos del momento en la radio.

Bocadillos, televisión, radio: rodeado de todo esto, de alguna manera me sentía seguro, como si hubiera caído en una larga hibernación. Me pregunto cuánto tiempo habría permanecido en ese "sueño" si no hubiera sido por el telegrama que Toot encontró un día en el buzón.

—Tu padre viene a verte —dijo—. El mes que viene. Dos semanas después de que llegue tu madre. Ambos se quedarán hasta Año Nuevo.

Dobló cuidadosamente el papel y lo metió en un cajón de la cocina. Tanto ella como el abuelo se quedaron en silencio. Por un momento, todo el aire salió de la habitación y nos quedamos solos con nuestros pensamientos.

—Bueno —dijo finalmente Toot—, será mejor que empecemos a buscar un lugar donde pueda quedarse.

El abuelo se quitó las gafas y se frotó los ojos.

—Será una Navidad para recordar.

DURANTE EL ALMUERZO, le expliqué a un grupo de chicos que mi padre era un príncipe.

—Verán, mi abuelo es un jefe. Es algo así como el rey de la tribu, ya saben… como los indios. Así que eso hace que mi padre sea un príncipe. Él tomará el relevo cuando mi abuelo muera.

—¿Y después? —preguntó uno de mis amigos mientras vaciábamos nuestras bandejas en la papelera—. Es decir, ¿volverás para ser un príncipe?

—Bueno… si quisiera, podría. Es un poco complicado, porque la tribu está llena de guerreros. Como Obama… que significa "Lanza Ardiente". Todos los hombres de nuestra tribu quieren ser jefes, así que mi padre tiene que resolver estas disputas antes de que yo pueda ir.

A medida que las palabras salían de mi boca y sentía que los chicos se interesaban, una parte de mí empezó a creerse la historia. Pero la otra parte de mí sabía que estaba contando una mentira, algo que había construido a partir de los retazos de información que había recogido de mi madre.

En realidad, no sabía qué esperar de mi padre. Todavía era un desconocido, y vagamente amenazante.

Mi madre percibió mi nerviosismo en los días previos a su llegada, creo que ella sentía lo mismo. Trató de asegurarme que el reencuentro se produciría sin problemas. Se habían escrito mientras estábamos en Indonesia, y él sabía todo sobre mí. Al igual que ella, mi padre se había vuelto a casar y ahora tenía cinco hermanos y una hermana viviendo en Kenia. Había tenido un grave accidente de coche y este viaje formaba parte de su recuperación tras una larga estancia en el hospital.

—Ustedes dos van a ser grandes amigos —decidió ella.

Junto con las noticias de mi padre, empezó a atiborrarme de información sobre Kenia y su historia. Yo había robado el nombre de Lanza Ardiente de un libro que me dio sobre Jomo Kenyatta, el primer presidente de Kenia. Pero en general recordaba poco de lo que me contaba. Apenas una vez despertó realmente mi interés, cuando me dijo que la tribu de mi padre, los luo, era un pueblo "nilótico" que se había trasladado a Kenia desde su hogar original a lo largo de las orillas del río más grande del mundo, el Nilo. Esto sonaba prometedor. El abuelo todavía conservaba un cuadro que había pintado una vez: una réplica de egipcios delgados y bronceados en un carruaje de oro. Tenía visiones de los grandes reinos del antiguo Egipto sobre los que había leído, pirámides y faraones, reinas con nombres como Nefertiti y Cleopatra.

Un sábado fui a la biblioteca pública cercana a nuestro apartamento y encontré un libro sobre África oriental. Solo había un breve párrafo sobre los luo: resultó que *nilote* describía una serie de tribus que se habían originado en el Sudán a lo largo del Nilo Blanco, muy al sur de los imperios egipcios. Los luo criaban ganado y vivían en chozas de barro y se alimentaban de harina de maíz y ñame y de algo llamado mijo. Su vestimenta tradicional era una correa de cuero en la entrepierna. No se mencionaban las pirámides. Dejé el libro abierto sobre una mesa y salí destrozado.

Por fin llegó el gran día y la señorita Hefty me dejó salir temprano de clase, deseándome suerte. Las piernas me pesaban y, a cada paso que daba hacia el apartamento de mis abuelos, el golpe en el pecho se hacía más fuerte. Cuando entré en el ascensor me quedé parado, sin pulsar el botón. La puerta se cerró, se volvió a abrir y subió un hombre mayor filipino que vivía en el cuarto piso.

—Tu abuelo dice que tu padre viene a visitarte hoy —dijo el hombre alegremente—. Debes estar muy contento.

Finalmente, al no tener forma posible de escapar, llamé al timbre. Toot abrió la puerta.

—¡Aquí está! Vamos, Bar… ven a conocer a tu padre.

Y allí, en el pasillo sin luz, lo vi, una figura alta y oscura que caminaba con una ligera cojera. Se agachó y me abrazó, y yo dejé que mis brazos colgaran a los lados. Detrás de él estaba mi madre, con la barbilla temblando como siempre.

—Bueno, Barry —dijo mi padre—. Es bueno verte después de tanto tiempo. Muy bien.

Me llevó de la mano al salón y nos sentamos todos.

—Entonces, Barry, tu abuela me ha dicho que te va muy bien en la escuela.

Me encogí de hombros.

—Creo que se siente un poco tímido —dijo Toot. Sonrió y me frotó la cabeza.

—Bueno —dijo mi padre riendo—, no tienes razón para sentir timidez por hacer las cosas bien. ¿Te he dicho que tus hermanos y tu hermana también han destacado en sus estudios? Creo que lo llevas en la sangre.

Lo miré con atención mientras los adultos empezaban a conversar. Era mucho más delgado de lo que esperaba, y los huesos de sus rodillas se veían a través de sus pantalones. No podía imaginármelo levantando a un hombre del suelo y sosteniéndolo sobre un acantilado. A su lado, un bastón con cabeza de marfil se apoyaba en la pared. Llevaba una chaqueta azul, una camisa blanca y un pañuelo escarlata. Sus gafas con montura de carey reflejaban la luz de la lámpara, por lo que no pude ver muy bien sus ojos, pero cuando se quitó las gafas para frotarse el puente de la nariz, vi que eran ligeramente amarillos, los ojos de alguien que ha tenido la enfermedad de la malaria más de una vez. Se veía frágil y cansado.

Al cabo de una hora más o menos, mi madre le sugirió que tomara una siesta, y él aceptó. Empezó a rebuscar en su bolsa de viaje hasta que finalmente sacó tres figuras de madera: un león, un elefante y un hombre de ébano con un tocado de plumas tocando un tambor, y me las entregó.

—Da las gracias, Bar —dijo mi madre.

—Gracias —murmuré.

Mi padre y yo miramos las piezas talladas, sin vida, en mis manos. Él me tocó el hombro.

—Solo son cosas pequeñas —dijo en voz baja.

Luego, asintió hacia el abuelo y juntos recogieron su equipaje y bajaron al apartamento que habían alquilado para él.

UN MES. Ese fue todo el tiempo que estuvimos juntos. Los cinco pasábamos la mayoría de las tardes en el salón de mis abuelos. Durante el día conducíamos por la isla o dábamos pequeños paseos por los lugares que mi padre quería mostrarme: el solar donde había estado su apartamento; el hospital donde había nacido; la primera casa de mis abuelos en Hawái. Había tanto que contar en ese único mes, tantas explicaciones que dar, y sin embargo, cuando busco en mi memoria las palabras de mi padre, parecen perderse. A menudo me sentía mudo cuando estaba con él, y nunca me empujó a hablar. Me quedan sobre todo imágenes que aparecen y se desvanecen: su cabeza echada hacia atrás al reírse de uno de los chistes del abuelo; su agarre en mi hombro cuando me presentaba a uno de sus viejos amigos de la universidad; el estrechamiento de sus ojos, la caricia de su escasa perilla mientras leía sus libros importantes.

Recuerdo esas imágenes y su efecto en otras personas. Cada vez que mi padre hablaba, con una pierna sobre la otra, sus grandes manos extendidas para dirigir o desviar la atención y su voz profunda y segura, dulce y risueña, se producía un cambio repentino en la familia. El abuelo se volvía más enérgico y reflexivo, mi madre más tímida; incluso Toot, que normalmente se escondía en su dormitorio, debatía con él sobre política o finanzas, apuñalando el aire con sus manos repletas de venillas azuladas para hacer una observación. Era como si su presencia les devolviera el espíritu esperanzador de tiempos anteriores. La última vez que mi padre estuvo en Hawái, Martin Luther King todavía no había sido asesinado; John F. Kennedy era presidente y su hermano Robert seguía vivo. Ahora, una vez más, parecía que todo era posible siempre que se tuviera el valor de provocar un cambio.

Me fascinaba ese extraño poder suyo, y por primera vez empecé a pensar en mi padre como algo real e inmediato, quizá incluso permanente.

Hicimos cosas juntos. En un concierto del pianista de jazz Dave Brubeck, me esforcé por entender los acordes inusuales y cambios de tempo, observando a mi padre con atención y aplaudiendo cuando él aplaudía. Nos pusimos delante del árbol de Navidad y posamos para las fotos, las únicas que tengo de los dos juntos. Yo sostenía una pelota de baloncesto naranja que me había regalado y él lucía la corbata que yo le había comprado.

—Ah —dijo cuando se la di—, la gente sabrá que soy muy importante llevando una corbata así.

A veces, durante el día, me tumbaba a su lado en su apartamento leyendo mi libro mientras él leía el suyo. Aunque no tenía la sensación de conocerlo mejor, empecé a imitar sus gestos y expresiones. Me acostumbré a su compañía.

Sin embargo, al cabo de un par de semanas, noté que las cosas se ponían más tensas. El abuelo se quejaba de que mi padre estaba sentado en su silla; Toot murmuraba, mientras lavaba los platos, que ella no era su sirvienta. Una noche, encendí el televisor para ver un especial de dibujos animados: *Cómo el Grinch robó la Navidad*, y los susurros se convirtieron en gritos.

—Barry, ya has visto suficiente televisión esta noche —dijo mi padre—. Ve a tu habitación a estudiar ahora, y deja que los adultos hablen.

Toot se levantó y apagó el televisor.

—¿Por qué no pones el programa en el dormitorio, Bar?

—No, Madelyn —dijo mi padre—, no me refiero a eso. Ha estado viendo esa máquina constantemente, y ya es hora de que estudie.

Mi madre trató de explicarle que ya casi estábamos en vacaciones de Navidad, que el programa animado era un favorito de Navidad, que lo había estado esperando toda la semana.

—No durará mucho.

—Esto es una tontería —dijo mi padre—. Si el niño terminó su trabajo para mañana, puede empezar con las tareas del día siguiente, o las tareas que tendrá cuando regrese de las vacaciones. —Se volvió hacia mí—. Te digo, Barry, que no trabajas tanto como deberías. Vete ahora, antes de que me enfade contigo.

Me dirigí a mi habitación y cerré la puerta de un portazo, escuchando cómo las voces afuera se hacían más fuertes, el abuelo insistiendo en que esta era su casa, Toot diciendo que mi padre no tenía derecho a entrar e intimidar a todos, incluyéndome a mí, después de haber estado lejos todo este tiempo. Oí a mi padre decir que me estaban malcriando, que necesitaba mano dura, y escuché a mi madre decirle a sus padres que estaban interfiriendo en su vida. Todos fuimos acusados de algo.

Incluso después de que mi padre se marchara y Toot entrara para decirme que podía ver los últimos cinco minutos de mi programa, sentí como si algo se hubiera abierto entre todos nosotros; duendes saliendo a toda prisa de alguna vieja guarida sellada. Observé al Grinch verde que quería arruinar la Navidad, pero que fue tocado en el corazón por la fe de los pequeños Quién de Villaquién, y pensé: "Esto es mentira. Las personas no cambian así".

Empecé a contar los días que faltaban para que mi padre se fuera y las cosas volvieran a la normalidad.

Al día siguiente, Toot me envió al apartamento donde se alojaba mi padre para ver si tenía ropa para lavar. Llamé a la puerta y mi padre me abrió, sin camisa. Dentro, vi a mi madre planchando algunas de sus prendas. Llevaba el pelo recogido en una coleta y sus ojos se veían suaves y oscuros, como si hubiera estado llorando. Mi padre me pidió que me sentara a su lado en la cama, pero le dije que Toot necesitaba que la ayudara, y me fui después de darle el mensaje. De vuelta al piso de arriba, había empezado a limpiar mi habitación cuando entró mi madre.

—No deberías enfadarte con tu padre, Bar. Él te quiere mucho. Solo es un poco terco a veces.

—Está bien —dije sin levantar la vista.

Pude sentir cómo sus ojos me seguían por la habitación hasta que finalmente soltó un lento suspiro y se dirigió a la puerta.

—Sé que todo esto es confuso para ti —dijo—. Para mí también. Solo trata de recordar lo que dije, ¿de acuerdo?

Puso la mano en el pomo de la puerta.

—¿Quieres que cierre la puerta?

Asentí con la cabeza, pero al minuto de haberse ido volvió a meter la cabeza en la habitación.

—Por cierto, olvidé decirte que la señorita Hefty ha invitado a tu padre a venir a la escuela el jueves. Quiere que le hable a la clase.

No podía imaginar una noticia peor. Pasé esa noche y todo el día siguiente tratando de no pensar en lo inevitable: las caras de mis compañeros cuando se enteraran de las chozas de barro, todas mis mentiras sobre jefes y príncipes al descubierto, las dolorosas burlas que vendrían después.

Cada vez que lo recordaba, mi cuerpo se retorcía como si hubiera recibido una descarga en los nervios.

Todavía estaba pensando en cómo explicar las cosas cuando mi padre entró en nuestra clase al día siguiente. La señorita Hefty le dio la bienvenida con entusiasmo y, mientras tomaba asiento, oí a varios niños preguntarse entre sí qué estaba pasando. Me desesperé más cuando nuestro profesor de matemáticas, un hawaiano grande y sin pelos en la lengua llamado el señor Eldredge, entró en el aula, seguido por treinta niños confundidos de su clase de al lado.

—Hoy tenemos un regalo especial para ustedes —empezó diciendo la señorita Hefty—. El padre de Barry Obama está aquí, y ha venido desde Kenia, en África, para hablarnos de su país.

Los demás niños me miraron cuando mi padre se puso de pie, y yo aparté la vista, concentrándome en una pequeña marca de tiza en la pizarra detrás de él. Llevaba un rato hablando cuando pude retomar el hilo del momento. Él estaba apoyado en el grueso escritorio de roble de la señorita Hefty mientras describía el profundo corte en la tierra donde la humanidad había aparecido por primera vez. Hablaba de los animales salvajes que aún vagaban por las llanuras, de las tribus que aún exigían que un joven matara a un león para demostrar su hombría. Habló de las costumbres de los luo, de cómo se respetaba a los ancianos más que a nadie y se establecían leyes que todos debían seguir. Y nos habló de la lucha de Kenia por ser libre, de cómo los británicos habían querido quedarse y gobernar injustamente al pueblo, igual que en América; de cómo muchos habían sido esclavizados solo por el color de su piel, igual que en América. Pero los kenianos, al igual que todos los que estábamos en la sala, anhelaban ser libres y desarrollarse a través del trabajo duro y el sacrificio.

Cuando terminó, la señorita Hefty estaba radiante de orgullo. Todos mis compañeros aplaudieron con ganas, y algunos se animaron a hacer preguntas, que mi padre parecía considerar cuidadosamente antes de responder. Sonó la campana para el almuerzo y el señor Eldredge se acercó a mí.

—Tienes un padre impresionante.

El chico de rostro rubicundo que una vez me preguntó si en África todavía se comían a la gente dijo:

—Tu padre es bastante genial.

Y, a un lado, vi a Coretta mirar cómo mi padre se despedía de algunos de los niños. Estaba demasiado concentrada para sonreír; su rostro solo mostraba una expresión de simple satisfacción.

DOS SEMANAS DESPUÉS, mi padre se había ido.

El día que se marchó, mientras mi madre y yo le ayudábamos a empacar sus maletas, desenterró dos discos, envueltos en fundas marrones opacas.

—¡Barry! Mira, me olvidé de que había traído esto para ti. Los sonidos de tu continente.

Le costó un poco entender cómo funcionaba el viejo equipo de música de mis abuelos, pero finalmente el disco que eligió empezó a girar y colocó cuidadosamente la aguja en el surco.

Se oyó un pequeño toque de guitarra, luego unas trompetas afiladas, el golpe de la batería, la guitarra de nuevo y las voces, limpias y alegres. Parecía que nos estaban instando a seguir adelante.

—Ven, Barry —dijo mi padre—. Aprenderás del maestro.

De repente, su esbelto cuerpo se balanceó de un lado a otro, el exuberante sonido se elevó, sus brazos se balancearon y sus pies se deslizaron sobre el suelo. Su pierna mala estaba rígida pero su pelvis estaba alta, su cabeza hacia atrás, sus caderas moviéndose en un círculo apretado. El ritmo se aceleró, los instrumentos de viento sonaron y sus ojos se cerraron de placer. Entonces, un ojo se abrió para mirarme y su rostro solemne se convirtió en una sonrisa tonta, y mi madre sonrió, y mis abuelos entraron para ver de qué iba todo el alboroto. Di mis primeros pasos tentativos con los ojos cerrados: hacia abajo, hacia arriba, mis brazos se balanceaban, las voces me levantaban. Mientras seguía a mi padre hacia el sonido, soltó un grito rápido, brillante y alto, un grito que dejaba mucho atrás y se extendía por más, un grito que clamaba por la risa.

Todavía le oigo.

CAPÍTULO 4

Cinco años después de la visita de mi padre, estaba en la escuela secundaria y las cosas se habían complicado.

En apariencia, las cosas iban bastante bien. Hacía las cosas que hacen los chicos estadounidenses. Acepté un trabajo a medio tiempo en un restaurante de comida rápida. Hubo algunas calificaciones mediocres y unas cuantas llamadas al director. Me enfrenté al acné, aprendí a conducir y pensé mucho en las chicas. Hice mi cuota de amigos en la escuela y tuve alguna que otra cita incómoda. A veces me intrigaba el cambio de estatus de mis compañeros de clase. Algunos subían en popularidad y otros bajaban, dependiendo únicamente de su aspecto o de la marca de sus coches. Yo los observaba desde las gradas, aliviado de que mi posición mejorara constantemente.

Pero, mientras tanto, estaba luchando por dentro. Intentaba educarme para ser un hombre negro en Estados Unidos, y nadie a mi alrededor parecía saber exactamente lo que eso significaba.

Salía mucho con un amigo llamado Ray. Era dos años mayor que yo, un estudiante de último año que se había mudado desde Los Ángeles el año anterior cuando su padre, que estaba en el ejército, fue trasladado. A pesar de la diferencia de edad, habíamos entablado una fácil amistad; tenía mucho que ver con el hecho de que juntos constituíamos casi la mitad de la población negra del instituto de Punahou.

Disfrutaba de su compañía. Tenía una calidez y un humor descarado que compensaban sus constantes alardes sobre su vida en Los Ángeles: las mujeres que supuestamente seguían llamándole a distancia todas las noches, sus triunfos en el fútbol, los famosos que conocía. Desestimé la mayor parte de lo que me contó, pero no todo. Era cierto que era uno de los velocistas más rápidos de las islas hawaianas. Algunos incluso decían que era lo suficientemente bueno para las Olimpíadas, a pesar de la gran barriga que temblaba bajo su camiseta empapada de sudor cada vez que corría y que dejaba a los entrenadores moviendo la cabeza con incredulidad.

Ray fue el que me habló de las fiestas negras en la universidad o en las bases militares, y contaba con él para que me ayudara a orientarme.

A cambio, yo lo escuchaba cuando quería desahogar sus frustraciones. Un día, estábamos almorzando y declaró que no iría a ninguna otra fiesta de la escuela. Dijo que creía que las chicas de Punahou no miraban dos veces a los hombres negros, que eran "racistas de primera, con certificado USDA".

—Tal vez solo están mirando ese gran trasero tuyo —dije—. Amigo, pensé que estabas entrenando.

Cogí una de sus patatas fritas.

—Saca tus manos de mis patatas fritas. Cómprate las tuyas.

—Que una chica no salga contigo no la hace racista —dije.

—No seas tonto, ¿de acuerdo? No estoy hablando solo de una vez.

Me habló de invitar a salir a chicas que lo rechazaron y que luego se enrollaron con tipos que él creía que tenían mucho menos que ofrecer.

—Así que, bien —continuó, despotricando ahora—. Pienso que hay más peces en el mar. Invito a Pamela a salir. Ella me dice que no va a ir al baile. Le digo que está bien. Llego al baile, y adivina quién está allí, con los brazos alrededor de Rick Cook. "Hola, Ray", dice, como si no supiera lo que estaba pasando. O sea, ¡Rick Cook! Ese tipo no me lleva nada a mí, ¿verdad? Nada.

Se metió un puñado de patatas fritas en la boca.

—No soy solo yo, por cierto. No veo que te esté yendo mucho mejor.

Porque soy tímido, pensé. Pero nunca se lo admitiría a Ray.

—Ahora, las hermanas *negras* no nos dejarían en paz —afirmó.

—Bueno…

—¿Bueno qué? Oye, ¿por qué no tienes más tiempo de juego en el equipo de baloncesto? Al menos dos chicos por delante de ti no son nada, y tú lo sabes, y ellos lo saben. Te he visto destrozarlos en el patio de recreo, sin duda. ¿Por qué no fui titular en el equipo de fútbol esta temporada, sin importar cuántos pases se le cayeron al otro? Dime que no nos tratarían diferente si fuéramos blancos. O japoneses. O hawaianos. ¡O esquimales!

Entendía lo que estaba diciendo, pero yo no lo veía de esa manera.

—Sí, es más difícil conseguir citas porque no hay chicas negras por aquí —admití—. Pero eso no quiere decir que las chicas de aquí sean todas racistas. Tal vez solo quieren a alguien que se parezca a su padre, o a su hermano, o lo que sea, y nosotros no lo somos. Lo que digo es que sí, puede que no tenga las oportunidades en el equipo que tienen algunos chicos, pero juegan como chicos blancos, y ese es el estilo que le gusta al entrenador, y están ganando de la forma en que juegan. Yo no juego así.

—En cuanto a tu boca grasienta —añadí, alcanzando la última de sus patatas fritas—, digo que puede que a los entrenadores no les gustes porque eres un negro sabelotodo, pero podría ayudar si dejaras de comer todas esas patatas fritas, que te hacen ver como si tuvieras seis meses de embarazo.

—Amigo, no sé por qué estás poniendo excusas a esta gente —dijo Ray—. Tu forma de verlo es *demasiado* complicada para mí.

Tal vez, porque me crié entre blancos, no podía compartir las respuestas fáciles de Ray. Durante tres años había vivido con mi madre y Maya en un pequeño apartamento a una cuadra de Punahou. Mi madre se había separado de Lolo y había regresado a Hawái no mucho después de mí para cursar un máster en antropología, manteniéndonos a los tres con el dinero de su beca de estudios. A veces, cuando traía a mis amigos a casa después de la escuela, mi madre los escuchaba comentar sobre la falta de comida en el refrigerador o la limpieza deficiente de la casa, y me apartaba para señalarme que, como madre soltera que estaba volviendo a estudiar y criando a dos niños, hornear galletas no era precisamente una de sus principales prioridades. Me decía que apreciaba la buena educación que estaba recibiendo en

Punahou, pero que no iba a tolerar actitudes mocosas de mi parte ni de parte de nadie, ¿se entendía?

Estaba entendido.

A pesar de mi deseo de independencia, los dos seguíamos estando muy unidos, y yo hacía todo lo posible por ayudarla cuando podía, comprando comida, lavando la ropa, cuidando de la niña sabia en la que se había convertido mi hermana.

Pero cuando mi madre se dispuso a volver a Indonesia para investigar y obtener su título de antropóloga, le dije que de ninguna manera volvería con ella. Ya no estaba seguro de que Indonesia fuera el lugar adecuado para mí, y no quería volver a ser el nuevo. Podía volver a vivir con mis abuelos. Sabía que me dejarían en paz, siempre y cuando mantuviera mis problemas fuera de vista. Eso estaba bien para mí. Lejos de mi madre, lejos de mis abuelos, podía seguir buscando la verdad sobre lo que significaba ser negro en Estados Unidos.

Las cartas de mi padre me daban pocas pistas. Llegaban de vez en cuando, en una sola página azul con solapas engomadas que cubrían cualquier escrito en los márgenes. Informaba que todo el mundo estaba bien, elogiaba mis progresos en la escuela e insistía en que mi madre, Maya y yo éramos bienvenidos a venir a Kenia y ocupar nuestro legítimo lugar junto a él cuando quisiéramos. De vez en cuando incluía consejos, normalmente en forma de refranes que yo no acababa de entender: "Como el agua que encuentra su nivel, llegarás a la carrera que te conviene". Yo respondía puntualmente en una hoja de papel ancho, y sus cartas acababan en el armario, junto a las fotos de él que tenía mi madre.

El abuelo tenía varios amigos negros, sobre todo compañeros de póquer y bridge, y cuando era más joven le dejaba arrastrarme a algunas de sus partidas. Eran hombres viejos, pulcramente vestidos, con voces roncas y ropas que olían a cigarro. Cada vez que me veían me daban una palmada en la espalda y me preguntaban cómo estaba mi madre, pero una vez que llegaba la hora de jugar no decían ni una palabra más, salvo para quejarse a su compañero por alguna puja.

Había uno que era diferente al resto. Era un poeta llamado Frank que vivía en una casa destartalada en una zona degradada de Waikiki. Había vivido en Chicago al mismo tiempo que los grandes escritores negros Richard Wright y Langston Hughes, y él mismo había sido algo conocido alguna vez. El abuelo me mostró una vez algunas de sus obras en una antología de poesía negra. Pero cuando conocí a Frank debía de tener casi ochenta años, con la cara caída y un afro gris despeinado que le hacía parecer un viejo león de melena desgreñada. Siempre que el abuelo y yo pasábamos por su casa nos leía sus poemas. Pero, a medida que avanzaba la noche, los dos me pedían que les ayudara a escribir quintillas obscenas.

Al final, se quejaban de lo mal que lo pasaban con las mujeres. "Si las dejas, te llevarán a la tumba", me decía Frank con sobriedad.

Me intrigaba el viejo Frank, que parecía tener unos conocimientos especiales y duramente ganados, pero las visitas a su casa siempre me dejaban una sensación de incomodidad. ¿Qué pasaba entre él y el abuelo, hombres tan diferentes en todos los sentidos?

Me hacía la misma pregunta cada vez que el abuelo me llevaba al centro de la ciudad a uno de sus bares favoritos donde él era el único hombre blanco del lugar; "No se lo digas a tu abuela", decía con un guiño. Algunos hombres nos saludaban y la camarera, una mujer grande y de piel clara, traía un whisky para él y una Coca-Cola para mí. Si no había nadie más jugando al billar, me enseñaba a jugar. Pero normalmente me sentaba en la barra, con las piernas colgando del taburete alto, soplando burbujas en mi bebida y mirando las fotos de mujeres semidesnudas en la pared. Si estaba cerca, un hombre llamado Rodney, con un sombrero de ala ancha, se pasaba a saludar.

—¿Cómo va la escuela, capitán?

—Muy bien.

—Estás sacando las mejores notas, ¿no?

—Algunas.

—Eso es bueno. Sally, dale a mi amigo otra Coca-Cola —decía Rodney, sacando un billete de veinte de un fajo de dólares.

Todavía recuerdo la emoción que sentía durante esos viajes nocturnos: la sala oscura, el chasquido de la bola blanca, la rocola destellando sus luces rojas y verdes, las risas cansadas de los hombres. Pero incluso entonces, con lo joven que era, ya había empezado a percibir que la mayoría de la gente del bar no estaba allí por gusto. Necesitaban beber para olvidar sus problemas. Lo que mi abuelo buscaba era gente que le ayudara a olvidar sus propios problemas, gente que él creía que no le juzgaría como podrían hacerlo otros blancos. Tal vez el bar realmente le ayudaba a olvidar. Pero yo sabía que se equivocaba al pensar que no lo juzgarían; no pertenecía a ese lugar. Cuando llegué a la escuela secundaria, había aprendido a decir que no a las invitaciones del abuelo. Lo que fuera que yo necesitaba, tendría que venir de alguna otra fuente.

La televisión, el cine, la radio, esos eran los lugares por los que había que empezar. La cultura pop estaba codificada por colores, y de ella un niño podía aprender una forma de andar, de hablar, un paso, un estilo. No podía cantar como Marvin Gaye, pero podía aprender a bailar todos los pasos de *Soul Train*. No podía llevar una pistola como el detective negro Shaft, pero seguro que podía maldecir como el cómico Richard Pryor.

Y podía jugar al baloncesto, con una pasión que superaba mi limitado talento. El regalo de Navidad de mi padre, un balón de baloncesto, había llegado en un momento en que el equipo de la Universidad de Hawái se había colado en la clasificación nacional gracias a un quinteto titular de chicos negros que la escuela había reclutado en el continente. Esa misma primavera, el abuelo me había llevado a uno de sus partidos, y yo había observado a los jugadores en el calentamiento. Seguían siendo chicos, pero en aquel momento me parecieron guerreros preparados y seguros de sí mismos, riéndose entre ellos de algún chiste interno, mirando por encima de las cabezas de los fans aduladores para guiñar el ojo a las chicas en los laterales, lanzando despreocupadamente canastas o saltando alto hasta que sonaba el silbato y los centros brincaban y los jugadores se unían en una furiosa batalla.

Decidí formar parte de ese mundo y empecé a frecuentar un parque cerca del apartamento de mis abuelos después de la escuela. Desde la ventana de su habitación, a diez pisos de altura, Toot me observaba en la cancha hasta bien entrada la noche. Al principio lanzaba la pelota con las dos manos, luego desarrollé un torpe tiro en salto y un dribleado cruzado. Hora tras hora me enfrascaba en los mismos movimientos solitarios.

Cuando llegué a la secundaria, ya jugaba en los equipos de Punahou y podía llevar mi juego a las canchas de la universidad, donde un puñado de hombres negros me enseñaban una actitud que no solo tenía que ver con el deporte. Me hicieron saber que el respeto venía de lo que hacías y no de quién era tu padre. Que podías hablar para desconcertar a un oponente, pero que debías callarte si no podías respaldar tus palabras. Que no dejabas que nadie te sorprendiera por detrás para ver emociones como el dolor o el miedo, que no querías que vieran.

Y también me enseñaron algo más, sin siquiera hablar de ello: la forma de trabajar juntos cuando el partido se ponía difícil. Todos, los mejores y los peores jugadores, se dejaban llevar por el momento y entraban en una especie de trance grupal. En medio de eso podías hacer una jugada o un pase que te sorprendía incluso a ti, de modo que hasta el tipo que te custodiaba tenía que sonreír de admiración.

Cuando lo recuerdo ahora, decidir jugar al baloncesto parece una opción bastante obvia para un chico negro; casi un cliché. Pero, a diferencia de los chicos que me rodeaban, los surfistas, los futbolistas, los aspirantes a guitarristas de rock and roll, yo no veía muchas opciones para mí. En aquella época, no había muchas maneras de que los niños negros se relacionaran con otras personas y nuestra raza no nos recordara nuestra falta de estatus. Pero en la cancha de baloncesto, ser negro no era una desventaja. Podíamos ponernos una especie de disfraz y representar un papel y olvidarnos de nuestra incertidumbre en cualquier otro aspecto de la vida. Fue en la cancha donde hice mis mejores amigos blancos. Y fue allí donde conocí a Ray y a los otros chicos negros cercanos a mi edad que habían empezado a llegar a las islas, adolescentes que estaban tan confundidos y enojados como yo.

"Así te joden los blancos", podía decir uno de esos amigos negros cuando estábamos solos. Todo el mundo se reía y sacudía la cabeza, y mi mente recorría una lista de ofensas. Estaba el chico de séptimo grado que me llamaba "coon"; todavía puedo ver sus lágrimas de sorpresa.

—¿Por qué hiciste eso? —dijo cuando le hice sangrar la nariz.

También estaba el profesional del tenis que me dijo durante un torneo que no debía tocar el calendario colgado en el tablón de anuncios porque se podría teñir de mi color, y su sonrisa de labios finos y cara roja cuando le amenacé con denunciarle.

—¿No sabes aguantar una broma? —dijo.

Estaba la mujer mayor del edificio de mis abuelos que se enfadó cuando subí al ascensor detrás de ella y salió corriendo a decirle al encargado que la estaba siguiendo, y se negó a disculparse cuando le dijeron que yo vivía en el edificio. También estaba el ayudante del entrenador de baloncesto, un hombre joven y enjuto de Nueva York con un buen salto que, después de un partido con unos negros muy habladores, murmuró al alcance de mis oídos y de tres de mis compañeros de equipo que no deberíamos haber perdido contra un grupo de *niggers*.

Cuando le dije, con una furia que me sorprendió incluso a mí, que se callara, me explicó tranquilamente que "hay negros y hay *niggers*; y esos tipos eran *niggers*".

No era solo la crueldad lo que me molestaba; los negros también podían ser malos. Era un tipo particular de arrogancia, una falta de conciencia. Era como si los blancos no supieran que estaban siendo crueles en primer lugar. O tal vez pensaban que nos merecíamos su desprecio.

"Gente blanca", el propio término me resultaba incómodo en la boca, como una frase extraña. A veces, cuando hablaba con Ray sobre los blancos esto o los blancos aquello, me acordaba de repente de la sonrisa de mi madre y las palabras me parecían incómodas y falsas. O ayudaba al abuelo a secar los platos después de la cena y Toot entraba para decir que se iba a dormir, y esas mismas palabras: "gente blanca", parpadeaban en mi cabeza como una brillante señal de neón, y yo me quedaba callado de repente, como si tuviera secretos que guardar.

Más tarde, cuando estaba solo, intentaba desenredar estos difíciles pensamientos. Era obvio que ciertos blancos podían quedar exentos de la categoría general de nuestra desconfianza: Ray siempre me decía lo geniales que eran mis abuelos. Decidí que el término *blanco* era simplemente una abreviatura para él, una etiqueta para lo que mi madre llamaría un intolerante. Y aunque reconocía los riesgos de su terminología: lo fácil que era caer en el mismo pensamiento descuidado que había mostrado mi entrenador de baloncesto cuando decía "hay negros y hay *niggers*", Ray me aseguraba que nunca hablaríamos de los blancos delante de los blancos sin saber exactamente lo que estábamos haciendo, o podría haber un precio que pagar.

Pero ¿tenía razón? ¿Seguía habiendo un precio que pagar para *nosotros*? Le recordaba a Ray que no vivíamos en el sur durante la segregación, donde durante mucho tiempo las leyes se encargaron de que los negros y los blancos permanecieran separados. No estábamos obligados a vivir en un proyecto de viviendas sin calefacción en Harlem o en el Bronx. Estábamos en Hawái. Decíamos lo que queríamos, comíamos donde queríamos; nos sentábamos en la parte delantera del autobús. Ninguno de nuestros amigos blancos, chicos como Jeff o Scott del equipo de baloncesto, nos trataba de forma diferente a como se trataban entre ellos. Nos querían, y nosotros les devolvíamos el cariño. Parecía que la mitad de ellos imitaban a los jugadores negros de la NBA, como el Doctor J, como si quisieran ser negros ellos mismos.

Bueno, eso es cierto, admitía Ray.

Quizá podríamos permitirnos dar un descanso a nuestra pose de furia, dije. Guardarla para cuando realmente la necesitáramos.

Y Ray sacudía la cabeza. Una pose, ¿eh? Habla por ti mismo.

Y yo sabía que Ray había mostrado su carta triunfal, una que, para su crédito, rara vez jugaba. Yo era diferente, después de todo, potencialmente sospechoso: no tenía ni idea de quién era mi propio yo. No queriendo arriesgarme a que me descubriera, abandonaba rápidamente el tema.

Tal vez si hubiéramos vivido en Nueva York o en Los Ángeles, habría sido más rápido en aprender las reglas del juego de alto riesgo que estábamos jugando. Tal y como estaba, aprendí a deslizarme entre mis mundos negro y blanco, entendiendo que cada uno poseía su propio lenguaje y costumbres y estructuras de significado, convencido de que con un poco de traducción por mi parte los dos mundos acabarían cohesionándose. Sin embargo, seguía teniendo la sensación de que algo no iba bien, una advertencia que sonaba cada vez que una chica blanca mencionaba en medio de la conversación lo mucho que le gustaba Stevie Wonder, o cuando una mujer en el supermercado me preguntaba si jugaba al baloncesto, o cuando el director del colegio me decía que era *cool*. Me gustaba Stevie Wonder, me gustaba el baloncesto y me esforzaba por ser *cool* en todo momento. Entonces, ¿por qué esos comentarios siempre me ponían nervioso? Había un truco en alguna parte, aunque no lograba entender cuál era el truco, quién estaba haciendo el truco y quién estaba siendo engañado.

Y aprendí a deslizarme de un lado a otro entre mis mundos negro y blanco, convencido de que, aunque cada uno tuviera su propio lenguaje y costumbres, podía convertirlos en un todo.

Un día, a principios de la primavera, Ray y yo nos reunimos después de clases y empezamos a caminar en dirección al banco de piedra que rodeaba un gran árbol baniano en el campus de Punahou. Se llamaba el Banco de los Mayores, pero servía principalmente como lugar de reunión para la gente popular de la escuela, los deportistas, las porristas y los fiesteros, con sus bufones, asistentes y damas de compañía que se disputaban la posición subiendo y bajando los escalones circulares. Uno de los estudiantes de último año, un corpulento defensa llamado Kurt, estaba allí, y gritó con fuerza en cuanto nos vio.

—¡Eh, Ray! ¡Mi buen amigo! ¿Qué está pasando?

Ray se acercó y golpeó la palma de la mano extendida de Kurt. Pero, cuando Kurt repitió el gesto hacia mí, le hice un gesto para que se fuera.

—¿Cuál es su problema? —escuché que Kurt le decía a Ray mientras me alejaba.

Unos minutos después, Ray me alcanzó y me preguntó qué pasaba.

—Amigo, esa gente se está burlando de nosotros —le dije.

—¿De qué estás hablando?

—Todo eso de ¡eh, nene, choca los cinco!

—Entonces, ¿quién es el señor sensible de repente? —preguntó Ray—. Kurt no quiere decir nada con eso.

—Si eso es lo que piensas, pues…

La cara de Ray se encendió de ira de repente, y tuvimos una gran discusión. Para Ray, chocar los cinco con los blancos y hablar con ellos era su forma de llevarse bien, ¿y quién era yo para interferir en eso? Dijo que para mí era diferente, que había dominado el arte de adular a los profesores blancos.

—Sí, señorita profesora presumida —dijo, burlándose de mí—. Es que esta novela me parece tan cautivadora. ¿Y me puede dar un día más para ese trabajo?

Finalmente dijo:

—Es su mundo, ¿de acuerdo? Ellos son los dueños, y nosotros estamos en él. —Y se marchó.

Al día siguiente, las cosas se habían calmado y Ray me sugirió que invitara a nuestros amigos Jeff y Scott a una fiesta que Ray iba a dar en su casa ese fin de semana. Dudé por un momento, nunca habíamos llevado a amigos blancos a una fiesta de negros, pero Ray insistió y no pude encontrar una buena razón para oponerme. Tampoco Jeff ni Scott pudieron hacerlo; ambos aceptaron venir siempre que yo estuviera dispuesto a conducir. Así que ese sábado por la noche, después de uno de nuestros partidos, los tres nos apilamos en el viejo Ford Granada del abuelo y nos dirigimos a Schofield Barracks, a unas treinta millas de la ciudad.

Cuando llegamos, la fiesta ya estaba en marcha y nos dirigimos hacia los refrescos. La presencia de Jeff y Scott parecía no hacer ruido. Ray los presentó en la sala, entablaron una pequeña charla y sacaron a un par de chicas a la pista de baile. Pero enseguida me di cuenta de que la escena había cogido por sorpresa a mis amigos blancos. Seguían sonriendo mucho. Se acurrucaron en un rincón. Cohibidos, movían la cabeza al ritmo de la música y decían "Disculpen" cada pocos minutos. Al cabo de una hora, me preguntaron si estaba dispuesto a llevarlos a casa.

—¿Qué ocurre? —gritó Ray por encima de la música cuando fui a decirle que nos íbamos—. La cosa apenas está calentándose.

—No les gusta, supongo.

Nuestras miradas se cruzaron, y durante un largo rato nos quedamos allí, con el ruido y las risas pulsando a nuestro alrededor, y la mirada de Ray sin pestañear, como la de una serpiente. Finalmente, extendió su mano y la cogí, con nuestros ojos todavía fijos:

—Hasta luego —dijo soltando mi mano, y lo vi alejarse entre la multitud.

Afuera el aire se había vuelto fresco. La calle estaba absolutamente vacía, silenciosa, salvo por el desvanecido temblor del equipo de música de Ray. En el coche, Jeff me puso un brazo sobre el hombro, con cara de disculpa y alivio.

—Sabes, amigo —dijo—, esto realmente me enseñó algo. O sea, puedo ver que debe ser difícil para ti y Ray a veces, en las fiestas de la escuela… siendo los únicos chicos negros y todo eso.

Resoplé.

—Sí, sí, claro.

Jeff tenía buenas intenciones, pero una parte de mí quería darle un puñetazo allí mismo. Condujimos en silencio mientras yo repetía en mi mente la pelea que había tenido con Ray el día anterior. Cuando dejé a mis amigos, empecé a ver un nuevo mapa del mundo, aterrador en su simplicidad. Siempre jugábamos en la cancha del hombre blanco, me había dicho Ray, con las reglas del hombre blanco. Si el director, o el entrenador, o un profesor, o Kurt, quería escupirte a la cara, podía hacerlo, porque él tenía poder y tú no. Si decidía no hacerlo, si te trataba como un hombre o salía en tu defensa, era porque sabía que las palabras que decías, la ropa que llevabas, los libros que leías, tus ambiciones y deseos, seguían siendo, en cierto modo, dictados por él. Lo que él decidiera hacer era decisión suya, no tuya. El poder no tenía nada que ver con sus motivos, ni siquiera con sus sentimientos conscientes hacia los negros, por lo que la distinción entre "blancos buenos" y "blancos malos" no significaba mucho.

En este agitado estado mental, empecé a cuestionar todo lo que creía que era la libre expresión de mi yo negro. ¿Había elegido mi propio gusto musical, mi jerga, mi sentido del humor, mis movimientos de baloncesto? ¿O me escondía detrás de esas cosas junto con otros negros? Esta lógica daba miedo. Si pensabas así, ¿cuáles eran tus opciones en la vida? Podías encerrarte en una bobina de rabia cada vez más pequeña, hasta que "ser negro" significara simplemente saber que eras impotente y aceptar la derrota. Era una especie de prisión que te construías. O podías arremeter contra tus "captores" y convertirte en lo que se llamaba un "militante", alguien que hablaba o actuaba desde la rabia, lo que podía hacer que te metieran en otro tipo de prisión.

NECESITABA averiguar si otras personas negras habían compartido esta visión de pesadilla. Así que durante los meses siguientes fui a la biblioteca y cogí libros de James Baldwin, Ralph Ellison, Langston Hughes, Richard Wright y W.E.B. Du Bois. Por las noches, cerraba la puerta de mi habitación diciéndoles a mis abuelos que tenía que hacer los deberes, y allí me sentaba a leer y a luchar por entender cómo alguien con mis orígenes peculiares encajaba en el mundo. Pero no había escapatoria posible. En cada página de cada libro, en *Hijo nativo* de Wright y en *El hombre invisible* de Ellison, seguía encontrando la misma angustia, la misma duda. Por muy cultos o cariñosos o irónicos que fueran estos escritores, seguía existiendo una especie de odio a sí mismos. Al final, su arte no pudo salvarlos. Todos se retiraron finalmente, agotados y amargados: Du Bois a África, Baldwin a Europa, Hughes a lo más profundo de Harlem.

Solo la autobiografía de Malcolm X parecía ofrecer algo diferente. Antes de ser asesinado, siempre estaba probando nuevos roles, reinventándose a sí mismo una y otra vez. Sus palabras contenían una poesía contundente. Por encima de todo, insistía en el respeto y trabajaba duro para conseguirlo. Sin embargo, tenía otra faceta, más airada, en la que hablaba de "demonios de ojos azules" y del apocalipsis. No le presté mucha atención a esa faceta; sabía que había abandonado ese discurso hacia el final de su vida. Pero una línea del libro me persiguió. Hablaba de su deseo de deshacerse de cualquier sangre blanca que corriera por él. Sabía que hablaba en serio. También sabía que su camino no podía ser el mío. Mi camino hacia la autoestima nunca me permitiría separarme de mi madre y mis abuelos, de mis raíces blancas.

Hacia el final de su vida, Malcolm parecía albergar la esperanza de que algunos blancos pudieran vivir junto a él en un futuro lejano, en una tierra lejana. Mientras tanto, yo me preguntaba de dónde vendría la gente dispuesta a trabajar por ese futuro y a poblar ese nuevo mundo.

UNA MAÑANA, MÁS O MENOS por esa época, me desperté con el sonido de una discusión en la cocina; la suave voz de mi abuela seguida del profundo gruñido de mi abuelo. Abrí la puerta y vi a Toot entrando en su habitación para vestirse para el trabajo. Le pregunté qué pasaba.

—Nada. Tu abuelo no quiere llevarme al trabajo esta mañana, eso es todo.

Cuando entré en la cocina, el abuelo estaba murmurando en voz baja. Se sirvió una taza de café mientras yo le decía que estaría dispuesto a llevar a Toot al trabajo si estaba cansado. Era una oferta atrevida, ya que yo no era una persona madrugadora. Él frunció el ceño ante mi sugerencia.

—No se trata de eso. Solo quiere hacerme sentir mal.

—Seguro que no es eso, abuelo.

—Claro que lo es. —Dio un sorbo a su café—. Ella ha estado cogiendo el autobús desde que empezó en el banco. Decía que era más conveniente. Y ahora, solo porque la molestan un poco, quiere cambiarlo todo.

La diminuta figura de Toot revoloteaba en el pasillo, mirándonos desde detrás de sus lentes bifocales.

—Eso no es cierto, Stanley.

La llevé a la otra habitación y le pregunté qué había pasado.

—Un hombre me pidió dinero ayer. Mientras esperaba el autobús.

—¿Eso es todo?

Frunció los labios con irritación.

—Fue muy agresivo, Barry. Muy agresivo. Le di un dólar y siguió pidiendo. Si el autobús no hubiera llegado, creo que me habría golpeado en la cabeza.

Volví a la cocina. El abuelo estaba enjuagando su taza, de espaldas a mí.

—Oye, ¿por qué no me dejas llevarla? Parece bastante alterada —dije.

—¿Por un mendigo?

—Sí, lo sé, pero probablemente la asuste un poco ver a un hombre grande bloqueando su camino. Realmente no es gran cosa.

Se dio la vuelta y ahora vi que estaba temblando.

—Sí *es* una gran cosa. Es un gran problema para mí. A ella la han molestado otros hombres antes. ¿Sabes por qué está tan asustada esta vez? Te diré por qué. Antes de que entraras, me dijo que el tipo era *negro*. —Susurró la palabra—. Esa es la verdadera razón por la que está así. Y yo no creo que esté bien.

Sus palabras fueron como un puño en mi estómago.

Tratando de calmarme, le dije con mi voz más firme que esa actitud también me molestaba. Pero dije que los temores de Toot pasarían y que, mientras tanto, debíamos llevarla en coche. El abuelo se desplomó en una silla del salón y dijo que lamentaba habérmelo dicho. Ante mis ojos, se hizo pequeño, anciano y muy triste. Le puse la mano en el hombro y le dije que estaba bien, que lo entendía.

Permanecimos así durante varios minutos, en un doloroso silencio. Finalmente, insistió en que, después de todo, llevaría a Toot, y se levantó con dificultad de su asiento para vestirse. Cuando se fueron, me senté en el borde de la cama y pensé en mis abuelos. Se habían sacrificado una y otra vez por mí. Habían volcado todas sus esperanzas en mi éxito. Nunca me habían dado motivos para dudar de su amor; dudaba que alguna vez lo hicieran. Y, sin embargo, sabía que hombres que fácilmente podrían ser mis hermanos todavía podían inspirar sus más crudos temores.

ESA NOCHE conduje hacia Waikiki, pasando por los hoteles ilumina-
dos y bajando hacia el canal Ala-Wai. Tardé en reconocer la casa,
con su porche tambaleante y su tejado bajo. La luz interior estaba
encendida y pude ver al viejo poeta Frank sentado en su silla acol-
chada, con un libro de versos en el regazo y sus gafas de lectura res-
balando por la nariz. Me quedé en el coche, observándolo durante
un rato, hasta que finalmente salí y toqué la puerta. El anciano
apenas levantó la vista mientras se levantaba para abrir el pestillo.
Hacía tres años que no lo veía. Tenía el mismo aspecto, el bigote un
poco más blanco, los pantalones cortos con algunos agujeros más
y atados a la cintura con una cuerda. Me invitó a entrar.

—¿Cómo está tu abuelo?

—Está bien.

—¿Y qué haces aquí?

No estaba seguro. Le conté a Frank algo de lo que había pasado.

—Un tipo curioso, tu abuelo —dijo—. ¿Sabías que él y yo cre-
cimos a unas cincuenta millas de distancia?

Sacudí la cabeza.

—Así fue. Ambos vivíamos cerca de Wichita. No nos conocíamos, por supuesto. Yo ya me había ido cuando él tenía edad
suficiente para recordar algo. Sin embargo, puede que haya visto a algunos de los suyos. Podría haberme cruzado con ellos en
la calle. Si lo hice, habría tenido que salir de la acera para dejarles
espacio. ¿Tu abuelo te habló alguna vez de cosas así?

Volví a negar con la cabeza.

—Nah —dijo Frank—, supongo que no lo haría. A Stan no le
gusta hablar mucho de esa parte de Kansas. Le resulta incómodo.
Una vez me habló de una chica negra que contrataron para cuidar a tu madre. La hija de un predicador, creo que era. Me contó

cómo se convirtió en parte habitual de la familia. Así es como él lo recuerda, ¿sabes?, una chica que venía a cuidar a los hijos de otra persona. Su madre venía a lavar la ropa de otras personas. Una parte habitual de la familia.

Frank no me miraba; ahora tenía los ojos cerrados, la cabeza apoyada en el respaldo de su silla, su gran cara arrugada como una talla de piedra.

—No puedes culpar a Stan por lo que es —dijo Frank en voz baja—. Es básicamente un buen hombre. Pero no me conoce más de lo que conocía a la chica que cuidaba de tu madre. No puede conocerme, no como yo le conozco a él. Quizá alguno de esos hawaianos pueda conocerme, o los indios de la reserva. Ellos han visto a sus padres humillados, a sus madres violadas. Pero tu abuelo nunca sabrá lo que se siente. Por eso, puede venir aquí y beber mi whisky y quedarse dormido en esa silla en la que estás sentado ahora mismo. Dormir como un bebé. Ves, eso es algo que yo nunca podría hacer en su casa. *Nunca*. No importa lo cansado que esté, todavía tengo que cuidarme, por mi propia supervivencia.

Frank abrió los ojos.

—Lo que trato de decirte es que tu abuela tiene derecho a estar asustada. Tiene al menos tanta razón como Stanley. Ella entiende que los negros tienen una razón para odiar. Así es como son las cosas. Por tu bien, desearía que fuera de otra manera. Pero no lo es. Así que será mejor que te acostumbres.

Frank volvió a cerrar los ojos. Su respiración se hizo más lenta hasta que pareció dormirse. Pensé en despertarlo, pero decidí no hacerlo y regresé al coche. La tierra temblaba bajo mis pies, lista para abrirse en cualquier momento. Intenté estabilizarme.

Por primera vez, supe que estaba completamente solo.

CAPÍTULO 5

Cuando llegué a onceavo grado, dejé de escribirle a mi padre y él dejó de escribirme a mí. Mi amigo Ray se había marchado a la universidad y yo había dejado de lado los libros. Me había cansado de intentar desenredar un lío que no era de mi propia hechura.

Había aprendido a que no me importara.

La marihuana ayudaba, igual que la bebida. Pero cuando bebía o me drogaba, no era para demostrar lo genial que era, me drogaba para conseguir el efecto contrario. Era algo que podía alejar de mi mente las preguntas sobre quién era yo. Había descubierto que daba igual fumar hierba en la reluciente furgoneta nueva del compañero de clase blanco, en el dormitorio de algún hermano que habías conocido en el gimnasio, o en la playa con un par de chicos hawaianos que habían dejado la escuela. Nadie te preguntaba si tu padre era rico o pobre. Todo el mundo era bienvenido al club del desafecto. Y si el subidón no resolvía lo que te deprimía, al menos te ayudaba a reír y a ver más allá de la hipocresía y la moralina barata.

Así me parecía entonces, al menos. No fue hasta mi último año que vi la diferencia que hacían el color y el dinero después de todo; quién sobrevivía y qué tan suave o duro era el aterrizaje cuando finalmente caías. Por supuesto, en cualquier caso, se necesitaba algo de suerte, justo lo que mi compañero de clase Pablo no tenía. Le había parado un policía y no tenía su licencia de conducir, y el policía no tenía nada mejor que hacer que revisar el maletero de su coche. Luego estaba Bruce, que tomó demasiado LSD y terminó en una institución mental. Y Duke, que no se libró de un accidente de tránsito.

Yo había intentado explicarle algo de esto a mi madre una vez, el papel de la suerte en el mundo, el giro de la rueda. Fue al comienzo de mi último año de secundaria; ella estaba de vuelta en Hawái, con su investigación en Indonesia terminada, y un día entró en mi habitación queriendo saber los detalles de la detención de Pablo. Le dediqué una sonrisa tranquilizadora, le di unas palmaditas en la mano y le dije que no se preocupara, que yo no haría ninguna tontería.

No lucía tranquila. Se quedó sentada, estudiando mis ojos, con el rostro sombrío como un coche fúnebre.

—¿No crees que estás siendo un poco despreocupado con respecto a tu futuro? —dijo.

—¿Qué quieres decir?

—Sabes exactamente a qué me refiero. Uno de tus amigos acaba de ser arrestado por posesión de drogas. Tus notas están bajando. Ni siquiera has empezado a hacer las solicitudes para la universidad. Cada vez que trato de hablar contigo, me tratas como si yo fuera una gran molestia.

No me hacía falta escuchar todo eso. No era como si estuviera suspendiendo mis clases. Empecé a contarle que había estado pensando en no ir a la universidad, que podía quedarme en Hawái y tomar algunas clases y trabajar a tiempo parcial. Me interrumpió antes de que pudiera terminar.

—Podrías entrar en cualquier universidad del país si te esfuerzas un poco —dijo—. ¿Recuerdas qué es eso? ¿Esfuerzo? Vamos, Bar, no puedes quedarte sentado como un *good-time Charlie* esperando que la suerte te acompañe.

La miré sentada, tan seria, tan segura del destino de su hijo. De repente, me dieron ganas de perforar esa certeza suya.

—¿Cómo un qué?

—Un *good-time Charlie*. Un vago, un tipo que se la pasa de fiesta.

—Un *good-time Charlie*, ¿eh? —me reí—. Bueno, ¿por qué no? Tal vez eso es lo que quiero de la vida. Es decir, mira al abuelo. Ni siquiera fue a la universidad.

La comparación pilló a mi madre por sorpresa. Su rostro se aflojó, sus ojos vacilaron. De repente me di cuenta de que ése era su mayor temor.

—¿Es eso lo que te preocupa? —le pregunté—. ¿Que acabe como el abuelo?

Negó rápidamente con la cabeza.

—Ya tienes mucha más educación que tu abuelo —dijo, pero la certeza había desaparecido de su voz.

ME SENTÍ MAL después de esa conversación. Sabía que, en cierto modo, mi madre tenía razón. Beber y tomar drogas nunca podría detener el tic-tac del reloj, el sonido de que la vida pasaba y no tenía nada que mostrar sino un vacío. Lo que había tratado de explicarle a mi madre era que su fe en la justicia y el comportamiento racional era errada. Quería decirle que toda la educación y las buenas intenciones del mundo no podían darle a uno el poder de cambiar el curso ciego y sin sentido del mundo.

Más tarde podríamos recordar esa conversación y reírnos, porque sus peores temores no se habían hecho realidad. Me había graduado a tiempo, me habían aceptado en varias universidades respetables y había elegido el Occidental College de Los Ángeles, sobre todo porque había conocido a una chica californiana que me gustaba mientras estaba de vacaciones en Hawái con su familia.

Pero eran formalidades para mí. No me importaba mucho la universidad, ni ninguna otra cosa. Incluso Frank pensaba que tenía una mala actitud, aunque no tenía muy claro cómo debía cambiarla.

¿Qué había dicho Frank sobre la universidad? *Es un diploma avanzado en transigencia.* Pensé en la última vez que había visto al viejo poeta, unos días antes de salir de Hawái. Me había preguntado qué era lo que esperaba obtener de la universidad. Le dije que no sabía, y sacudió la cabeza.

—Bueno —dijo—, ese es el problema, ¿no? No sabes. Eres como el resto de estos jóvenes de aquí. Lo único que sabes es que lo siguiente que debes hacer es ir a la universidad. Y los negros que han vivido lo suficiente para saberlo, que lucharon todos esos años por tu derecho a ir a la universidad, están tan contentos de verte ahí que no te dicen la verdad. El verdadero precio de la admisión.

—¿Y cuál es?

—Dejar tu raza en la puerta —dijo—. Dejar a tu gente atrás.

Me estudió por encima de sus gafas de lectura.

—Entiende algo, muchacho. No vas a la universidad para educarte. Vas para ser *entrenado*. Te entrenarán para querer lo que no necesitas. Te entrenarán para manipular las palabras hasta que ya no signifiquen nada. Te entrenarán para que olvides lo que ya sabes. Te entrenarán tan bien que empezarás a creer lo que te dicen sobre la igualdad de oportunidades y el estilo de vida americano y toda esa mierda. Te darán una gran oficina y te invitarán a cenas elegantes, y te dirán que eres un crédito para tu raza. Hasta que quieras empezar a dirigir las cosas, y entonces te tirarán de la cadena y te harán saber que puedes ser un *nigger* bien entrenado y pagado, pero que eres un *nigger* de todos modos.

—Entonces, ¿qué es lo que me estás diciendo?, ¿que no debería ir a la universidad?

Los hombros de Frank se desplomaron y se echó hacia atrás en su silla con un suspiro.

—No, no he dicho eso. Tienes que ir. Solo te digo que mantengas los ojos abiertos. Mantente despierto.

Mantener los ojos abiertos no era tan fácil como parecía. No en la soleada ciudad de Los Ángeles, donde aterricé el siguiente otoño. Ni mientras paseaba por el campus del Occidental, a pocos kilómetros de Pasadena, con sus calles arboladas y sus techos de tejas españolas. Los estudiantes eran amables, los profesores alentadores. Era el otoño de 1979, Jimmy Carter estaba de salida y Ronald Reagan prometía un nuevo optimismo, "la mañana en América". Cuando salías del campus, conducías por la autopista hacia Venice Beach o hacia Westwood, pasando por los barrios negros pobres de East L.A. o South Central sin siquiera saberlo, solo más palmeras asomando como dientes de león por encima de los altos muros de hormigón. L.A. no era tan diferente de Hawái; al menos en la parte que se veía. Solo era más grande y era más fácil encontrar un barbero que supiera cortarle el pelo a un negro.

De todos modos, la mayoría de los otros estudiantes negros de Oxy no lucían tan preocupados por ser "transigentes". Éramos suficientes en el campus para armar una tribu, y nos manteníamos unidos y viajábamos en manada. En el primer año, cuando todavía vivía en los dormitorios, nos quejábamos de las mismas cosas que Ray y yo y otros negros de Hawái. Por lo demás, nuestras preocupaciones eran las mismas que las de los chicos blancos que nos rodeaban. Sobrevivir a las clases. Conseguir un trabajo bien pagado después de la graduación. Conocer mujeres. Me había topado con uno de los secretos mejor guardados sobre los negros: que la mayoría de nosotros no estaba interesada en rebelarse, que la mayoría estaba cansada de pensar en la raza todo el tiempo. Si preferíamos mantenernos al margen, era principalmente porque esa era la forma más fácil de dejar de pensar en todo eso. Era mucho más fácil que pasarse todo el tiempo enfadado o intentando adivinar lo que los blancos pensaban de ti.

Entonces, ¿por qué no podía dejar la idea de la raza?

No lo sé. Tal vez porque no venía de un barrio negro pobre como Compton o Watts. Si crecías allí, solo sobrevivir era un acto revolucionario. Cuando llegabas a la universidad, tu familia estaba allí apoyándote. Se alegraban de verte escapar; no se trataba de "traicionar a tu raza". Yo era más bien como los estudiantes negros que habían crecido en los suburbios. Los reconocías enseguida por su forma de hablar, por la gente con la que se sentaban en la cafetería. Te decían que no se definían a sí mismos por el color de su piel. Eran *individuos*.

Así es como le gustaba hablar a mi amiga Joyce. Era guapa, con ojos verdes, piel clara y labios carnosos. Vivíamos en el mismo dormitorio en mi primer año, y casi todos los chicos negros de la escuela la perseguían. Un día le pregunté si iba a ir a la reunión de la Asociación de Estudiantes Negros. Me miró extrañada y empezó a mover la cabeza como un bebé que no quiere lo que ve en la cuchara.

—Yo no soy negra —dijo Joyce—. Soy *multirracial.*

Entonces empezó a hablarme de su padre, que era italiano y el hombre más dulce del mundo, y de su madre, que casualmente era parte africana y parte francesa y parte nativa americana y parte otra cosa.

—¿Por qué tengo que elegir? —me preguntó.

Su voz se quebró y pensé que iba a llorar.

—No es la gente blanca la que me pone a elegir. Quizás antes era así, pero ahora están dispuestos a tratarme como una persona. No, es la gente negra la que siempre tiene que convertir todo en un asunto racial. Son ellos quienes me obligan a elegir. Son ellos quienes me dicen que no puedo ser quien soy...

Ellos, ellos, ellos. Me parecía que las personas como Joyce solían hablar de la riqueza de su herencia multicultural y todo sonaba muy bien, hasta que te dabas cuenta de que evitaban a la gente negra. No era necesariamente una elección consciente. La cultura blanca estaba en todas partes y ellas simplemente gravitaban hacia ella. Pensaban que los blancos eran los que no veían todo en términos de raza, los que estaban dispuestos a adoptar a alguien un poco más "exótico" en sus filas. Solo la cultura blanca tenía individuos. Si elegías la cultura negra, serías un miembro más de un "grupo minoritario", poco dispuesto a pensar por sí mismo. Así que las personas mestizas como Joyce o yo empezamos a pensar: "¿Por qué meternos en el grupo de los perdedores si no tenemos que hacerlo?".

Así que eliges, fingiendo que no estás eligiendo, y funciona durante un tiempo, hasta que un taxi disponible pasa por delante de ti o la mujer en el ascensor aprieta su bolso, y te indignas. Los negros menos afortunados tienen que soportar esas indignidades todos los días de su vida, pero no es por eso por lo que estás molesto. Estás molesto porque llevas un traje caro y hablas un inglés impecable, y aun así te han confundido con un negro ordinario.

¿No sabes quién soy? ¡Soy un individuo!

EL HECHO ES que seguía reconociendo pedazos de mí mismo en Joyce y en todos los demás chicos negros que se sentían como ella, y eso era lo que me asustaba. Necesitaba poner distancia entre ellos y yo, convencerme de que no estaba "transigiendo" como decía Frank; de que realmente seguía despierto.

Para evitar que me tomaran por un traidor, elegí cuidadosamente a mis amigos. Los estudiantes negros más activos políticamente. Los estudiantes extranjeros. Los chicanos. Los profesores marxistas, las feministas y los poetas punk-rock. Fumábamos cigarrillos y llevábamos chaquetas de cuero. Por la noche, en los dormitorios, discutíamos la literatura y la filosofía de los pueblos oprimidos, la historia de las naciones europeas que tomaban dominio de países pequeños y menos poderosos. Cuando apagábamos los cigarrillos en la alfombra del pasillo o poníamos el equipo de música tan alto que las paredes empezaban a temblar, pensábamos que estábamos haciendo una declaración política contra una sociedad "burguesa" que nos asfixiaba.

Irónicamente, fueron mis amigos negros los que me hicieron replantearme esas ideas tan tontas. La primera vez que conocí a Regina, por ejemplo, fue cuando un hermano llamado Marcus me echó en cara mi elección de material de lectura.

—Hermana Regina —dijo Marcus—. Conoces a Barack, ¿no? Estoy tratando de hablarle al hermano Barack sobre este tratado racista que está leyendo.

Marcus le mostró un ejemplar de *El corazón de las tinieblas*, de Joseph Conrad, que trata sobre un hombre blanco de finales del siglo XIX que se adentra en el África central y se erige en una especie de rey enloquecido sobre los negros indígenas.

—Oye, deja de sacudir eso —le dije, e intenté arrebatarle el libro de las manos.

—El mero hecho de que te vean con un libro así es una vergüenza, ¿no? —dijo—. Te lo digo, esta cosa te va a envenenar la mente.

Miró su reloj.

—Maldita sea, llego tarde a clase.

Se inclinó y besó a Regina en la mejilla.

—Habla con este hermano, ¿quieres? Creo que aún tiene salvación.

Regina sonrió y negó con la cabeza mientras veíamos a Marcus salir por la puerta a grandes zancadas.

—Veo que Marcus está en uno de sus ánimos de predicador.

—En realidad, tiene razón —dije—. Es un libro racista. Según Conrad, África es el pozo negro del mundo, los negros son salvajes y cualquier contacto con ellos genera una infección.

Regina enfrió su café con un soplido.

—Entonces, ¿por qué lo lees?

—Porque me lo asignaron. —Hice una pausa, sin saber si debía continuar—. Y porque me enseña cosas. Sobre los blancos, quiero decir. Verás, el libro no es realmente sobre África. O sobre la gente negra. Es sobre el hombre que lo escribió. El europeo. El americano. Así que leí el libro para ayudarme a entender qué es lo que hace que los blancos le tengan tanto miedo a los negros. Me ayuda a entender cómo la gente aprende a odiar.

—Y eso es importante para ti —dijo Regina.

Mi vida depende de ello, pensé. Pero no se lo dije a Regina. Me limité a sonreír y dije:

—Es la única manera de curar una enfermedad, ¿no? Diagnosticándola.

Regina me devolvió la sonrisa y dio un sorbo a su café. La había visto antes, normalmente sentada en la biblioteca con un libro en la mano. Era una mujer grande y de piel oscura que usaba medias y vestidos que parecían hechos en casa, junto con gafas tintadas de gran tamaño y un pañuelo que siempre le cubría la cabeza. Sabía que estaba en primer año, que ayudaba a organizar eventos para estudiantes negros y que no salía mucho. Revolvió su café con desgana y preguntó:

—¿Cómo te llamó Marcus hace un momento? Algún nombre africano, ¿no?

—Barack.

—Creía que te llamabas Barry.

—Barack es mi nombre de pila. Es el nombre de mi padre. Era keniano.

—¿Significa algo?

—Significa "bendito", en árabe. Mi abuelo era musulmán.

Regina repitió el nombre para sí misma, probando el sonido.

—Barack. Es hermoso. —Se inclinó hacia adelante—. ¿Y por qué todo el mundo te llama Barry?

—Por costumbre, supongo. Mi padre lo usaba cuando llegó a Estados Unidos. No sé si fue idea suya o de otra persona. Probablemente usaba "Barry" porque era más fácil de pronunciar. Sabes, le ayudaba a encajar. Luego me lo pasaron a mí. Para poder encajar.

—¿Te importa que te llame Barack? —preguntó Regina.

Yo sonreí.

—No, siempre que lo digas bien.

Acabamos pasando la tarde juntos, hablando y tomando café. Regina me habló de su infancia en Chicago. Su padre se había marchado y su madre luchaba para pagar las facturas. Su edificio de apartamentos en el South Side nunca era lo suficientemente cálido en invierno y hacía tanto calor en verano que la gente se iba a dormir al lago. Me habló de los vecinos de su bloque, de pasar por delante de bares y billares de camino a la iglesia los domingos. Me habló de las tardes en la cocina con los tíos, los primos y los abuelos, con sus voces burbujeantes. Su propia voz evocaba una visión de la vida de los negros en todas sus posibilidades, una visión que me llenaba de anhelo, un anhelo de un lugar, de una vida que nunca había conocido. Cuando nos levantamos para irnos, le dije a Regina que la envidiaba.

—¿Por qué?

—No lo sé. Por tus recuerdos, supongo.

Regina dejó salir una risa redonda y plena de lo más profundo de su vientre.

—¿De qué te ríes?

—Oh, Barack —dijo, recuperando el aliento—. ¿No es especial la vida? Aquí estaba yo todo este tiempo deseando haber crecido en Hawái.

ES EXTRAÑO CÓMO una simple conversación puede cambiarte. Aquella tarde con Regina, sentí que mi voz verdadera y honesta regresaba a mí. A medida que pasaba el tiempo, podía sentir que se hacía más fuerte, más sólida, como un puente entre mi futuro y mi pasado. Empecé a recordar mis valores, cosas sencillas que había oído de mi madre y mis abuelos, de las comedias de televisión y de los libros de filosofía. Cosas como: Mírate a ti mismo antes de juzgarte. No hagas que otro limpie tu desorden. No te dejes envolver por la percepción de tus propias heridas, porque no siempre se trata de ti.

Ahora escuchaba esas mismas cosas de boca de personas negras que respetaba; gente que tenía más excusas para sentir amargura que las que yo había tenido. Mis nuevos amigos me hicieron darme cuenta de que mis ideas sobre quién era y quién podría llegar a ser se habían quedado atrofiadas, estrechas y pequeñas; que los valores que importaban no eran ni blancos ni negros.

EN MI SEGUNDO AÑO en Occidental College, me involucré en la campaña nacional de presión a las universidades para que pararan de invertir dinero en Sudáfrica, donde la población negra estaba sometida al cruel sistema conocido como *apartheid*. Al principio solo seguía el ejemplo de mis amigos políticamente activos. Pero a medida que pasaban los meses, me di cuenta de que la gente empezaba a escuchar mis opiniones, y empecé a sentir hambre de palabras; palabras que pudieran transmitir un mensaje, apoyar una idea. Se iba a celebrar una reunión de los administradores de la universidad, que son quienes deciden en qué se invierte el dinero, y nuestro grupo decidió organizar una concentración frente al edificio de la administración. Cuando alguien me propuso ser el primer orador, acepté rápidamente. Pensé que estaba listo y que podría llegar a la gente en situaciones importantes.

Iba a ser una especie de teatro callejero, una pequeña obra para dramatizar lo difícil que era para los activistas de Sudáfrica protestar contra la injusticia. Se suponía que solo tenía que hacer unos comentarios iniciales y luego un par de estudiantes blancos entrarían en escena vestidos con uniformes paramilitares y me sacarían a rastras.

Yo había ayudado a planificar el guión, pero cuando me senté a preparar lo que iba a decir, algo sucedió. En mi mente se convirtió en algo más que un montaje de dos minutos, algo más que una forma de demostrar que estaba de acuerdo con la política de protesta. Empecé a recordar la visita de mi padre a la clase de la señorita Hefty, la mirada de Coretta aquel día y el poder de las palabras de mi padre para transformar a la gente. Con las palabras adecuadas, pensé, todo podría cambiar: Sudáfrica, las vidas de los niños del gueto a pocos kilómetros de distancia, mi propio lugar tambaleante en el mundo.

Todavía estaba en ese estado de trance cuando subí al escenario, con el sol en los ojos, frente a unos cientos de estudiantes inquietos que acababan de llegar del almuerzo. Un par de ellos estaban lanzando un Frisbee en el césped; otros estaban de pie a un lado, listos para dirigirse a la biblioteca en cualquier momento. Me acerqué al micrófono.

—Hay una lucha —dije.

Mi voz apenas se escuchó más allá de las primeras filas. Algunas personas levantaron la vista y esperé a que la multitud se callara.

—Dije: ¡Hay una lucha!

Los jugadores de Frisbee se detuvieron.

—Está ocurriendo a un océano de distancia. Pero es una lucha que nos toca a todos y cada uno de nosotros. Lo sepamos o no. Lo queramos o no. Una lucha que exige que elijamos un bando. No entre blancos y negros. No entre ricos y pobres. No, es una elección más difícil que eso. Es una elección entre la dignidad y la servidumbre. Entre la equidad y la injusticia. Entre el compromiso y la indiferencia. Una elección entre el bien y el mal...

Me detuve. La multitud estaba ahora en silencio, observándome. Alguien empezó a aplaudir.

—Sigue, Barack —gritó otro—. Di las cosas como son.

Entonces los demás empezaron a aplaudir, a vitorear, y supe que los tenía, que la conexión se había hecho.

Entonces sentí que las manos de alguien me agarraban por detrás. Era tal y como lo habíamos planeado, mis amigos blancos con uniforme tenían un aspecto sombrío tras sus gafas oscuras. Empezaron a sacarme del escenario, y se suponía que debía actuar como si quisiera liberarme, pero una parte de mí no estaba actuando. Realmente quería quedarme ahí arriba.

Me quedaba mucho por decir.

CAPÍTULO 6

Pasé mi primera noche en Manhattan acurrucado en un callejón.

No fue intencional. Cuando aún estaba en Los Ángeles, había logrado alquilarle un apartamento en Spanish Harlem, cerca de la Universidad de Columbia, a un amigo de un amigo que se mudaba. Después de arrastrar mi equipaje por el aeropuerto, el metro, Times Square y cruzar la 109 de Broadway hasta Ámsterdam, finalmente me planté en la puerta, unos minutos después de las diez de la noche.

Pulsé el timbre repetidamente, pero nadie respondió. La calle estaba vacía, los edificios de ambos lados estaban cerrados con tablas. Finalmente, una joven puertorriqueña salió del edificio, lanzando una mirada nerviosa hacia mí antes de dirigirse a la calle. Me apresuré a coger la puerta antes de que se cerrara de golpe y, tirando de mi equipaje, subí a golpear la puerta del apartamento. Una vez más no hubo respuesta, solo el sonido de la cerradura de algún residente asustado.

Nueva York. Justo como me lo imaginaba. Revisé mi cartera: no tenía dinero suficiente para un motel. Conocía a una persona en Nueva York, un tipo llamado Sadik que había conocido en Los Ángeles, pero me había dicho que trabajaba toda la noche en un bar. Sin nada más que hacer que esperar, bajé mi equipaje y me senté en la entrada. Al cabo de un rato, me metí la mano en el bolsillo trasero y saqué la carta de mi padre que llevaba encima. Había sido enviada desde Kenia.

Querido hijo,

Ha sido una agradable sorpresa saber de ti después de tanto tiempo. Estoy bien y haciendo todas las cosas que sabes que se esperan de mí en este país. Acabo de regresar de Londres donde estuve atendiendo asuntos del gobierno, negociando las finanzas, etc. De hecho, es por culpa de los viajes que rara vez te escribo. En cualquier caso, creo que lo haré mejor a partir de ahora.

Te alegrará saber que todos tus hermanos y hermanas de aquí están bien y te envían sus saludos. Al igual que yo, aprueban tu decisión de volver a casa después de la graduación. Cuando vengas, decidiremos juntos cuánto tiempo quieres quedarte. Barry, aunque solo sea por unos días, lo importante es que conozcas a tu gente, y también que sepas a dónde perteneces.

Por favor, cuídate, y saluda a tu mamá, a Tutu y a Stanley. Espero tener noticias tuyas pronto.

Con cariño, papá

Doblé la carta y me la metí en el bolsillo. No había sido fácil escribirle; nuestra correspondencia prácticamente había muerto en los últimos cuatro años. De hecho, había pasado por varios borradores al componer mi respuesta, tachando líneas, luchando por encontrar el tono adecuado, resistiendo el impulso de explicar demasiado. "Querido padre". "Querido papá". "Querido Dr. Obama". Y ahora me había contestado, alegre y tranquilo. Saber dónde perteneces, me aconsejó. Hizo que sonara sencillo, como llamar al servicio de información.

—Información, ¿qué ciudad, por favor?

—Eh... No estoy seguro. Esperaba que usted pudiera decírmelo. Me llamo Obama. ¿A dónde pertenezco?

Tal vez era así de sencillo para él. Me imaginé a mi padre sentado en su escritorio en Nairobi, la ciudad más grande de Kenia, un hombre importante en el gobierno, con empleados y secretarios que le traían papeles para firmar, un ministro que le llamaba para pedirle consejos, una esposa y unos hijos que le esperaban en casa, el pueblo de su propio padre a apenas un día de distancia. La imagen me enfadó vagamente y traté de apartarla, concentrándome en el sonido de la salsa que salía de una ventana abierta en algún lugar de la manzana. Sin embargo, los mismos pensamientos regresaban a mí, tan persistentes como el latido de mi corazón. ¿A dónde pertenecía?

A dos años de terminar la universidad, no tenía ni idea de lo que iba a hacer con mi vida, ni siquiera dónde iba a vivir. Hawái quedaba atrás como un sueño de la infancia; ya no podía imaginarme estableciéndome allí. Dijera lo que dijera mi padre, sabía que era demasiado tarde para reclamar Kenia como mi hogar. Y aunque había llegado a entenderme a mí mismo como un estadounidense negro, no tenía ninguna comunidad, ningún lugar donde pudiera echar mi apuesta y poner a prueba mi compromiso con mi gente.

Y así, cuando me enteré de un programa de intercambio que Occidental College tenía con Columbia, me apresuré a solicitarlo. Pensé que, aunque no hubiera más estudiantes negros en Columbia que en Oxy, al menos habría barrios negros cerca. Quizá Nueva York resultara ser el lugar al que pertenecía. En Los Ángeles no había mucho que me retuviera. La mayoría de mis amigos se graduaban ese año. Regina estaba de camino a España para un programa de estudios en el extranjero, y Marcus había dejado la universidad, desaparecido.

Y aquí estaba yo, sin un lugar donde pasar la noche. Era más de medianoche cuando me arrastré a través de una valla cercana que daba a un callejón. Encontré un lugar seco, apoyé mi equipaje debajo de mí y me dormí.

POR LA MAÑANA, me desperté con una gallina blanca picoteando la basura cerca de mis pies. Al otro lado de la calle, un indigente se lavaba en una boca de riego abierta y no puso objeciones cuando me uní a él. Todavía no había nadie en el apartamento, pero Sadik contestó al teléfono cuando le llamé y me dijo que cogiera un taxi para ir a su casa en el Upper East Side.

Era un paquistaní bajito y de buena complexión que había llegado a Nueva York desde Londres dos años antes y que ahora se ganaba la vida atendiendo mesas, un miembro más de la enorme mano de obra de inmigrantes indocumentados de Nueva York.

—Dime, ¿qué te trae a nuestra bella ciudad, Barry? —me preguntó cuando nos sentamos juntos.

Le dije que ahora era "Barack", e intenté explicarle el verano que acababa de tener, que había estado dándole vueltas al estado del mundo y al estado de mi alma.

—Quiero enmendar mis errores —dije—. Ser útil.

—Bueno, amigo… puedes hablar todo lo que quieras de salvar el mundo, pero esta ciudad tiende a corroer esos nobles sentimientos. Mira ahí fuera.

Señaló a la multitud a lo largo de la Primera Avenida.

—Todo el mundo quiere ser el número uno. La supervivencia del más fuerte. Dientes y garras. Eso, amigo mío, es Nueva York. Pero… ¿quién sabe? Quizá tú seas la excepción. En cuyo caso me quitaré el sombrero ante ti.

En los meses siguientes me observó mientras viajaba, como una gran rata de laboratorio, por las calles de Manhattan. Intentó no sonreír cuando le cedí un asiento en el metro a una mujer de mediana edad, pero en su lugar saltó un joven fornido. Me llevó a los grandes almacenes de lujo y vio cómo se me saltaban los ojos al ver los precios de los abrigos de invierno. Me alojó cuando acabé dejando el apartamento de la 109 porque no tenía calefacción. Y me acompañó al Tribunal de Vivienda cuando los que me subarrendaron mi siguiente apartamento se robaron mi depósito de seguridad.

—Diente y garra, Barack. Deja de preocuparte por el resto de estos vagabundos y piensa cómo vas a ganar algo de dinero con ese elegante título que vas a obtener.

Cuando Sadik perdió su propio contrato de alquiler, nos mudamos juntos. Al cabo de unos meses, empezó a darse cuenta de que la ciudad había tenido un efecto en mí. Pero no el que él esperaba. Dejé de fumar marihuana. Corría tres millas al día después de mis clases y ayunaba los domingos. Por primera vez en años, me aplicaba a mis estudios y llevaba un diario con reflexiones diarias y muy mala poesía. Cuando Sadik intentaba convencerme de ir a un bar, yo le daba alguna mala excusa. "Te estás volviendo aburrido", decía.

Tenía razón. En cierto modo, estaba probando lo que me había dicho sobre el poder de la ciudad para corromper a la gente. Era 1981. Wall Street estaba en pleno auge y hombres y mujeres que apenas superaban la veintena se estaban haciendo ridículamente ricos. No parecía haber límites para los deseos de la gente: un restaurante más caro, un traje más fino, un local nocturno más exclusivo, una mujer más bella, una droga más potente. La belleza, la suciedad, el ruido, el exceso, todo ello deslumbraba mis sentidos. No estaba seguro de poder resistir esas tentaciones, así que me fui al otro extremo.

Pero había algo más que me hacía mantener ese mundo a distancia. Podía sentir que estaba cada vez más fracturado. Había visto una pobreza peor en Indonesia y tanta violencia en Los Ángeles; me había acostumbrado, en todas partes, a la desconfianza entre las razas. Pero, ya sea por la densidad de Nueva York o por su escala, aquí se veían más claramente las discrepancias entre razas y clases, y la ferocidad de las guerras entre las distintas tribus. En los baños de Columbia, por mucho que la administración intentara cubrirlos, las paredes seguían grabadas con grafitis como *nigger* y *kike*.

Era como si todos los puntos intermedios se hubieran derrumbado. Y en ningún lugar era más evidente ese colapso que en la comunidad negra a la que con tanto cariño había soñado pertenecer. Un día me reuní con un amigo negro en su bufete de abogados en Midtown y miré por la ventana de su despacho, imaginando una buena vida para mí; un trabajo que disfrutara, una familia, un hogar. Hasta que me di cuenta de que era el único abogado negro del bufete. Todos los demás negros de la oficina eran mensajeros o empleados.

Visité Harlem. Jugué en las canchas de baloncesto sobre las que había leído, me senté en los bancos traseros de la Iglesia Bautista Abisinia y me sentí animado por el dulce y doloroso canto del coro de gospel. Vislumbré fugazmente el mundo que buscaba. Pero no pude encontrar un lugar donde vivir. Las elegantes casas de piedra rojiza de Sugar Hill estaban ocupadas y eran demasiado caras. Los pocos edificios de alquiler decentes del barrio tenían listas de espera de diez años. Lo que quedaba eran hileras e hileras de viviendas inhabitables, frente a las cuales los jóvenes que vendían drogas contaban sus rollos de billetes grandes, y los borrachos se encorvaban y tropezaban y lloraban en voz baja.

Al principio, me tomé todo esto como una afrenta personal, como si alguien se burlara de mis ambiciones de unir mis mundos. Pero la gente que había vivido en Nueva York durante un tiempo me dijo que mi experiencia no era nada original. La ciudad estaba fuera de control, decían. Pero mientras ganara un poco de dinero, sería libre de vivir como la mayoría de los residentes negros de clase media de Manhattan. Olvídate de Harlem. Podría elegir un estilo de ropa más elegante, mejores restaurantes y un grupo de amigos con mayor movilidad social.

Intuía, sin embargo, que esas decisiones podrían acabar siendo permanentes. Probablemente enviaría a mis hijos a un colegio privado y tomaría taxis por la noche para evitar el peligroso metro. Probablemente decidiría que necesitaba un edificio con portero. Y muy pronto estaría al otro lado de la línea, sin poder cruzar de nuevo.

No queriendo tomar esa decisión, pasé un año caminando de un extremo de Manhattan a otro. Estudié el abanico de posibilidades humanas. Observé las vidas de otras personas y me pregunté si podía ver en ellas un reflejo de mi propio futuro.

CON ESTE humor me encontraron mi madre y mi hermana cuando vinieron a visitarme en mi primer verano en Nueva York.

—Está tan flaco —le dijo Maya a mi madre.

—¡Solo tiene dos toallas! —gritó mi madre mientras inspeccionaba el baño—. ¡Y tres platos! —Ambas empezaron a reír.

Se quedaron con Sadik y conmigo unas cuantas noches, y luego se mudaron a un apartamento en Park Avenue que una amiga de mi madre le había ofrecido mientras ella estaba fuera.

Yo había encontrado un trabajo de verano limpiando una obra en el Upper West Side, así que mi madre y mi hermana pasaban la mayor parte de los días explorando la ciudad por su cuenta. Cuando nos reuníamos para cenar, me contaban detalladamente sus aventuras: comer fresas con nata en el Hotel Plaza, coger el ferry hasta la Estatua de la Libertad, visitar la exposición de Cézanne en el Metropolitan Museum of Art. Yo comía en silencio hasta que ellas terminaban y entonces me lanzaba a un largo discurso sobre los problemas de la ciudad y la política de la gente que no tenía nada. Cuando las dos se retiraban a la cocina, oía las quejas de Maya.

—Barry está bien, ¿verdad? Espero que no pierda la calma y se convierta en uno de esos locos que se ven en las calles.

Una noche, mi madre vio un anuncio en el periódico de una película llamada *Orfeo Negro* e insistió en que fuéramos a verla esa noche.

—¡Fue la primera película extranjera que vi! —dijo—. Solo tenía dieciséis años. Acababa de ser aceptada en la Universidad de Chicago (el abuelo aún no me había dicho que no me dejaría ir), y estaba allí durante el verano, trabajando como niñera. Era la primera vez que estaba realmente sola. Dios, me sentí como una adulta. Y cuando vi esta película, pensé que era lo más hermoso que había visto.

Orfeo Negro es una película brasileña realizada en los años 50, un avance en su época. El reparto era casi totalmente negro y, sin embargo, se ganó un seguimiento internacional. La historia era sencilla: Era el mito griego de los amantes desgraciados Orfeo y Eurídice, solo que estaba ambientada en las favelas de Río durante el bullicioso Carnaval anual. Con el esplendor del Technicolor, los brasileños de piel negra y marrón cantaban y bailaban y rasgueaban guitarras como pájaros despreocupados de plumaje colorido.

A mitad de la película, decidí que ya había visto suficiente. La película presentaba a los negros como niños, casi la imagen inversa de los oscuros salvajes de Joseph Conrad, y me volví hacia mi madre para ver si estaba dispuesta a irse. Pero su rostro, iluminado por el resplandor azul de la pantalla, se mostraba melancólico. En ese momento, me sentí como si me dieran una ventana a su corazón juvenil. Me di cuenta de que esas imágenes de negros infantiles eran las que mi madre había llevado consigo a Hawái años atrás. Eran las simples pero prohibidas fantasías de una chica blanca de clase media de Kansas. Aquí estaba la promesa de otra vida: cálida, sensual, exótica, diferente.

Me di la vuelta, avergonzado por ella, preguntándome si las emociones entre personas de diferentes razas podían ser alguna vez puras. Incluso el amor se veía empañado por el deseo de encontrar en la otra persona algún elemento que nos faltara a nosotros mismos.

Durante los días siguientes, traté de evitar situaciones en las que mi madre y yo pudiéramos vernos obligados a hablar. Entonces, unos días antes de su partida, me pasé por su apartamento. Ella notó una carta dirigida a mi padre en mi mano.

—¿Están organizando una visita?

Le dije que había empezado a hacer planes para ir a Kenia.

—Bueno, creo que será maravilloso que ustedes dos se conozcan por fin —dijo—. Probablemente fue un poco duro para un niño de diez años, pero ahora que eres mayor…

Me encogí de hombros.

—¿Quién sabe?

Ella asomó la cabeza por la cocina.

—Espero que no estés resentido con él.

—¿Por qué iba a estarlo?

—No lo sé.

Nos quedamos sentados allí un rato, escuchando el ruido del tráfico. Entonces, sin que nadie se lo pidiera, mi madre empezó a contar una vieja historia, con voz distante, como si se la estuviera contando a sí misma:

—No fue culpa de tu padre que se fuera, ¿sabes? Yo me divorcié de él. Cuando nos casamos, tus abuelos no estaban contentos. Pero dijeron que sí, que probablemente no habrían podido impedirlo de todos modos, y al final se hicieron a la idea de que era lo correcto.

Entonces el padre de Barack, tu abuelo Hussein, le escribió al abuelo una larga y desagradable carta diciendo que no aprobaba el matrimonio. Dijo que no quería que la sangre de los Obama fuera manchada por una mujer blanca. Bueno, puedes imaginar cómo reaccionó el abuelo a eso. Y luego, hubo un problema con la primera esposa de tu padre... él me había dicho que estaban separados, pero fue una boda de pueblo, así que no había ningún documento legal que pudiera mostrar un divorcio...

Su barbilla empezó a temblar y se mordió el labio para tranquilizarse.

—Tu padre me escribió diciendo que iba a seguir adelante. Entonces naciste tú, y acordamos que los tres volveríamos a Kenia cuando él terminara sus estudios. Pero tu abuelo Hussein le seguía escribiendo a tu padre, amenazando con revocar su visado de estudiante. Para entonces, Toot se había puesto histérica, había leído sobre la rebelión en Kenia unos años antes, a la que los periódicos occidentales dieron mucha importancia, y estaba segura de que me cortarían la cabeza y te llevarían a ti. Incluso entonces, podría haber funcionado. Tu padre recibió dos ofertas de becas. Una era para la New School, aquí en Nueva York. La otra era para Harvard. La New School aceptó pagarlo todo: alojamiento y comida, un trabajo en el campus, lo suficiente para mantenernos a los tres. Harvard solo aceptó pagar la matrícula. Pero Barack era tan obstinado que tenía que ir a Harvard. ¿Cómo voy a rechazar la mejor educación? Solo pensaba en eso, en demostrar que era el mejor.

Suspiró, pasándose las manos por el pelo.

—Éramos tan jóvenes, sabes. Yo era más joven que tú ahora. Él solo tenía unos años más. Más tarde, cuando vino a visitarnos a Hawái, quiso que fuéramos a vivir con él. Pero yo todavía estaba casada con Lolo, y su tercera esposa acababa de dejarlo, y no pensé...

Se detuvo y se rio.

—¿Te he dicho alguna vez que llegó tarde a nuestra primera cita? Me pidió que nos viéramos frente a la biblioteca de la universidad. Cuando llegué no estaba allí, pero pensé en darle unos minutos. Hacía un buen día, así que me tumbé en uno de los bancos y, antes de darme cuenta, me había quedado dormida. Pues bien, una hora después, ¡una hora!, apareció con un par de amigos suyos. Me desperté y los tres estaban de pie junto a mí, y oí a tu padre decir, muy serio: Ya ven, señores. Les dije que era una buena chica, y que me esperaría.

Mi madre volvió a reír, y una vez más la vi como la niña que había sido. Solo que esta vez vi algo más: en su rostro sonriente y ligeramente desconcertado, vi lo que todos los niños *deben* ver en algún momento si van a crecer: la vida de sus padres revelándose como algo separado de la suya. Vi sus vidas antes de su matrimonio y de mi nacimiento. Vi sus vidas desplegándose hasta los abuelos y bisabuelos; una infinidad de encuentros fortuitos, malentendidos, esperanzas proyectadas y circunstancias limitadas.

Mi madre era la niña con *Orfeo Negro*, la película llena de hermosas personas negras, en su cabeza, halagada por la atención de mi padre, confundida y sola, tratando de arrancarse a sí misma de las garras de sus padres. La inocencia que traía ese día, esperando a mi padre, estaba arraigada en ideas erróneas y en sus propias necesidades. Pero tal vez sea así como empieza cualquier amor, con impulsos e imágenes turbias de otra persona que nos ayudan a salir de nuestra soledad. Y si tenemos suerte, esas nubes se transformarán en algo sólido, en algo que durará.

En el cine, había decidido que las emociones entre las razas nunca serían puras, pero las palabras de mi madre me sacudieron de esa certeza. Lo que escuché de mi madre aquel día, hablando de mi padre, fue algo que la mayoría de los estadounidenses no creen que pueda existir entre blancos y negros; el amor de alguien que conoce tu vida en profundidad, un amor que sobrevivirá a la desilusión. Era un amor tan generoso que la llevó a ayudarme a mí, el niño que nunca lo conoció, a verlo con sus ojos.

UNOS MESES después, llegó la llamada.

—¿Barry? Barry, ¿eres tú?

La línea estaba llena de estática.

—Sí… ¿Quién es?

—Sí, Barry… Soy tu tía Jane. En Nairobi. ¿Puedes oírme?

—Lo siento, ¿quién dijiste que eras?

—Tía Jane. Escucha, Barry, tu padre está muerto. Murió en un accidente de coche ¿Hola? ¿Puedes oírme? Digo que tu padre está muerto. Barry, por favor llama a tu tío en Boston y díselo. No puedo hablar ahora, está bien, Barry. Intentaré llamarte de nuevo.

Cuando llamé y le dije a mi madre que mi padre había muerto, la oí gritar en la distancia. Sin embargo, no sentí ningún dolor y no vi ninguna razón para fingir lo contrario. No fui al funeral. Escribí a la familia de mi padre en Nairobi para expresar mis condolencias y les pedí que me escribieran de vuelta. Quería saber cómo estaban. Pero mis planes de viajar a Kenia quedaron en suspenso.

PASARÍA UN AÑO MÁS antes de que me encontrara con mi padre, en mis sueños.

Viajaba en autobús con amigos cuyos nombres he olvidado. Rodábamos a través de campos profundos y colinas que se agitaban contra un cielo anaranjado.

Un anciano blanco, de complexión robusta, se sentó a mi lado con un libro que decía que la forma en que tratamos a los ancianos en nuestra sociedad es una prueba para nuestras almas. Me dijo que estaba de viaje para conocer a su hija. Me dormí. Al despertar, todo el mundo se había ido.

Me bajé del autobús y me encontré dentro de un edificio de piedra tosca. Un abogado estaba hablando con un juez. El juez dijo que mi padre había pasado suficiente tiempo en la cárcel, que era hora de liberarlo. Pero el abogado se opuso enérgicamente. Dijo que las leyes eran leyes y que había que mantener el orden.

De repente, estaba ante su celda. Abrí el candado y lo puse con cuidado en el alféizar de la ventana. Mi padre estaba ante mí, vestido solo con un paño alrededor de la cintura. Estaba muy delgado, con su gran cabeza y su esbelto cuerpo, sus brazos y su pecho sin pelo. Estaba pálido y sus ojos negros brillaban en su rostro ceniciento.

—Mírate —dijo—. Tan alto y tan delgado. ¡Incluso algunas canas!

Y vi que era cierto, me acerqué a él y nos abrazamos. Empecé a llorar, y me sentí avergonzado, pero no pude contenerme.

—Barack, siempre he querido decirte lo mucho que te quiero —dijo.

Parecía pequeño en mis brazos, del tamaño de un niño. Se sentó en la esquina de su catre, apoyó la cabeza en sus manos y se quedó mirando hacia la pared. La tristeza se extendía por su rostro. Intenté bromear con él; le dije que si estaba delgado era solo porque me parecía a él. Pero cuando le susurré que podíamos irnos juntos, negó con la cabeza y me dijo que sería mejor que me marchara.

Me desperté todavía llorando, mis primeras lágrimas de verdad por él... y por mí, su carcelero, su juez, su hijo. Encendí la luz y saqué sus viejas cartas. Recordé su única visita, el balón de baloncesto que me regaló y cómo me enseñó a bailar. Y me di cuenta de que, incluso en su ausencia, su fuerte imagen me había dado algo a lo que aspirar.

Me acerqué a la ventana y miré hacia fuera, escuchando los primeros sonidos de la mañana; el gruñido de los camiones de la basura, los pasos en el apartamento de al lado.

Sabía que tenía que ir a buscarlo, que tenía que volver a hablar con él.

PARTE DOS

CHICAGO

CAPÍTULO 7

En 1983, decidí convertirme en organizador comunitario.

No había desarrollado mucho la idea y no conocía a nadie que se ganara la vida de esa manera. Cuando mis compañeros de la universidad me preguntaban qué *hacía* un organizador comunitario, no podía responderles directamente. En lugar de eso, hablaba de la necesidad de cambio: un cambio en una Casa Blanca que era indiferente a las necesidades de demasiada gente; un cambio en un Congreso demasiado obediente y corrupto; un cambio en un país demasiado malhumorado y ensimismado para ver lo que estaba pasando. El cambio no vendrá de arriba, les decía. El cambio vendrá al lograr que la gente actúe a nivel de base dentro de sus propias comunidades.

Y mis amigos, negros, blancos y morenos, me felicitaban por mis elevados ideales y luego se marchaban para inscribirse en una escuela de posgrado con la esperanza de ganar dinero de verdad algún día.

No podía culparlos por eso.

Mirando hacia atrás, puedo ver la lógica que me llevó a querer ser organizador comunitario. Todavía tenía recuerdos de Indonesia, con sus mendigos y campesinos, y de mi padrastro, Lolo, que intentó cambiar el sistema, pero finalmente no pudo.

Sin embargo, en aquel momento actuaba sobre todo por impulso, como un salmón que nada a ciegas río arriba. En el aula de clases podía disfrazar ese impulso con eslóganes y teorías que había encontrado en libros. Pero por la noche, cuando me acostaba en la cama, esas teorías se desvanecían y eran sustituidas por imágenes románticas de un pasado que nunca había conocido.

Eran principalmente imágenes del movimiento por los derechos civiles: las fotografías granuladas, en blanco y negro, que aparecen cada febrero durante el Mes de la Historia Negra, las que mi madre me enseñaba de niño. Un par de estudiantes universitarios, con el pelo corto y la espalda recta, haciendo sus pedidos en un cafetín; o de pie en un porche en Mississippi, tratando de convencer a una familia de aparceros para que se registren para votar. Una cárcel de condado repleta de niños, tomados de las manos, cantando canciones de libertad.

Esas imágenes me vivificaban de una forma que las palabras jamás podrían. Me decían que no estaba solo en mis luchas.

También me decían que no debía dar por sentada la existencia de la comunidad negra. Las comunidades tienen que ser creadas, luchadas, cuidadas como jardines. Se hacen más grandes o más pequeñas en función de nuestros sueños. Y los sueños de las personas que marcharon y fueron a la cárcel por los derechos civiles habían sido grandes.

No eras automáticamente miembro de una comunidad; tenías que ganarte tu membresía a través del sacrificio compartido.

Tal vez, si me esforzaba lo suficiente, podría hablar en favor de la promesa de una comunidad estadounidense más grande e inclusiva, negra, blanca y morena, donde la singularidad de mi propia vida sería aceptada.

Ese era mi concepto de organización comunitaria: una promesa de redención.

Así que, en los meses previos a mi graduación de Columbia, escribí a todas las organizaciones de derechos civiles que se me ocurrieron, a todos los funcionarios negros del país que tuvieran una agenda progresista, a consejos vecinales y a grupos de defensa de inquilinos.

Cuando nadie me respondió, no me desanimé. Decidí buscar un trabajo más convencional durante un año, para pagar mis préstamos estudiantiles y tal vez ahorrar un poco. Los organizadores comunitarios no ganaban dinero.

Finalmente, una sucursal de una gran corporación me contrató como asistente de investigación. Por lo que pude ver, era el único negro de la empresa, cosa que me avergonzaba a mí pero enorgullecía a las secretarias. Esas mujeres negras me trataban como a un hijo; me decían que esperaban que algún día dirigiera la empresa. A veces, durante el almuerzo, les contaba mis maravillosos planes organizativos y ellas sonreían y decían: "Qué bien, Barack", pero su mirada me decía que estaban secretamente decepcionadas.

Solo Ike, el rudo guardia de seguridad negro que atendía el lobby, estaba dispuesto a decirme que estaba cometiendo un error.

—¿Organización comunitaria? ¿Eso es como política, ¿no? ¿Por qué quieres hacer algo así?

Intenté explicarle la importancia de movilizar a los pobres y devolver algo a la comunidad. Pero Ike se limitó a negar con la cabeza.

—Sr. Barack —dijo—, espero que no le importe que le dé un pequeño consejo. Olvídese de este asunto de la organización comunitaria. No necesitamos más gente de esa que habla mucho y no hace nada. No puedes ayudar a la gente que de todos modos no va a salir adelante, y nadie va a apreciar que lo intentes. La gente que quiere salir adelante encontrará la manera de hacerlo por sí misma. Haz algo que te haga ganar dinero. No con avaricia, ¿entiendes? Pero lo suficiente. Eso es lo que necesitamos. Te digo esto porque veo el potencial en ti. Un joven como tú, con una bonita voz… podrías ser locutor de televisión. O vendedor… tengo un sobrino de tu edad que gana mucho dinero con eso. ¿Cuántos años tienes?

—Veintidós.

—Ya lo ve. No desperdicie su juventud, Sr. Barack. Despertará una mañana y será un viejo como yo, y con nada a su nombre más que cansancio.

EN ESE MOMENTO no le presté mucha atención a Ike; pensé que se parecía demasiado a mis abuelos. Pero con el paso de los meses sentí que la idea de convertirme en organizador comunitario se me estaba escapando. La empresa me ascendió. Tenía mi propio despacho, mi propia secretaria, dinero en el banco. A veces me veía reflejado en las puertas del ascensor, con traje y corbata, con un maletín en la mano; y durante una fracción de segundo me imaginaba como un gran ejecutivo, dando órdenes, cerrando tratos, antes de recordar la vida que me prometí a mí mismo tener. En esos momentos, me sentía culpable.

Un día, mientras me sentaba ante el ordenador para escribir un artículo sobre tasas de interés, ocurrió algo inesperado. Me llamó mi hermanastra Auma.

Nos habíamos escrito de vez en cuando, pero nunca nos habíamos visto. Sabía que se había marchado de Kenia para estudiar en Alemania, y en nuestras cartas habíamos mencionado la posibilidad de que yo fuera a visitarla, o tal vez que ella viniera a Estados Unidos. Pero los planes siempre habían sido vagos; ninguno de los dos tenía dinero, decíamos, tal vez el año que viene.

Ahora, de repente, oí su voz por primera vez. Era suave y profunda, teñida de un acento británico de los años de dominio colonial sobre Kenia. Dijo que iba a hacer un viaje a Estados Unidos con varios amigos. ¿Podría venir a verme a Nueva York?

—Por supuesto —dije—. Puedes quedarte conmigo. No puedo esperar.

Y ella se rio, y yo me reí, y la línea quedó en silencio, con la estática y el sonido de nuestra respiración.

—Bueno —dijo ella—, no puedo estar mucho tiempo al teléfono, es muy caro.

Colgamos rápidamente después de eso, como si nuestro contacto fuera un regalo que se reparte en pequeñas dosis.

Dos días antes de su llegada, Auma volvió a llamar, con una voz que apenas era un susurro:

—Finalmente no podré ir —dijo—. Uno de nuestros hermanos, David... ha muerto. En un accidente de moto. No sé más que eso.

Empezó a llorar.

—Oh, Barack. ¿Por qué nos pasan estas cosas?

Intenté consolarla lo mejor que pude. Le pregunté si podía hacer algo por ella. Le dije que habría otros momentos para vernos. Eventualmente su voz se calmó. Tenía que reservar un vuelo para volver a Kenia, dijo.

—Vale, entonces, Barack. Nos vemos. Adiós.

Después de colgar, salí de mi oficina y le dije a mi secretaria que me tomaría el resto del día. Durante horas deambulé por las calles de Manhattan, con la voz de Auma sonando una y otra vez en mi mente. A un continente de distancia, una mujer llora. En una carretera oscura y polvorienta, un niño patina sin control, dando tumbos contra la tierra dura, con las ruedas girando hasta quedar inmóviles. ¿Quiénes eran estas personas, me pregunté, estos extraños que llevaban mi sangre?

TODAVÍA ME pregunto cómo ese primer contacto con Auma y la noticia de la muerte de David cambiaron mi vida. No lo sé. Pero la voz de Auma me recordó que tenía heridas que no podía curar yo mismo. Unos meses más tarde, renuncié en la empresa y me lancé de nuevo a la búsqueda de un trabajo de organización comunitaria.

Llegó una oferta de una conocida organización de derechos civiles con un consejo de administración en el que había diez ejecutivos blancos y un ministro negro. Querían a alguien negro, educado y lo suficientemente seguro de sí mismo como para sentirse cómodo en juntas corporativas; justo donde yo no quería estar. Rechacé la oferta.

Repartí folletos para la campaña de un asambleísta en Brooklyn. El candidato perdió y nunca me pagaron.

Me había dado por vencido cuando recibí una llamada de un tipo llamado Marty Kaufman. Me explicó que había iniciado un proyecto de organización en Chicago y que quería contratar a un aprendiz. Cuando se reunió conmigo en Nueva York, su aspecto no inspiraba mucha confianza. Era un hombre blanco, regordete y de mediana estatura usando un traje arrugado. Su rostro lucía una barba de dos días; detrás de unas gruesas gafas de montura de alambre, sus ojos estaban siempre entrecerrados.

Me preguntó por qué alguien de Hawái quería ser organizador.

—Debes estar enfadado por algo —dijo, y añadió que eso era bueno.

—La ira —afirmó— es un requisito para el trabajo. Las personas bien adaptadas encuentran trabajos más relajantes.

Marty intentaba captar a negros de las ciudades y a blancos de los suburbios en torno a un plan para salvar los puestos de trabajo de la industria manufacturera en el área metropolitana de Chicago. Necesitaba a alguien que trabajara con él, dijo. Una persona negra.

—La mayor parte de nuestro trabajo es con las iglesias —dijo—. Con los sindicatos en tan mal estado, son la única opción. Las iglesias están donde está la gente, y ahí están los valores. Sin embargo, los pastores no van a trabajar contigo por pura bondad. Quizá te dediquen un sermón el domingo, pero no se moverán realmente a menos que demuestres que trabajar contigo les va a ayudar a pagar la factura de la calefacción.

Marty me preguntó qué sabía de Chicago.

Me lo pensé un momento.

—*Carnicero del mundo* —dije finalmente, recuperando un verso de la oda que el poeta Carl Sandburg dedicó a la ciudad en 1914. Chicago era conocida por sus mataderos.

Marty negó con la cabeza.

—Las carnicerías cerraron hace tiempo.

—Los Cubs nunca ganan —dije.

—Es cierto.

—La ciudad más segregada de Estados Unidos —dije—. Un negro, Harold Washington, acaba de ser elegido alcalde, y a los blancos no les gusta.

—Así que has seguido la carrera de Harold —dijo Marty—. Me sorprende que no hayas ido a trabajar para él.

—Lo intenté —admití—. Su oficina no me respondió.

Marty sonrió y se quitó las gafas, limpiándolas con el extremo de la corbata.

—Bueno, eso es lo que hay que hacer, ¿no?, si eres joven y negro y te interesan los temas sociales. Encontrar una campaña política para la que trabajar. Un jefe poderoso, alguien que pueda ayudarte con tu propia carrera. Y Harold es poderoso, sin duda. Tiene mucho carisma. Tiene el apoyo de toda la comunidad negra, más la mitad de los hispanos y un puñado de liberales blancos. Pero tienes razón en una cosa. El ambiente en la ciudad está polarizado, la gente ha tomado partido y no quiere cambiar. Es un gran circo mediático. No se está haciendo mucho.

—¿Y de quién es la culpa?

Marty volvió a ponerse las gafas y me miró fijamente.

—No es cuestión de culpa —dijo—. Es cuestión de si algún político, incluso alguien con el talento de Harold, puede hacer algo para romper el ciclo.

Marty me ofreció empezar con diez mil dólares el primer año, con dos mil dólares adicionales para comprar un coche; el salario aumentaría si las cosas funcionaban.

De regreso a casa, me detuve en un parque para sentarme en un banco y considerar mis opciones. Un joven negro me gritó:

—Disculpe, señor. ¿Sabe usted por qué a veces el río corre en esta dirección y a veces en esta otra?

Le dije que probablemente tenía que ver con las mareas, y eso pareció satisfacerle.

Mientras le veía desaparecer, me di cuenta de que nunca me había fijado en qué dirección corría el río.

Una semana después, metí mis cosas en mi coche y me dirigí a Chicago.

CAPÍTULO 8

Llegué en julio. El sol brillaba entre los árboles de color verde intenso. Los barcos estaban fuera de sus amarres, con sus velas lejanas como alas de palomas en el Lago Michigan. Marty me había dicho que estaría ocupado esos primeros días, así que me quedé solo. Compré un mapa e hice un tour por la ciudad.

Mientras conducía, recordé la historia que había aprendido. El silbido del Ferrocarril Central de Illinois, cargando el peso de miles de personas antes esclavizadas y sus descendientes que llegaban desde el Sur en busca de mejores oportunidades durante la Gran Migración; los hombres, mujeres y niños negros, sucios por el hollín de los vagones, aferrados a su maltrecho equipaje, camino a la Tierra Prometida. Me crucé con un cartero y me imaginé que era el gran novelista Richard Wright, repartiendo el correo antes de vender su primer libro. Imaginé a Frank, el amigo del abuelo, con un traje holgado, frente al viejo teatro Regal, esperando para ver al gran jazzista Duke Ellington. La niña de las gafas y las coletas podría haber sido Regina, saltando a la cuerda.

Un día pasé por delante de la barbería Smitty's, un escaparate de cuatro metros por tres en el límite de Hyde Park. La puerta estaba abierta cuando entré, y los olores de crema para el cabello y antiséptico se mezclaban con el sonido de las risas de los hombres y el zumbido de los lentos ventiladores. Smitty resultó ser un hombre mayor, negro, canoso, delgado y encorvado. Su silla estaba abierta, así que tomé asiento y pronto me uní a la familiar charla de barbería sobre deportes, mujeres y los titulares de ayer.

Había una foto del nuevo alcalde de Chicago, Harold Washington, en la pared, y los hombres hablaban de él con tanto cariño como si fueran sus parientes. Smitty me vio mirando la foto y me preguntó si había estado en Chicago durante las elecciones:

—Había que estar aquí antes de Harold para entender lo que esto significa para la ciudad —dijo Smitty—. Antes de Harold, parecía que siempre íbamos a ser ciudadanos de segunda clase.

—Política de plantación —dijo un hombre con un periódico.

—Eso es lo que era —dijo Smitty—: una plantación. Los negros en los peores trabajos, las peores viviendas, brutalidad policial fuera de control.

Mechones de pelo caían en mi regazo mientras escuchaba a los hombres recordar el ascenso de Harold. Ya se había presentado a la alcaldía una vez, pero no había llegado a ninguna parte. La falta de apoyo de la comunidad negra era una fuente de vergüenza, dijeron. Pero Harold lo intentó de nuevo, y esta vez la gente estaba preparada: la noche de las elecciones, ministros y miembros de bandas, jóvenes y mayores, acudieron en número récord a votar. Su fe se vio recompensada.

Smitty dijo:

—La noche que ganó Harold, la gente salió a la calle. No solo estaban orgullosos de Harold. Estaban orgullosos de sí mismos. Yo me quedé adentro, pero mi esposa y yo no pudimos acostarnos hasta las tres por tanta emoción. Cuando me desperté a la mañana siguiente, me pareció el día más hermoso de mi vida…

La voz de Smitty se redujo a un susurro, y todos los presentes empezaron a sonreír.

Desde la distancia, leyendo los periódicos en Nueva York, yo había compartido su orgullo. Pero lo que oía ahora era diferente; había una intensidad en la voz de Smitty que parecía ir más allá de la política.

"Tenías que estar aquí para entender", había dicho. Se refería a aquí, en Chicago, pero también podía referirse a aquí en su lugar; el lugar de un negro mayor que aún arde por una vida de insultos y ambiciones frustradas o abandonadas.

Me pregunté a mí mismo si realmente podía entenderlo. Creía que sí. Los hombres también creían que yo podía. ¿Pero sentirían lo mismo si supieran más sobre mí? Intenté imaginar qué pasaría si el abuelo entrara en la barbería en ese momento: la conversación se detendría al ver a un hombre blanco, el hechizo cómo que se rompería, empezarían a verme de forma distinta.

Smitty me pasó el espejo para que chequeara su trabajo, luego me quitó la bata y me cepilló la espalda de la camisa.

—Gracias por la lección de historia —dije, poniéndome de pie.

—Ey, esa parte es gratis. El corte de pelo cuesta diez dólares. ¿Cómo te llamas?

—Barack.

Cogió el dinero y me dio la mano.

—Bueno, Barack, deberías volver un poco antes la próxima vez. Tu cabello se veía muy desaliñado cuando entraste.

AQUELLA TARDE, Marty me recogió frente a mi nuevo apartamento y nos dirigimos a la zona sureste de Chicago, pasando por hileras de pequeñas casas de tablones grises o ladrillos, hasta que llegamos a una vieja y enorme fábrica que se extendía por varias manzanas.

—La antigua planta de Wisconsin Steel —anunció Marty.

Nos sentamos en silencio, estudiando el edificio. Estaba vacío y manchado de óxido, una ruina abandonada. Al otro lado de la valla de malla metálica, un gato sarnoso y manchado corría entre la maleza.

—En la planta trabajaba todo tipo de gente —dijo Marty—. Negros, blancos, hispanos. Todos tenían el mismo trabajo. Todos llevaban el mismo tipo de vida. Pero fuera de la planta, la mayoría de ellos no querían tener nada que ver con los demás.

—Entonces, ¿qué te hace pensar que pueden trabajar juntos ahora?

—No tienen otra opción —dijo Marty—. No si quieren recuperar sus puestos de trabajo.

Cuando entramos en la autopista, Marty empezó a contarme más sobre la organización que había creado. Con la ayuda de un obispo católico, se había reunido con pastores y miembros de la iglesia de la zona y había escuchado a los feligreses blancos y negros hablar de su vergüenza por el desempleo, su miedo a perder su hogar o su pensión, su sensación compartida de haber sido traicionados.

Finalmente, más de veinte iglesias acordaron formar una coalición. En concreto, yo trabajaría con representantes de parroquias dentro de Chicago, una rama de la organización de Marty que se llamaba Proyecto de Comunidades en Desarrollo, o PCD. Y aunque las cosas no se habían movido tan rápido como Marty esperaba, el grupo acababa de conseguir su primera victoria real: la legislatura de Illinois había acordado gastar 500.000 dólares en ayudar a personas desempleadas a encontrar trabajo. A eso íbamos ahora, explicó Marty. A un mitin para celebrar el programa.

—La reconstrucción de la industria manufacturera va a tomar tiempo —dijo—. Al menos diez años. Tendremos una posición más fuerte cuando consigamos la participación de los sindicatos. Mientras tanto, solo tenemos que dar a la gente algunas victorias a corto plazo. Algo que les muestre el poder que tendrán una vez que dejen de luchar entre ellos y empiecen a luchar contra el verdadero enemigo.

Pregunté quién era el verdadero enemigo.

—Los banqueros de inversión, los políticos, los cabilderos.

Ya estaba atardeciendo cuando cruzamos el límite de la ciudad y entramos en el aparcamiento de un gran colegio de las afueras, donde una multitud de personas estaba entrando en el auditorio: obreros despedidos, secretarias y camioneros, hombres y mujeres que fumaban mucho y no cuidaban su peso, compraban en Sears o Kmart, conducían coches viejos de Detroit y comían en Red Lobster en ocasiones especiales.

Marty se apresuró a entrar en el auditorio, pero cuando intenté seguirlo, tres mujeres negras bloquearon mi camino. Una de ellas, una bonita mujer con el pelo teñido de naranja, se inclinó hacia mí y me susurró:

—Eres Barack, ¿verdad?

—¿No se ve de lo más arreglado, Mona? —le dijo a una de sus compañeras.

—¡Sin duda!

—No me malinterpretes —dijo la primera mujer—. No tengo nada contra Marty. Pero el hecho es que solo puedes avanzar hasta cierto…

En ese momento, Marty nos saludó desde el escenario.

—Podrán hablar con Barack todo lo que quieran después. En este momento las necesito aquí conmigo.

La mujer con el pelo naranja era Angela. Las otras dos eran Mona y Shirley. Acabaríamos pasando mucho tiempo juntos

El auditorio estaba casi lleno, dos mil personas en total, un tercio de las cuales eran residentes negros traídos en autobús desde la ciudad. Un coro cantó dos canciones de gospel y hubo una procesión de oradores que terminó con el gobernador, quien ofreció su solemne promesa de apoyar el nuevo banco de trabajo.

En mi opinión, todo se sentía un poco plano y escenificado, como un mal combate de lucha libre en la televisión. Sin embargo, el público parecía estar disfrutando. Y al ver todas esas caras blancas y negras juntas en un solo lugar, me sentí animado. Estaba seguro de reconocer en mí la misma visión que impulsaba a Marty. Él creía que si podías alejar a los políticos, a los medios de comunicación y a los burócratas y dar a todo el mundo un lugar en la mesa, la gente corriente podría encontrar un terreno común. Estos fueron los primeros indicios de algo que necesitaría en los meses y años siguientes: fe.

EL DÍA después del mitin, Marty decidió que era hora de que trabajara de verdad, y me dio una larga lista de personas para entrevistar.

—Averigua cuáles son sus intereses personales —dijo—. Por eso la gente se involucra en la organización, porque cree que va a sacar algún provecho.

Al principio me preocupaba que la gente no estuviera dispuesta a hablar conmigo. Pero una vez que nos conocíamos en persona, no les importaba expresar sus opiniones sobre un concejal que no hacía nada o un vecino que se negaba a cortar el césped. Escuché algunas cosas repetidas una y otra vez. La mayoría de la gente de la zona se había criado en densos barrios negros. Tenían pocas opciones. Durante la mayor parte de su historia, Chicago había sido una ciudad con muchos "pactos restrictivos", o sea, acuerdos legales privados entre propietarios blancos para no vender o alquilar sus propiedades a los negros. Las personas con las que hablé guardaban buenos recuerdos de los barrios que construyeron, que eran como mundos autónomos, pero también recordaban que nunca habían tenido suficiente calor o luz o espacio para respirar; eso y la imagen de sus padres haciendo arduos trabajos físicos para sobrevivir.

Algunos siguieron a sus padres en las fábricas de acero o en la industria manufacturera, pero la mayoría había encontrado trabajo como carteros, conductores de autobús, maestros y trabajadores sociales en el sector público, donde las leyes contra la discriminación racial se aplicaban con más fuerza. Estos trabajos tenían beneficios y les proporcionaban suficiente seguridad como para pensar en comprar una casa. Y con la aprobación de las leyes de vivienda justa, que ayudaron a evitar que propietarios y arrendadores se negaran a alquilar o vender a los negros, empezaron a trasladarse, poco a poco, a los barrios blancos. No porque estuvieran necesariamente interesados en mezclarse con los blancos, me decían, sino porque las casas eran asequibles, con pequeños jardines para sus hijos; las escuelas eran mejores y las tiendas más baratas. Quizá también se mudaron a esos vecindarios simplemente porque podían.

A menudo, mientras escuchaba estas historias, me acordaba de las que me habían contado el abuelo, Toot y mi madre, historias de penurias y migración, de ir en busca de algo mejor. Pero había una diferencia ineludible. En estas nuevas historias, las familias blancas huían cuando llegaban las familias negras, y los carteles de "Se vende" proliferaban como dientes de león bajo el sol del verano. Volaban piedras a través de las ventanas de las familias negras, y se podía escuchar a los padres, ansiosos, pidiéndole a sus hijos que dejaran sus inocentes juegos y entraran a casa. Bloques enteros se transformaron en menos de seis meses; barrios enteros en menos de cinco años.

En estas historias, los encuentros entre blancos y negros resultaban siempre en ira y dolor.

La zona nunca se había recuperado del todo de esta agitación racial. Las tiendas y los bancos se habían ido junto con sus clientes blancos, y los servicios de la ciudad habían disminuido. Sin embargo, cuando las familias negras que vivían en sus casas desde hacía diez o quince años miraban hacia atrás y veían cómo se habían dado las cosas, sentían cierta satisfacción. Gracias a sus dos ingresos habían pagado los préstamos de la casa y del auto, y tal vez la educación universitaria de sus hijos o hijas. Habían mantenido sus casas en buen estado y a sus hijos alejados de las calles. Habían formado clubes para asegurarse de que todos los vecinos hicieran lo mismo.

Pero sus voces sonaban preocupadas al hablar del futuro. Cuanto mejor les iba a sus hijos, más probable era que se marcharan. En su lugar llegaban familias más jóvenes y menos estables que no siempre podían estar al día con los pagos de sus hipotecas. Aumentaron los robos de coches; las iglesias tenían menos miembros; los frondosos parques estaban vacíos. Ahora había grupos ruidosos de padres adolescentes que le daban comida chatarra a sus niños cuando lloraban y los envoltorios desechados volaban por la calle. La gente ponía rejas en sus puertas para evitar los robos; se preguntaban si podrían permitirse vender sus casas por menos de lo que habían pagado y retirarse a un clima más cálido, tal vez volver al sur.

Los padres con hijos pequeños tenían decisiones aún más difíciles que hacer. Ruby Styles era una de ellas. Su hijo, Kyle, era un chico brillante pero tímido que empezaba a tener problemas en la escuela. Uno de sus amigos había recibido un disparo justo delante de su casa. El chico estaba bien, pero Ruby estaba preocupada por la seguridad de su propio hijo. La actividad de las bandas iba en aumento.

Ruby me presentó a otros padres que compartían sus temores y se sentían frustrados por la lentitud de la policía en responder. Cuando sugerí que invitáramos al comandante de la policía distrital a una reunión, para que pudieran compartir sus preocupaciones con él, todos pensaron que era una buena idea. Algunos pastores aceptaron ayudarnos a difundir la noticia.

La reunión fue un desastre. Solo se presentaron trece personas, repartidas en filas de sillas vacías. El comandante canceló su aparición y envió a un funcionario de "relaciones comunitarias" en su lugar. Cada cierto tiempo entraba una pareja mayor buscando un juego de bingo; me pasé la mayor parte de la velada dirigiéndolos al piso de arriba. Mientras tanto, Ruby estaba sentada en el escenario con la mirada perdida, escuchando el sermón del oficial sobre la necesidad de que los padres disciplinen a sus hijos.

Después de eso, me preocupó que Ruby se alejara del trabajo comunitario, pero en lugar de eso se lanzó de lleno a nuestro proyecto, trabajando duro para construir una red de vecinos y padres de escolares. Ruby era el sueño de cualquier organizador, una persona con un talento inexplorado, inteligente, constante, entusiasmada con la idea de una vida pública y deseosa de aprender.

Sorprendentemente, fueron algunas de las iglesias bautistas las que más se resistieron a mis esfuerzos. En una reunión con pastores locales, me presentaron a un hombre llamado reverendo Smalls. Era alto y con la piel de color nuez, su pelo alisado y peinado hacia atrás.

—Escucha, Obama —me dijo—, lo último que necesitamos es unirnos a un montón de dinero blanco e iglesias católicas y organizadores judíos para resolver nuestros problemas. Los blancos vienen aquí creyendo que saben lo que es mejor para nosotros, contratando a un montón de hermanos con títulos universitarios como tú que no saben cómo son las cosas. Lo único que quieren hacer es tomar el control.

Me dijo que con Harold Washington como alcalde todo iba a cambiar. Ahora los negros tenían una línea directa con el gobierno de la ciudad y podían organizar sus propias protestas. Luego, me dio una palmadita en el hombro y dijo que sabía que tenía buenas intenciones.

—Solo que ahora mismo estás del lado equivocado de la lucha —dijo.

Marty se rio cuando le describí mi interacción con el reverendo Smalls.

—Te dije que la ciudad está polarizada —dijo—. Deberías estar feliz de haber aprendido la lección tan pronto.

¿Qué lección era esa? me pregunté. ¿Que la histórica reunión por los derechos civiles frente al monumento a Lincoln en los años 60 era apenas un recuerdo lejano? ¿Que al final todos le rezamos a nuestros propios amos?

Marty y el reverendo Smalls tenían una cosa en común: sabían que cuanto más seguro estuvieras de que tu visión era la correcta, más contundente podrías ser y más poder podrías ganar. El problema era que la certeza de uno siempre amenazaba la certeza de otro, así que era difícil que personas igual de convencidas trabajaran juntas.

Mientras tanto, lo único que yo tenía eran dudas, y un trabajo que no estaba seguro de poder hacer.

Dejé Chicago y mi trabajo en la organización comunitaria para estudiar derecho en Harvard, con la esperanza de aprender nuevas formas de contribuir a un cambio real en el mundo.

Mi primer viaje a Kenia fue en 1987. Aquí estoy con mi abuelastra "Mama Sarah" (abajo) y con Mama Sarah, Auma y la madre de Auma, Kezia Obama (izquierda), en la finca familiar en Alego.

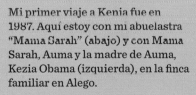

Antes de casarnos,
Michelle me
acompañó en un
viaje a la finca
familiar en Alego.

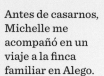

Mis hermanos Roy,
Maya y Auma vinieron
a mi boda con Michelle
en 1992. El hermano
de Michelle, Craig, y su
entonces esposa, Janis,
se unieron para una
foto familiar.

Seguí jugando al baloncesto hasta mi último año de secundaria. Me encantaban los momentos en los que todo el equipo se movía como una unidad, y algunas de mis mejores amistades comenzaron en la cancha.

Después de la secundaria, me mudé a Los Ángeles para asistir al Occidental College. Este soy yo cuando era un joven estudiante. En el Occidental conocí amigos que cambiaron mi forma de ver el mundo y comencé a involucrarme en causas políticas que me importaban.

Después de Occidental me transferí a la Universidad de Columbia, en Nueva York. Aquí estoy en Central Park.

Después de graduarme en Columbia, me mudé a Chicago y empecé a trabajar como organizador comunitario, asistiendo a reuniones como esta para conocer las necesidades de la gente en lugares como el proyecto de viviendas públicas Altgeld Gardens.

Conocí a mi media hermana Auma a través de cartas que nos escribíamos. Pero cuando me visitó por primera vez en Chicago, rápidamente entablamos una relación estrecha y fácil como hermanos, a pesar de haber crecido en distintos continentes.

Aquí estoy jugando con mi abuelo en una playa en Hawái. A mi abuelo le gustaba bromear con los turistas en la playa diciéndoles que yo era el bisnieto de Kamehameha, el primer rey de Hawái.

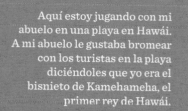

Mi madre se casó con Lolo Soetoro, mi padrastro, cuando yo tenía seis años. Luego, nos mudamos a Indonesia, el país natal de Lolo; unos años después, nació mi media hermana Maya.

Este soy yo de turista en Indonesia, antes de regresar a vivir con mis abuelos y terminar la escuela en Hawái.

Mi padre era un extraño para mí cuando vino a visitarnos a mi madre y a mí una Navidad. Fue la última vez que lo vi en persona antes de su muerte, y las fotografías de esa visita son las únicas que tengo de todos juntos.

De joven, en la secundaria, llevaba el pelo largo y me creía muy *cool*.

Toot, el Abuelo y mi madre celebrando en mi graduación de la secundaria. En Hawái, los *leis* de flores son un regalo habitual en las graduaciones y otras celebraciones.

Mi padre, Barack Obama Sr., creció en Kenia y estudió en la Universidad de Hawái, donde conoció a mi madre, Ann.

Mi madre, Ann Dunham, era aventurera, y sospechaba de cualquier persona que pensara que el mundo se podía definir fácilmente. "El mundo es complicado, Bar", me dijo. "Por eso es interesante".

Este soy yo de niño, montando mi triciclo en Hawái.

Mi abuelo materno, Stanley Dunham, junto a mi abuela materna, Madelyn Dunham. Se casaron justo antes del ataque contra Pearl Harbor en 1941. Mi abuelo sirvió en el ejército durante la Segunda Guerra Mundial, mientras mi abuela trabajaba en la línea de ensamblaje de un avión bombardero.

Este es mi padre de niño. Está en brazos de mi abuela paterna, Habiba Akumu Obama, la segunda esposa de mi abuelo paterno. Mis familiares dicen que mi padre heredó la forma de ser salvaje y testaruda de Akumu, a pesar de que fue criado principalmente por la tercera esposa de mi abuelo, Sarah.

CAPÍTULO 9

El lugar que simbolizaba todo lo que yo luchaba por cambiar era el proyecto de viviendas públicas Altgeld Gardens.

Situado en el extremo sur de Chicago, contenía dos mil apartamentos distribuidos en una serie de edificios de ladrillo de dos plantas con puertas de color verde militar y falsas persianas mugrientas. Todo el mundo lo llamaba "Los Jardines", pero la mayoría de los niños que vivían allí crecieron sin haber visto nunca un jardín de verdad. Se encontraba entre el mayor vertedero del medio oeste y una planta de tratamiento de aguas residuales que desprendía un fuerte y pútrido olor que se filtraba por las ventanas, aunque estuvieran cerradas. Ahora que los puestos de trabajo de las fábricas antes prósperas habían desaparecido, parecía lógico utilizar el terreno como vertedero.

Un vertedero y un lugar para alojar a los negros pobres.

Gente buena, reformistas, habían soñado alguna vez con construir viviendas decentes para los pobres. Pero los políticos lucharon por mantener esos lugares lo más lejos posible de los vecindarios blancos. La gente que tenía trabajo no quería vivir allí. Los que lo hacían, a menudo se sentían miserables. Poco a poco, las cosas empezaron a desmoronarse.

Altgeld no era tan malo como algunos de los bloques de alta densidad de Chicago, con sus escaleras negras como la tinta, sus vestíbulos manchados de orina y los tiroteos que sucedían a veces. Si entrabas en los apartamentos de Altgeld, a menudo los encontrabas bien cuidados, con pequeños detalles: una tela estampada sobre la tapicería rota o un calendario con escenas de playas tropicales en la pared que expresaban una idea persistente de hogar.

Pero el lugar parecía atrapado en un estado perpetuo de deterioro. Los techos se derrumbaban, las tuberías explotaban, los retretes se atascaban. Se suponía que la Autoridad de Vivienda de Chicago se encargaba del mantenimiento, pero los funcionarios municipales habían dejado de fingir que las reparaciones se harían pronto.

Al llegar a la iglesia para una de mis primeras reuniones como organizador de Altgeld, cerré los ojos y apoyé la cabeza en el asiento del auto, sintiéndome como el primer oficial de un barco que se hunde.

Estaba allí para conocer a algunas de las principales líderes del vecindario, entre ellas Angela, Shirley y Mona, y hablar sobre cómo volver a poner las cosas en marcha. Esas tres eran mujeres enérgicas y de buen humor. Sin maridos que las ayudaran se las habían arreglado para criar a sus hijos e hijas haciendo malabares con una variedad de trabajos de medio tiempo. Armaban tropas de niñas exploradoras, desfiles de moda y campamentos de verano para el desfile de niños que pasaba por su iglesia todos los días.

Pero ese día de otoño la moral estaba baja, y estaban enfadadas, especialmente por la nueva bolsa de trabajo que habíamos anunciado con tanto entusiasmo la noche del mitin. El gobierno había elegido una universidad estatal de los suburbios para llevar a cabo el programa, pero sus ordenadores presentaban fallas constantemente. Se enviaba a la gente a hacer entrevistas para trabajos que no existían. Dos meses después del inicio del programa, nadie había encontrado trabajo. Marty estaba furioso y al menos una vez a la semana se plantaba en la universidad para intentar obtener respuestas de los funcionarios. Pero a las mujeres de Altgeld no les interesaban las frustraciones de Marty, se quejaban de que no escuchaba sus sugerencias. Lo único que ellas sabían era que los 500.000 dólares destinados a financiar el funcionamiento de la bolsa de trabajo habían ido a parar a los suburbios blancos, y que su barrio no había recibido nada.

Marty dijo que estaban enojadas porque se había negado a contratarlas para dirigir el programa.

—Si vas a hacer este trabajo, Barack, tienes que dejar de preocuparte por si le caes bien a la gente. No les vas a caer bien.

Ese día, encontré a las mujeres esperándome con caras largas.

—Renunciamos —anunció Angela—. Estamos cansadas. Llevamos dos años en esto y no hemos logrado nada concreto.

Empecé a decir que solo necesitábamos más tiempo, pero Shirley me interrumpió.

—No tenemos más tiempo —dijo—. No podemos seguir haciendo promesas a nuestra gente y que luego no pase nada.

Afuera, un grupo de jóvenes encapuchados lanzaba piedras contra la ventana tapiada de un apartamento vacío. Una parte de mí tenía ganas de unirme a ellos y destrozar todo el paisaje moribundo, pedazo a pedazo. En lugar de eso, le pregunté a Angela:

—¿Qué será de esos chicos de ahí fuera? ¿Quién se va a asegurar de que tengan una oportunidad justa? ¿Los políticos? ¿Los trabajadores sociales? ¿Las bandas?

Les dije que había venido a Chicago porque Marty me dijo que había gente que se tomaba en serio lo de cambiar sus barrios y que lo menos que podían hacer era darme una oportunidad.

—Si piensan que nada ha cambiado después de trabajar conmigo, seré el primero en decirles que renuncien —continué, levantando la voz—. Pero si todas piensan renunciar ahora, entonces respondan a mi pregunta: ¿Qué pasará con esos chicos?

Hubo un largo silencio. Los chicos siguieron por la calle. Shirley se sirvió más café.

EL INVIERNO LLEGÓ y la ciudad se volvió monocromática: árboles negros contra el cielo gris sobre la tierra blanca. Ahora la noche caía a media tarde, sobre todo cuando llegaban las tormentas de nieve.

El trabajo era más duro con ese clima: montones de polvo blanco y fino se colaban por las rendijas de mi coche, por el cuello y por las aberturas de mi abrigo. Mientras viajaba por la ciudad entrevistando a la gente, nunca pasaba suficiente tiempo en un lugar para calentarme, y la nieve hacía difícil aparcar. Cuando hacíamos reuniones nocturnas, la gente a menudo no aparecía; llamaban en el último momento para decir que tenían gripe o que su coche no arrancaba. Los que sí venían, lucían empapados y llenos de rencor.

Marty me sugirió que me tomara más tiempo libre, que construyera mi propia vida fuera del trabajo. Era un consejo profesional, me explicó. Sin apoyo fuera del trabajo, un organizador puede perder la perspectiva y agotarse rápidamente. Lo que decía tenía lógica. Los fines de semana solía quedarme en un apartamento vacío, conforme, solo con la compañía de mis libros.

Pero, poco a poco, los lazos que formé con otros líderes de nuestra organización se fueron estrechando, y descubrí que me ofrecían algo más que una simple amistad. A veces, después de las reuniones, iba con uno de los hombres a un bar local a ver las noticias o escuchar canciones viejas de la rocola. El domingo iba a la iglesia y dejaba que las mujeres se burlaran de mi confusión con la comunión y la oración. En una fiesta de Navidad bailé con Angela, Mona y Shirley e intercambié historias deportivas con los maridos que habían arrastrado a regañadientes. Aconsejé a hijos o hijas sobre sus solicitudes de ingreso en la universidad y jugué con nietos que se sentaban en mis rodillas. En momentos como ese empecé a comprender el verdadero significado del trabajo que había elegido.

Recuerdo que estuve sentado con una mujer llamada Señora Stevens, esperando a que empezara una reunión. No la conocía bien, solo sabía que estaba muy interesada en renovar el hospital local. Intentando entablar una conversación trivial, le pregunté por qué se preocupaba tanto por mejorar los servicios de salud en la zona; su familia parecía bastante sana. Entonces me contó que, a los veinte años, trabajando como secretaria, desarrolló unas cataratas tan graves que su médico la declaró legalmente ciega. Se lo había ocultado a su jefe por miedo a ser despedida. Día tras día, se escabullía al baño para leer los memorandos de su jefe con una lupa, memorizando cada línea antes de volver a pasarlos a máquina, quedándose en la oficina mucho después de que los demás se hubieran ido. Siguió así durante un año, hasta que finalmente ahorró suficiente dinero para una operación.

Eso es lo que me enseñaron estos líderes, día a día: una fortaleza de espíritu que no había imaginado. Me contaban historias que eran como explicaciones de su esencia. Historias llenas de terror y asombro, sucesos que todavía les atormentaban o les inspiraban. Historias sagradas.

Y fue esta constatación, creo, la que finalmente me permitió compartir más de mí mismo con mis colegas, romper el aislamiento que había traído conmigo a Chicago. Al principio temía que mis experiencias en Hawái o Indonesia sonaran demasiado extrañas. No quería perturbar a los habitantes del South Side con lo diferente que era. Pero asentían y se reían, y me ofrecían alguna historia que coincidiera con la mía: un padre extraviado, un roce adolescente con la delincuencia, un momento sencillo de gracia.

No quiero decir que todas estas historias me alegraran el corazón. A veces me encontraba cara a cara con un tipo de fuerza diferente y destructiva.

Un día antes de Navidad, Ruby pasó por mi despacho. Desde que entró, me pareció ver algo diferente en ella, pero no pude determinar qué. Finalmente me di cuenta de que sus ojos, normalmente de un cálido color marrón oscuro que hacía juego con el color de su piel, se habían vuelto de un tono azul opaco, como si alguien hubiera pegado botones de plástico sobre sus iris.

—¿Qué te has hecho en los ojos?

—Oh, eso. —Ruby sacudió la cabeza y se rio—. Son solo lentes de contacto, Barack. ¿Te gustan?

—Tus ojos estaban bien tal como eran.

—Es solo por diversión —replicó, bajando la mirada, repentinamente avergonzada—. Algo distinto, ¿sabes?

Durante el resto del día y hasta el siguiente, pensé en los ojos azules de Ruby. Había manejado mal el momento y la había hecho sentir avergonzada. Me di cuenta de que una parte de mí esperaba que ella y los demás líderes fueran inmunes a las imágenes que nos bombardean y nos hacen sentir inseguros: modelos delgadas en las revistas de moda, hombres de mandíbula cuadrada en coches rápidos, rubias de radiantes ojos azules. Yo también era vulnerable a esas imágenes, pero de alguna manera pensaba que Ruby y las demás serían capaces de superar esas dudas sobre su propia apariencia.

Cuando le mencioné el incidente a una amiga negra, ella planteó la cuestión con más contundencia.

—¿De qué te sorprendes? —dijo impaciente—. ¿De que los negros sigan odiándose a sí mismos?

No, le dije, no me sorprendía. Desde que descubrí las cremas blanqueadoras en aquella revista que había leído en la embajada estadounidense de Yakarta, me había familiarizado con la conciencia del color en la comunidad negra: pelo bueno, pelo malo; labios gruesos, labios finos; preferible tener la piel clara que la piel oscura.

Al mismo tiempo, había aprendido a no dar demasiada importancia a los que decían que la autoestima era la cura para todos nuestros males, tanto para el abuso de sustancias como para el embarazo adolescente y los crímenes entre personas negras. "Autoestima" era una palabra demasiado vaga y fácil para las heridas que nos habíamos guardado. ¿Pero qué significaba exactamente? ¿No te gustabas a ti mismo por tu color de piel? ¿O porque no sabías leer y no podías conseguir trabajo? ¿La sensación de vacío que sentías se debía a tu pelo rulo? ¿O al hecho de que tu apartamento no tenía calefacción ni muebles decentes? Todo estaba mezclado.

Quizás con más autoestima menos negros serían pobres, pensé. ¿Pero no sería mejor concentrarse en otras cosas además del tono de la piel y el color de los ojos, cosas en las que todos estuviéramos de acuerdo, cosas que pudiéramos controlar? Darle a esa persona negra algunas habilidades y un trabajo. Enseñarle a ese niño negro a leer y hacer cálculos en una escuela segura y bien financiada. Una vez solucionado lo básico, cada uno de nosotros podría buscar su propio sentido de la autoestima.

Eso es lo que pensaba hasta que Ruby y sus lentes de contacto me sacudieron. Tal vez estaba tan centrado en mejorar las realidades prácticas de la vida de los negros que no había dado suficiente importancia al dolor y las distorsiones que persisten en nuestro interior. Todos los días veía y oía pruebas de ese tipo de odio a uno mismo. Un líder negro me explicó casualmente que nunca trataba con contratistas negros:

—Un negro lo estropeará y acabaré pagándole a los blancos para que hagan el trabajo otra vez.

Otro me dijo que no podía movilizar a la gente de su iglesia porque "la gente negra es perezosa, no quiere hacer nada".

A menudo utilizaban la palabra *nigger* en lugar de negro. Siempre pensé que la gente negra usaba esta palabra de forma irónica, para demostrar que éramos tan fuertes que podíamos burlarnos de la manera en que otros nos despreciaban. Eso fue hasta la primera vez que oí a una joven madre usarla con su hijo para decirle que no llegaría a nada en la vida. Eso fue hasta que oí a los adolescentes utilizarla para herirse unos a otros. Incluso cuando los negros la utilizaban, el significado original de la palabra nunca desapareció del todo. Una de nuestras defensas para no salir heridos es atacarnos entre nosotros primero.

Esas historias sagradas que había escuchado sobre el valor y el sacrificio y la superación de grandes adversidades tenían un lado oscuro: la mayoría era el resultado de la lucha de la gente contra el odio. Enterrada en lo más profundo de esas personas, incluso en aquellas que habían triunfado, estaba la imagen de los blancos que las habían menospreciado. A veces era un solo rostro blanco, pero otras veces era la imagen sin rostro de un sistema que reclamaba poder sobre nuestras vidas.

¿Podrían restablecerse los lazos de nuestra comunidad sin rechazar la figura fantasmal que perseguía los sueños de los negros? ¿Podría Ruby amarse a sí misma sin odiar los ojos azules?

RAFIQ AL-SHABAZZ había resuelto estas cuestiones en su mente y había construido su carrera en Chicago fomentando la desconfianza hacia los blancos. Era un hombre delgado y enjuto, con barba de chivo y gorra. Era exmiembro de una banda, y ahora había formado una organización que, según él, se dedicaba a la capacitación de los negros y al desarrollo económico. Según Rafiq, su coalición, con sede en Roseland, un barrio mayoritariamente negro y con dificultades económicas, había sido fundamental para ayudar al alcalde Washington a ser elegido. Sin embargo, por lo que me contaron los líderes de mi comunidad, Rafiq dedicaba la mayor parte de su tiempo a intimidar a empresas locales y a funcionarios electos para que le dieran pequeños contratos para suministrar "ayuda a la comunidad" y otros emprendimientos vagamente definidos. De hecho, solo cuando ya habíamos negociado con la ciudad de Chicago la apertura de un nuevo centro de formación laboral, Rafiq me llamó y me lanzó un vertiginoso monólogo.

—Tenemos que hablar, Barack —dijo—. Lo que están intentando hacer con la formación laboral tiene que encajar en el plan global de desarrollo en el que yo he estado trabajando. No se puede pensar en esto de forma aislada… hay que ver el panorama general. No entiendes las fuerzas que actúan aquí. Es grande, hombre. Hay todo tipo de gente dispuesta a apuñalarte por la espalda.

A pesar de mis dudas, no quería excluir a gente como Rafiq, y formamos una alianza incómoda. No fue muy bien recibido por mis colegas. Durante las discusiones grupales, él interrumpía para despotricar sobre conspiraciones y sobre los negros que vendían a los suyos, y todos los demás guardaban silencio, sin saber qué decir.

Cuando estábamos solos, sin embargo, Rafiq y yo podíamos mantener a veces conversaciones normales, y llegué a admirar su determinación y su audacia. Me confirmó que había sido el líder de una banda cuando vivía en Altgeld Gardens.

—Si no hubiera sido por el islam, probablemente estaría muerto —me dijo—. Solo tenía una actitud negativa, me entiendes. Creciendo en Altgeld, me empapé de todo el veneno que nos da el hombre blanco. Verás, la gente con la que trabajas tiene el mismo problema, aunque todavía no se den cuenta. Se pasan media vida preocupados por lo que piensan los blancos. Saben lo que este país le ha hecho a su mamá, a su papá, a su hermana.

Así que la verdad es que odian a los blancos, pero no se lo pueden admitir. Se lo guardan todo, luchando contra *ellos mismos*. Así desperdician mucha energía.

Esa era la verdad tal y como la veía Rafiq. Su lealtad era hacia la familia, la mezquita y la raza negra. Desconfiaba de todos los demás. Para él, fue la autoestima negra la que había llevado a Washington a la alcaldía, al igual que la autoestima negra había cambiado la vida de los drogadictos con la guía de sus hermanos musulmanes. El progreso estaba a nuestro alcance siempre que no nos traicionáramos a nosotros mismos.

Pero ¿cómo se define la traición? Con eso había estado luchando desde que comencé a leer la autobiografía de Malcolm X. Me sentía convencido de que el mensaje positivo de la solidaridad, la autosuficiencia y la disciplina de los negros no tenía por qué depender del odio a los blancos. Podíamos señalarle a este país sus errores sin dejar de creer en su capacidad de cambio.

Para Rafiq, sin embargo, culparnos a nosotros mismos de cualquier cosa significaría aceptar las explicaciones que algunos blancos siempre habían ofrecido sobre la pobreza de los negros: que éramos genéticamente inferiores, que nuestra cultura era débil. Le decía a la gente que el odio a sí mismos que sentían, lo que les hacía seguir bebiendo o robando, había sido sembrado por los blancos. Elimínalos de tu mente y tu verdadero poder será liberado.

A pesar de todo el amor que profesaba por los negros, Rafiq parecía desconfiar mucho de ellos. Una vez, después de una reunión especialmente espinosa con el gobierno de la ciudad, le pregunté si podía reunir a sus seguidores en caso de que necesitáramos armar una manifestación en público.

—No tengo tiempo para andar repartiendo folletos tratando de explicarle cosas al público —dijo Rafiq—. A la mayoría de la gente de aquí le da igual una cosa u otra. A los que sí les importa, son unos traidores que van a tratar de estropear las cosas.

No estaba de acuerdo con el pensamiento de Rafiq, pero también sabía la verdadera razón de su falta de eficacia. Ni su organización ni su mezquita tenían más de cincuenta miembros. La razón por la que tenía influencia era que se presentaba en muchas reuniones y le gritaba a sus oponentes hasta que cedieran.

El programa de "nacionalismo negro" de Rafiq podía prosperar como emoción, ganando el aplauso del adolescente desempleado que escuchaba la radio o del empresario que veía la televisión a altas horas de la noche, pero fracasaba cuando se trataba de lograr algo concreto.

Lo que los nacionalistas negros no aceptaban era que los blancos no eran solo fantasmas que había que borrar de nuestros sueños; eran parte de nuestra vida cotidiana. Incluso los negros que simpatizaban con los nacionalistas negros tenían que tomar decisiones prácticas cada día. El contable negro tenía que pensárselo dos veces antes de elegir hacer negocios en un banco de propiedad negra si le cobraba más por la cuenta corriente y no podía permitirse el riesgo de concederle un préstamo. La enfermera negra podría decir: "Los blancos con los que trabajo no son tan malos, y aunque lo fueran, no puedo dejar mi trabajo, ¿quién va a pagar mi alquiler mañana o alimentar a mis hijos hoy?".

Rafiq no tenía respuestas preparadas a esas preguntas; le interesaba menos cambiar las reglas del poder que el color de los que lo tenían y disfrutaban de sus privilegios. Su planteamiento era, en realidad, lo mismo que Malcolm X había tratado de erradicar: una fuente de alimento para la fantasía, una excusa más para la inacción.

Afortunadamente, nadie en el vecindario parecía tomarse el discurso de Rafiq muy en serio. Lo veían solo como eso, un discurso. Lo que más me preocupaba era la distancia que existía entre nuestras palabras y nuestros actos. ¿Acaso la autoestima no depende finalmente de nuestra capacidad para traducir las palabras en acciones? Fue esa convicción la que me llevó al trabajo comunitario, y fue esa creencia la que me llevó a concluir que las nociones de pureza, de raza o de cultura, no podían ser la base de la autoestima negra.

Nuestro sentido de integridad tendría que surgir de algo más fino que las líneas de sangre que hemos heredado. Tendría que venir de los detalles desordenados y contradictorios de nuestra propia experiencia.

CAPÍTULO 10

orrí a la sala de llegadas del aeropuerto tan rápido como pude. Jadeando, di varias vueltas, escrutando la multitud de indios, alemanes, polacos, tailandeses y checos que recogían su equipaje.

¡Debí haber llegado antes! Quizá se había preocupado y había intentado llamarme. ¿Y si pasó delante de mí y no la reconocí?

Miré la fotografía que tenía en la mano, la que me había enviado dos meses antes, ahora manchada de tanto manipularla.

Entonces levanté la vista y la imagen cobró vida: una mujer keniana saliendo por la puerta de la aduana, moviéndose con pasos fáciles y elegantes. Sus ojos brillantes e inquisitivos se fijaron en los míos.

—¿Barack?

—¿Auma?

—Oh, Dios…

Levanté a mi hermana del suelo mientras nos abrazábamos. Nos reíamos y reíamos mientras nos mirábamos. Recogí su bolso y empezamos a caminar hacia el aparcamiento, y ella entrelazó su brazo con el mío. Y en ese momento supe, de alguna manera, que la amaba de forma natural, fácil y feroz. Incluso ahora no puedo explicarlo; solo sé que era amor verdadero, y lo sigue siendo, y estoy agradecido por ello.

—Entonces, hermano, cuéntamelo todo —dijo Auma mientras conducíamos hacia Chicago.

—¿Sobre qué?

—Tu vida, por supuesto.

Le hablé de Chicago y Nueva York, de mi trabajo como organizador, de mi madre y mis abuelos y de Maya. Había oído a nuestro padre hablar tanto de ellos, dijo, que se sentía como si ya los conociera. Habló de Alemania, donde estaba tratando de terminar un máster en lingüística.

—Supongo que no tengo derecho a quejarme —dijo—. Tengo una beca, un apartamento. No sé qué estaría haciendo si siguiera en Kenia. Pero los alemanes… se consideran muy liberales en lo que se refiere a los africanos, pero si rascas la superficie ves que siguen teniendo las actitudes de su infancia. En los cuentos alemanes, los negros son siempre los duendes. A veces trato de imaginar lo que debió ser para el Viejo dejar su hogar por primera vez y si sintió esa misma soledad…

El Viejo, así era como Auma llamaba a nuestro padre. Sonaba bien, a la vez familiar y distante, como una fuerza elemental que no se entiende del todo. Ya en mi apartamento, Auma levantó una foto de él de mi estantería.

—Luce tan inocente, ¿verdad? Tan joven. —Sostuvo la foto junto a mi cara—. Tienes la misma boca.

Le dije que debía acostarse y descansar un poco mientras yo iba a la oficina.

Negó con la cabeza.

—No estoy cansada. Déjame ir contigo.

—Te sentirás mejor si te echas una siesta —dije.

—¡Ah, Barack! Veo que eres mandón como el Viejo. ¿Y solo lo conociste una vez? Debe ir en la sangre.

Me reí, pero ella no. Sus ojos recorrieron mi cara como si fuera un rompecabezas que había que resolver.

Esa tarde le di una vuelta por el South Side, el mismo recorrido que había hecho en mis primeros días en Chicago, solo que, ahora, con algunos recuerdos propios. Cuando pasamos por mi oficina, Angela, Mona y Shirley estaban allí. Le preguntaron a Auma todo sobre Kenia y cómo se trenzaba el pelo y por qué hablaba tan bonito, como la reina de Inglaterra, y las cuatro se divirtieron mucho hablando de mí y de todas mis extrañas costumbres.

—Parecen tenerte mucho cariño —me dijo Auma después—. Me recuerdan a nuestras tías de casa.

Bajó la ventanilla y puso la cara al viento, viendo pasar la avenida Michigan, los restos destruidos de un teatro antaño famoso, un garaje lleno de coches oxidados.

—¿Estás haciendo esto por ellas, Barack? —preguntó, volviéndose hacia mí—. ¿Esto de organización comunitaria?

Me encogí de hombros.

—Por ellas y por mí.

La misma expresión de perplejidad y miedo volvió a aparecer en el rostro de Auma.

—No me gusta mucho la política —dijo.

—¿Por qué?

—No lo sé. La gente siempre termina decepcionada.

Cuando llegamos a casa había una carta esperándola en mi buzón; era del estudiante de derecho alemán con el que había estado saliendo. Tenía al menos siete páginas y, mientras yo preparaba la cena, ella se sentó en la mesa de la cocina y se rio y suspiró y chasqueó la lengua. Me dijo que se llamaba Otto y que era diferente a muchos de los alemanes que había conocido.

—¡Es tan dulce! ¡Y a veces lo trato tan mal! No sé, Barack. A veces pienso que me es imposible confiar completamente en alguien. Pienso en lo que el Viejo hizo de su vida, y la idea del matrimonio me produce, cómo se dice… escalofríos. Además, con Otto y su carrera, tendríamos que vivir en Alemania. Imagino lo que sería vivir toda mi vida como extranjera, y no creo que pudiera soportarlo.

Dobló la carta y la volvió a meter en el sobre.

—¿Y tú, Barack? —preguntó—, ¿tienes estos problemas, o es solo tu hermana la que está tan confundida?

—Creo que sé lo que sientes.

—Cuéntame.

—Bueno… había una mujer en Nueva York a la que amé. Era blanca. Tenía el pelo oscuro y manchas verdes en los ojos. Su voz sonaba como campanillas al viento. Nos vimos durante casi un año. Fue como dejarse caer en un mundo propio, privado, ¿sabes? Dos personas solas, ocultas y cálidas. Con su propio idioma, sus propias costumbres. Así fue. Como sea, un fin de semana me invitó a la casa de campo de su familia. Los padres estaban allí y fueron muy amables. Era otoño, hermoso, con bosques a nuestro alrededor, y remamos en canoa en un lago redondo y helado con pequeñas hojas doradas en la orilla. La familia conocía cada centímetro de la tierra. Sabían cómo se habían formado las colinas, cómo las derivas glaciares habían creado el lago, los nombres de los primeros colonos blancos, sus antepasados, y los nombres de los indios americanos que habían cazado allí antes de eso. La biblioteca estaba llena de libros antiguos y fotos de su abuelo con personajes famosos, presidentes, diplomáticos, empresarios. De pie en aquella habitación, me di cuenta de que nuestros dos mundos estaban tan alejados el uno del otro como Kenia de Alemania. Y entendí que si seguíamos juntos acabaría viviendo en su mundo. Al fin y al cabo, había vivido en el mundo de otras personas la mayor parte de mi vida. De los dos, yo era el que sabía vivir como un extraño.

—¿Y qué pasó?

—La aparté y luego rompimos. —Me encogí de hombros—. Por supuesto, aunque ella hubiera sido más parecida a mí, probablemente no habría funcionado. Hay varias mujeres negras que me han roto el corazón con igual fuerza.

—¿Sabes algo de ella?

—Recibí una postal en Navidad. Ahora es feliz; conoció a alguien. Y yo tengo mi trabajo.

—¿Eso es suficiente?

—A veces.

ME TOMÉ el día siguiente libre para poder pasar tiempo juntos. Pero no hablamos mucho de nuestro padre. Fue solo aquella noche, después de la cena y de un largo paseo a lo largo del muro de contención del lago, que ambos sentimos que no podríamos ir más allá hasta que tocáramos el tema.

Preparé un poco de té y Auma empezó a hablarme del Viejo, al menos de lo que recordaba.

—No puedo decir que lo haya conocido de verdad —comenzó—. Tal vez nadie lo conoció realmente. Su vida fue muy dispersa. La gente apenas conocía retazos, incluso sus propios hijos. Yo le tenía miedo. Estaba lejos cuando yo nací; en Hawái con tu madre y luego en Harvard. Cuando regresó a Kenia, nuestro hermano mayor Roy y yo éramos pequeños. Vivíamos con nuestra madre en el campo, en Alego. El Viejo volvió con una mujer estadounidense llamada Ruth, y nos separó de nuestra madre para vivir con ellos en Nairobi. Ruth era la primera persona blanca a la que me acercaba, y de repente se suponía que era mi nueva madre.

—¿Por qué no te quedaste con tu propia madre?

Auma negó con la cabeza.

—No lo sé exactamente. En Kenia, los hombres se quedan con los hijos en caso de divorcio, si los quieren. Le pregunté a mi madre, pero es difícil para ella hablar del tema. Pensó que estaríamos mejor viviendo con el Viejo porque era rico. En aquellos primeros años, al Viejo le iba muy bien. Trabajaba para una empresa petrolera estadounidense. Solo habían pasado unos años desde la independencia de Kenia y estaba bien relacionado con los altos cargos del gobierno. Había ido a la escuela con ellos. El vicepresidente y los ministros venían de visita a la casa. Tenía una gran casa y un gran coche, y todo el mundo estaba impresionado porque era muy joven y tenía mucha educación en el extranjero. Y tenía una esposa estadounidense, lo que todavía era raro, aunque más tarde, cuando todavía estaba casado con Ruth, salía a veces con mi verdadera madre. Como si tuviera que demostrarle a la gente que también podía tener a esa hermosa mujer africana cuando quisiera.

"Ruth era bastante amable con nosotros. Nos trataba casi como a sus propios hijos. Sus padres eran ricos, creo, y nos enviaban regalos bonitos desde Estados Unidos; me emocionaba mucho cada vez que llegaba un paquete de ellos. Pero luego, las cosas empezaron a cambiar. Cuando Ruth dio a luz a Mark y a David, su atención se desplazó hacia ellos. El Viejo dejó la empresa estadounidense para trabajar en el gobierno. Puede que tuviera ambiciones políticas. Pero en 1966 o 1967, las divisiones en Kenia se habían agravado. El vicepresidente se quejaba de que el gobierno se estaba corrompiendo. Había terribles luchas entre las tribus. Empezaron a suceder asesinatos.

"La mayoría de los amigos del Viejo se callaron y aprendieron a vivir con ello. Pero él empezó a hablar: le decía a la gente que las peleas iban a arruinar el país. Sus amigos trataron de advertirle de que no dijera esas cosas en público, pero a él no le importaba; siempre pensaba que sabía lo que era mejor. Entonces, se corrió la voz de que el Viejo era un alborotador. El presidente lo llamó y le dijo que, como no podía mantener la boca cerrada, no volvería a trabajar hasta que no tuviera zapatos en los pies.

"No sé si muchos de estos detalles sean reales, pero sé que, con el presidente de enemigo, las cosas se pusieron muy mal para el Viejo. Fue expulsado del gobierno, e incluso se les ordenó a las empresas extranjeras que no lo contrataran. Finalmente, tuvo que aceptar un pequeño trabajo en el Departamento de Aguas. Incluso eso fue posible solo porque uno de sus amigos se compadeció de él. El Viejo empezó a beber en exceso, y muchas de las personas que conocía dejaron de venir a visitarle porque ahora era peligroso que las vieran con él. Le decían que tal vez su situación mejoraría si se disculpaba, pero él seguía diciendo lo que se le pasara por la cabeza.

"Apenas comencé a entender la mayor parte de esto cuando fui mayor. En aquel momento solo veía que la vida en casa se estaba volviendo muy difícil. El Viejo nunca nos hablaba a Roy ni a mí, salvo para regañarnos. Llegaba a casa muy tarde, borracho, y yo escuchaba cómo le gritaba a Ruth, diciéndole que le hiciera la comida. Ruth comenzó a resentir mucho estos cambios en el Viejo. A veces, cuando él no estaba en casa, nos decía a Roy y a mí que estaba loco. Yo no la culpaba, probablemente estaba de acuerdo. Pero noté que, incluso más que antes, nos trataba de forma diferente que a sus dos hijos. Roy y yo nos sentíamos como si no tuviéramos a nadie.

"Ruth se fue cuando yo tenía doce o trece años, después de que el Viejo tuviera un grave accidente de coche. Había estado bebiendo, creo, y el conductor del otro coche, un granjero blanco, murió. El Viejo estuvo en el hospital mucho tiempo, casi un año, y Roy y yo vivimos básicamente solos. Cuando el Viejo salió por fin del hospital, fue a visitarlos a ti y a tu madre a Hawái. Nos dijo que ustedes regresarían con él y seríamos una familia de verdad. Pero volvió solo, y nos quedó a Roy y a mí lidiar con él.

"Esa fue una época terrible. No teníamos dónde vivir e íbamos de pariente en pariente. El Viejo tenía tan poco dinero que tenía que pedir prestado a sus familiares solo para comer. Creo que esto lo avergonzaba más y su temperamento empeoraba. Nunca admitía que algo anduviera mal. Creo que eso es lo que más me dolía, la forma en que seguía dándose aires de que éramos los hijos del Dr. Obama. Nuestra alacena estaba vacía mientras él donaba dinero a organizaciones benéficas solo para mantener las apariencias.

"Finalmente, Roy se fue, y me quedé yo sola con el Viejo. A veces me quedaba despierta la mitad de la noche esperando que volviera a casa, preocupada por si había ocurrido algo horrible. Llegaba borracho, entraba en mi habitación y me despertaba porque quería compañía o algo de comer. Hablaba de lo infeliz que era y de cómo lo habían traicionado. Yo tenía tanto sueño que no entendía nada de lo que decía.

"Lo único que me salvó fue la secundaria Kenia. Era un internado femenino muy estricto, y cuando estaba en sesión me quedaba allí en lugar de estar con el Viejo. La escuela me dio un poco de sentido de orden; algo a lo que aferrarme.

"Hubo un año en que el Viejo no pudo siquiera pagar mis gastos de escolaridad, y me enviaron a casa. Estaba tan avergonzada que lloré toda la noche. Pero tuve suerte. Una de las directoras me dio una beca que me permitió quedarme. Es triste decirlo, pero por mucho que me importara el Viejo, me alegraba no tener que vivir más con él.

"En mis dos últimos años de instituto la situación del Viejo mejoró. El presidente murió, y nuestro padre consiguió un trabajo en el Ministerio de Finanzas y empezó a tener dinero e influencia de nuevo. Pero nunca superó su amargura por ver que la gente con la que se había criado, los que mostraban más sentido político, ascendían por encima de él. Y ya era demasiado tarde para recoger los pedazos de su familia. Durante mucho tiempo vivió solo en una habitación de hotel, incluso cuando podía volver a comprar una casa. Casi nunca nos veíamos, y cuando lo hacíamos, no sabía cómo comportarse conmigo. Éramos como extraños, pero él seguía queriendo fingir que era un padre modelo y que podía decirme cómo comportarme.

"Fue solo después de conseguir mi beca para estudiar en Alemania que empecé a soltar parte de la rabia que sentía hacia él. Con la distancia pude ver lo que había pasado, que ni siquiera él se había entendido realmente a sí mismo.

"Solo al final, después de haber hecho un desastre de su vida, creo que estaba empezando a cambiar. La última vez que lo vi estaba en un viaje de negocios, representando a Kenia en una conferencia en Europa. No estaba segura de cómo irían las cosas, porque no habíamos hablado en mucho tiempo. Pero cuando llegó a Alemania se veía realmente relajado, casi tranquilo. Lo pasamos muy bien, ¿sabes?, ¡incluso cuando estaba siendo completamente irracional podía ser encantador! Me llevó a Londres, nos alojamos en un hotel de lujo y me presentó a todos sus amigos en un club británico. Me apartaba las sillas y armó un gran alboroto diciéndole a sus amigos lo orgulloso que estaba de mí. Me sentí como una niña pequeña otra vez. Como su princesa".

Por un rato, Auma había estado mirando la fotografía de nuestro padre, enfocada suavemente en la tenue luz. Ahora se levantó y se acercó a la ventana, de espaldas a mí. Empezó a temblar violentamente, y yo me acerqué a ella y la abracé mientras lloraba.

—¿Lo ves, Barack? —dijo entre sollozos—. Estaba empezando a conocerlo. Estaba llegando al punto en el que… en el que podría haberse explicado. Podría haber dado un giro, haber encontrado algo de paz interior. Cuando murió, me sentí tan… engañada. Tan engañada como debes haberte sentido.

El cuerpo de Auma se enderezó de repente y se limpió los ojos con la manga de su camisa.

—Ah, mira lo que le has hecho hacer a tu hermana —dijo.

—¡El Viejo solía hablar tanto de ti! Nos enseñaba tu foto a todos y nos contaba lo bien que te iba en la escuela. Supongo que tu madre y él se escribían. Creo que esas cartas le reconfortaban mucho. En los momentos realmente malos, cuando todo el mundo parecía haberse vuelto contra él, traía sus cartas a mi habitación y empezaba a leerlas en voz alta. "¡Ves!", decía. "Al menos hay gente que se preocupa de verdad por mí".

Al cabo de un rato, Auma se acurrucó bajo una manta y se quedó profundamente dormida. Pero yo permanecí despierto, mirando la quietud de su rostro, escuchando el ritmo de su respiración, tratando de encontrar algún sentido a todo lo que había dicho. Me sentí como si mi mundo se hubiera puesto al revés, como si me hubiera despertado para encontrar un sol azul en un cielo amarillo. Toda mi vida había tenido una sola imagen de mi padre, contra la que a veces me había rebelado, pero que nunca había cuestionado: el brillante erudito, el amigo generoso, el líder íntegro. Como no estaba allí, no había tenido ninguna razón para cambiar esa imagen. Nunca había visto lo que la mayoría de los hombres ve en algún momento de su vida: el cuerpo de su padre encogiéndose, las esperanzas de su padre truncadas, el rostro de su padre surcado por la pena y el arrepentimiento.

Había visto la debilidad en otros hombres, el abuelo y sus decepciones, Lolo y sus problemas. Los amaba y los respetaba por las luchas que atravesaban, reconociéndolas como propias, pero nunca quise seguir sus pasos. Mi padre era diferente. Su voz había permanecido impoluta, siempre inspiradora. Me lo imaginaba con las cualidades de hombres negros heroicos como W.E.B. Du Bois o Nelson Mandela. Casi podía oírle reprendiéndome: "No trabajas lo suficiente, Barry. Debes ayudar en la lucha de tu pueblo. ¡Despierta, hombre negro!".

Ahora, bajo el resplandor de una sola bombilla, esa imagen había desaparecido de repente. Reemplazada por... ¿qué? ¿Un borracho amargado? ¿Un marido maltratador? ¿Un burócrata derrotado y solitario? Pensar que toda mi vida había estado luchando con alguien que no existía.

Si Auma no hubiera estado en la habitación, probablemente me habría reído a carcajadas. El rey ha sido derrocado, pensé. El hombre detrás de la cortina no es un mago. Puedo hacer lo que me plazca. Haga lo que haga, no lo haré mucho peor que él. La fantasía de mi padre me había evitado la desesperación. Ahora estaba muerto de verdad. Ya no podía decirme cómo vivir.

Lo único que podía decirme, quizá, era lo que le había sucedido. ¿Qué había pasado con su vigor? ¿Con su futuro prometedor? No había sido capaz de contarme sus verdaderos sentimientos cuando regresó a Hawái, igual que yo no había sido capaz de expresarle mis deseos a mis diez años. Observé el rostro dormido de Auma y vi el precio que habíamos pagado por ese silencio.

DIEZ DÍAS DESPUÉS, Auma y yo estábamos sentados en los asientos de plástico de la terminal del aeropuerto, mirando los aviones. Le pregunté en qué estaba pensando y sonrió suavemente.

—Estaba pensando en Alego —dijo—. En Home Square, la tierra de nuestro abuelo, donde todavía vive la abuela. Es el lugar más hermoso, Barack. Cuando estoy en Alemania, hace frío fuera y me siento sola, cierro los ojos y me imagino que estoy allí: en la casa, rodeada de grandes árboles que plantó nuestro abuelo. La abuela está hablando, contándome algo divertido, y puedo oír a la vaca moviendo la cola detrás de nosotros, y a las gallinas picoteando. Y bajo el árbol de mango, cerca del maizal, está el lugar donde está enterrado el Viejo...

Su vuelo estaba empezando a embarcar. Nos quedamos sentados y Auma cerró los ojos, apretando mi mano.

—Tenemos que ir a casa —dijo—. Tenemos que ir a casa, Barack, y verlo allí.

CAPÍTULO 11

Un día el alcalde Harold Washington vino de visita.

No me estaba visitando a mí personalmente; venía a cortar la cinta del nuevo centro MET, *Mayor's Office of Employment and Training*, la oficina de Empleo y Formación de la Alcaldía. Su presencia se consideró una gran victoria, y durante semanas Rafiq había rogado que las actividades comenzaran en su edificio. Era uno de los muchos que querían una foto con Washington.

—Te has hecho muy popular, Barack —dijo mi secretaria cuando volvió a sonar el teléfono.

Miré ahora a la multitud que se había reunido en el interior del almacén de Rafiq, en su mayoría políticos y allegados, todos ellos asomándose a la puerta cada pocos minutos mientras los policías vestidos de civil hablaban por sus walkie-talkies y examinaban la escena.

—Recuerda —le dije a Angela—, intenta que el alcalde se comprometa a venir a nuestro mitin en otoño. Háblale de todo el trabajo que estamos haciendo aquí, y de por qué.

En ese momento, un murmullo recorrió la multitud, y luego una repentina quietud. Una gran caravana se detuvo frente al almacén, se abrió la puerta de una limusina y allí estaba El Hombre en persona. Llevaba un sencillo traje azul y una gabardina arrugada; su pelo gris lucía un poco desordenado y era más bajo de lo que yo esperaba. Sin embargo, tenía presencia, y portaba la sonrisa de un hombre en la cima de sus poderes. La multitud coreaba: "¡Ha-rold! ¡Ha-rold!", y el alcalde hizo una pequeña pirueta, con la mano levantada en señal de reconocimiento.

Comenzó a abrirse paso entre la multitud, pasando delante del senador y el concejal, delante de Rafiq y de mí. Hasta que finalmente se detuvo frente a Angela.

—Sra. Rider. —Le cogió la mano y le hizo una ligera reverencia—. Es un placer. He oído hablar muy bien de su trabajo.

Parecía que Angela iba a desmayarse. El alcalde le ofreció su brazo y juntos se dirigieron hacia la puerta, con la multitud presionando detrás de ellos.

—Cariño, ¿puedes creer esto? —le susurró Shirley a Mona.

La ceremonia duró unos quince minutos. El alcalde nos felicitó por nuestra participación cívica, mientras el senador y el concejal se disputaban el lugar detrás de él, sonriendo ampliamente para los fotógrafos que habían contratado. Se cortó la cinta y eso fue todo.

Cuando la limusina se alejó a toda velocidad, la multitud se dispersó casi al instante y apenas quedamos unos pocos en la calle llena de basura.

Me acerqué a Angela, que estaba ocupada riendo y cacareando con Shirley y Mona.

—¿Aceptó venir a nuestro mitin? —le pregunté a Angela.

Las tres me miraron impacientes.

—¿Qué mitin?

Levanté las manos y me alejé de allí. Estaba furioso por haberlo olvidado. Cuando llegué a mi coche, el diácono Wilbur Milton, copresidente de nuestra organización, se acercó por detrás. Con su corta barba rojiza y sus redondas mejillas, siempre me recordaba a Papá Noel.

—¿Adónde vas con tanta prisa? —dijo.

—No lo sé —contesté, furibundo—. A donde sea. ¿Quieres saber una cosa, Will?

—¿Qué?

—Nos comportamos como un grupo de niños deslumbrados. Aquí estamos, con la oportunidad de demostrarle al alcalde que somos verdaderos actores en la ciudad, y en vez de eso nos preocupamos por si nos tomamos una foto con él.

—¿Es decir que no lograste tomarte una foto con él?

Will sonrió y levantó una foto *polaroid* de él y el alcalde. Me puso una mano en el hombro.

—Tienes que relajarte un poco. Lo que tú llamas nimiedad fue lo más divertido que Angela y los demás han tenido en todo el año. Les hizo sentirse importantes. Y tú lo hiciste posible. ¿Y qué si se olvidaron de invitar a Harold a un mitin? Siempre podemos volver a llamarlo.

—Solo estoy frustrado.

—Quieres que todo ocurra rápido. Como si tuvieras que demostrar algo aquí. No tienes que demostrarnos nada, Barack. Te queremos, hombre. ¡Jesús te quiere!

CASI UN AÑO había pasado desde mi llegada a Chicago y no solo Angela, Mona y Shirley seguían con nosotros, sino que nuestro trabajo estaba empezando a marcar la diferencia. Un grupo de calle que habíamos reunido contaba con cincuenta miembros que organizaban limpiezas vecinales, patrocinaba carreras para los jóvenes y lograban acuerdos para mejorar el saneamiento de la zona. Se reacondicionaron parques y zonas recreativas en mal estado, se repararon las calles y se pusieron en marcha programas de vigilancia contra la delincuencia. Y ahora había un nuevo centro de trabajo donde antes había estado un escaparate vacío.

Empecé a recibir invitaciones para formar parte de grupos de trabajo y dirigir talleres; los políticos locales conocían mi nombre, aunque no supieran pronunciarlo.

—Tendrías que haberle visto cuando llegó aquí —le dijo Shirley a un nuevo líder—. Era solo un niño. Te juro que, si lo miras ahora, pensarás que es una persona diferente.

Hablaba como una madre orgullosa.

Todo esto debía haber sido suficiente. Sin embargo, no me sentía satisfecho. Quizás tenía que ver con todo lo que Auma me había contado sobre el Viejo. Antes de su visita, había sentido la necesidad de estar a la altura de sus expectativas. Ahora sentía como si tuviera que compensar todos sus errores, aunque no supiera muy bien cuáles eran.

El cambio, el verdadero cambio, me había parecido un objetivo alcanzable en mis años de la universidad: una cuestión de voluntad personal y de la fe de mi madre. Si quería aumentar mi promedio de notas o beber menos alcohol, era una simple cuestión de responsabilidad. Pero ahora nada parecía sencillo.

¿Quién era el responsable del desorden y el deterioro de un lugar como Altgeld? No había un elenco de políticos malvados que se dedicaban a masticar puros, ni sheriffs racistas que oprimían el vecindario. Los que ostentaban el poder en Altgeld eran administradores pagados o miembros del consejo de inquilinos, un pequeño grupo de hombres y mujeres negros de edad avanzada, todos ellos cansados tras una vida de dificultades. La mayoría no tenía malas intenciones, pero eran de temer, a veces codiciosos de poder y prebendas. Entre la gente del barrio había profesores, consejeros de drogas y agentes de policía. Algunos estaban allí solo por el sueldo; otros querían ayudar sinceramente, pero habían perdido la confianza en su capacidad para evitar que el mundo que les rodeaba se desmoronara lentamente. Con esa pérdida de confianza llegó la pérdida de la capacidad de indignación. Y así, la idea de la responsabilidad, la propia y la de los demás, fue sustituida lentamente por el humor cínico y las bajas expectativas.

Así que, al final, sí tenía algo que probar: que lo que hacía contaba para algo, que no era un tonto persiguiendo sueños imposibles.

FUE LA DRA. MARTHA Collier quien finalmente me sacó de mi depresión. Era la directora de Carver, una de las dos escuelas primarias de Altgeld. El día que la conocí, una chica estaba saliendo de su despacho.

—Es la madre de uno de nuestros niños —me dijo la Dra. Collier—. Una drogadicta. Detuvieron a su novio anoche y no puede pagar la fianza. Dígame, ¿qué puede hacer su organización por alguien como ella?

—Esperaba que usted tuviera alguna sugerencia —dije.

—No estoy segura, salvo derribar todo este lugar y darle a la gente la oportunidad de empezar de nuevo.

Había sido profesora durante veinte años y directora durante diez, y había luchado por crear un centro que incluyera a los padres adolescentes en las aulas para aprender junto a sus hijos.

—La mayoría de los padres aquí quieren lo mejor para sus hijos —explicó la Dra. Collier—. Solo que no saben cómo dárselo. Así que les aconsejamos sobre nutrición, cuidado de la salud, cómo manejar el estrés. Enseñamos a leer a los que lo necesitan para que puedan leerle a sus hijos en casa. Lo que no podemos hacer es cambiar el entorno al que estas niñas y sus bebés regresan cada día.

Mientras me acompañaba a la salida, vi una fila tambaleante de niños de cinco y seis años. Qué felices, curiosos y confiados lucían todos, a pesar de la difícil forma en que habían llegado al mundo, pobres, a menudo sin padres, con madres demasiado jóvenes o adictas a las drogas.

—Hermosos, ¿no? —dijo la Dra. Collier—. El cambio viene después.

—¿Qué cambio?

—Cuando sus ojos dejan de reír. Cuando apagan algo en su interior.

Empecé a pasar varias horas a la semana con esos niños y sus padres. Todas las madres eran adolescentes o veinteañeras; la mayoría había pasado su vida en Altgeld, criadas a su vez por madres adolescentes. Me contaron sobre sus embarazos a los catorce o quince años; que abandonaron la escuela y que rara vez veían a sus padres. Me hablaron de las esperas: para ver a la trabajadora social, para cobrar los cheques de la asistencia social, para tomar el autobús que las llevaría al supermercado más cercano, a ocho kilómetros de distancia, para comprar pañales en descuento.

No eran cínicas, sin embargo; eso me sorprendió. Todavía tenían ambiciones. Una chica, Linda Lowry, me enseñó un álbum lleno de recortes de una revista de casas y jardines, repleto de cocinas blancas y brillantes y suelos de madera. Ella y su hermana, Bernadette, me dijeron que algún día tendrían una casa así. El hijo de Bernadette iría a clases de natación; la hija de Linda, a clases de ballet.

A veces, al escuchar esos sueños tan inocentes, me sorprendía luchando contra el impulso de tomar a estas niñas y a sus bebés en mis brazos, abrazarlos y no soltarlos nunca. Mientras tanto, me sonreían y me preguntaban por qué no estaba casado.

—Supongo que no he encontrado a la mujer adecuada —les decía.

Se reían. Debía parecerles tan inocente como ellas me parecían a mí.

Mi plan para los padres era sencillo. No teníamos el poder de crear puestos de trabajo ni de aportar mucho más dinero a las escuelas, pero podíamos intentar arreglar los baños o lograr que funcionara la calefacción y que se repararan las ventanas. Unas cuantas victorias y quizás los inquilinos se animarían a formar su propia organización.

Fue entonces que descubrimos el amianto.

El amianto es un mineral, en realidad, un conjunto de seis minerales, que puede ser extremadamente peligroso de inhalar. Pero durante mucho tiempo la gente no lo sabía, y por eso durante más de un siglo se utilizaron fibras de amianto para elaborar el aislamiento de las casas, para evitar que se escapara el calor y que entrara el ruido. Con el tiempo, los científicos demostraron que mucha gente había desarrollado cáncer y otros problemas de salud a causa de respirar amianto, por lo que en 1989 la Agencia de Protección Medioambiental de Estados Unidos prohibió la mayoría de sus usos.

El problema era que todavía había mucho amianto en los edificios antiguos, y uno de esos edificios resultó estar en Altgeld. Los inquilinos nunca lo habrían sabido si no fuera porque una mujer llamada Sadie Evans, una de las madres, vio un pequeño anuncio en el periódico local en el que se buscaban contratistas para retirar amianto de la oficina de gerencia de Altgeld.

Sadie era una mujer delgada con una voz chillona que la hacía parecer dolorosamente tímida. Pero cuando nadie más se ofreció, aceptó acompañarme al despacho del Sr. Anderson, el gerente de los edificios. Estaba evidentemente sorprendido de vernos. Sadie le agradeció que nos recibiera con tan poca antelación, luego sacó el recorte de periódico y lo puso sobre su escritorio.

—No hay de qué preocuparse, señora Evans —dijo—. Estamos haciendo renovaciones en este edificio, y cuando los contratistas arrancaron una de las paredes encontraron amianto en las tuberías.

Sadie preguntó:

—¿No deberían tomarse las mismas medidas de precaución en nuestros apartamentos? ¿No hay amianto allí también?

—No —dijo él—. Los hemos examinado a fondo.

—Bueno, eso es un alivio —dijo Sadie—. Gracias.

Estrechó la mano del Sr. Anderson y se dirigió a la puerta. Luego dio la media vuelta.

—Oh, lo siento —dijo—. Olvidé preguntarle algo. A los otros padres... bueno, les gustaría ver una copia de las pruebas que hicieron. Los resultados, quiero decir. Ya sabes, para que todos sientan que sus hijos están a salvo.

—Los registros están en una oficina en el centro de la ciudad —tartamudeó el Sr. Anderson—. Archivados, como comprenderá.

—¿Cree que puede conseguirnos una copia para la semana próxima?

—Sí, bueno... por supuesto. Veré qué puedo hacer. La próxima semana.

Cuando salimos, le dije a Sadie que lo había hecho bien.

—¿Crees que está diciendo la verdad?

—Pronto lo sabremos.

Pasaron dos semanas y las llamadas de Sadie no fueron devueltas. Tampoco nuestras llamadas y cartas a la Autoridad de la Vivienda de Chicago (CHA).

—¿Qué hacemos ahora? —preguntó Bernadette.

—Vamos al centro de la ciudad —dije—. Si no vienen a nosotros, iremos a ellos.

Al día siguiente planeamos nuestra acción. Volvimos a escribir al director de la CHA, informándole que nos presentaríamos en su despacho dentro de dos días para exigir una respuesta a la cuestión del amianto. Publicamos un breve comunicado de prensa. Enviamos a los niños a casa con un volante prendido en sus chaquetas instando a los padres a unirse a nosotros. Bernadette y Linda hicieron llamadas.

Pero cuando llegó el día, solo conté ocho cabezas en el autobús amarillo aparcado frente a la escuela, junto con algunos niños. Los padres dijeron que tenían citas médicas o que no habían encontrado niñeras. Algunos no se molestaron en poner excusas y pasaron por delante de nosotros como si fuéramos mendigos. Todo el mundo lucía deprimido.

—Supongo que esto es todo —le dije a la Dra. Collier.

—Mejor de lo que esperaba —respondió—. El Ejército de Obama.

Una vez que el autobús arrancó, me dirigí a la parte delantera.

—¡Escuchen todos! Vamos a repasar el guión para asegurarnos de que lo tenemos claro. ¿Qué queremos?

—¡Una reunión con el director! —gritaron los pasajeros.

—¿Dónde?

—¡En Altgeld!

—¿Y si dicen que nos darán una respuesta más tarde?

—¡Queremos una respuesta ahora!

La oficina de la CHA estaba en un robusto edificio gris en el centro de la ciudad. Nos bajamos del autobús, entramos en el vestíbulo y nos apretujamos en el ascensor. En la cuarta planta, una recepcionista estaba sentada detrás de un imponente escritorio.

—¿Puedo ayudarlos? —dijo, apenas levantando la vista de su revista.

—Queremos ver al director, por favor —dijo Sadie.

—Sabe que venimos —dije.

—Bueno, no está en su despacho en este momento.

Sadie dijo:

—¿Puede hablar con su adjunto?

La recepcionista nos lanzó una mirada gélida, pero nos mantuvimos firmes.

—Siéntense —dijo finalmente.

Los padres se sentaron y todo el mundo se quedó en silencio. Los niños se reían. Bernadette dijo:

—Siento que estoy esperando para ver al director de la escuela.

—Construyen estas grandes oficinas para que te sientas intimidado —dije—. Solo recuerda que esta es una autoridad pública. La gente que trabaja aquí es responsable ante usted.

—Disculpen —dijo la recepcionista—. El director no podrá atenderles hoy. Cualquier problema que tengan, deben informarle al señor Anderson en Altgeld.

—Mire, ya hemos visto al señor Anderson —dijo Bernadette—. Si el director no está aquí, nos gustaría ver a su adjunto.

—Lo siento, pero eso no es posible. Si no se van ahora mismo, tendré que llamar a seguridad.

En ese momento, las puertas del ascensor se abrieron y entraron varios equipos de televisión, junto con varios periodistas.

—¿Esta es la protesta por el amianto? —me preguntó un reportero.

Señalé a Sadie:

—Ella es la vocera.

Mientras los equipos de televisión se preparaban, Sadie me arrastró a un lado.

—No quiero hablar frente a ninguna cámara. Nunca he salido en la tele.

—Estarás bien.

En unos minutos, las cámaras estaban rodando y Sadie, con la voz ligeramente temblorosa, dio su primera rueda de prensa. Cuando empezó a responder preguntas, una mujer con traje rojo y rímel muy cargado entró corriendo en la recepción. Sonrió con fuerza y se presentó como la asistente del director, la señora Broadnax.

—Siento mucho que el director no esté aquí —dijo—. Si vienen por aquí, estoy segura de que podremos aclarar todo este asunto.

—¿Hay amianto en todas las unidades del CHA? —gritó un periodista.

—¿Se reunirá el director con los padres?

—Nos interesa el mejor resultado posible para los residentes —gritó la Sra. Broadnax por encima de su hombro. La seguimos a una gran sala en la que varios funcionarios sombríos ya estaban sentados alrededor de una mesa de conferencias. La Sra. Broadnax comentó cuán bonitos eran los niños y ofreció a todos café y rosquillas.

—No necesitamos rosquillas —dijo Linda—, necesitamos respuestas.

Y eso fue todo. Sin que yo dijera nada, los padres se enteraron de que no se había hecho ninguna prueba en sus viviendas. Se les prometió en el acto que las pruebas comenzarían al final del día, y se fijó una fecha para una reunión con el director.

Ya en la calle, Linda insistió en que les comprara a todos, incluido el conductor del autobús, palomitas acarameladas.

—¿Vieron la cara de esa mujer cuando vio las cámaras?

—¿Y tanto cariño con los niños? Intentando congraciarse con nosotros para que no hiciéramos preguntas.

—¿No estuvo genial Sadie? Estamos orgullosos, Sadie.

—¡Vamos a salir en la tele!

Intenté que todos dejaran de hablar a la vez, pero Mona me tiró de la camisa.

—Déjalos, Barack. —Me dio una bolsa de palomitas—. Come.

Mientras masticaba las pegajosas palomitas, mirando el lago, tranquilo y turquesa, no podía recordar un momento más feliz.

CAMBIÉ DE forma fundamental después de ese viaje en autobús. El recuerdo de ese viaje me hizo seguir adelante a pesar de todas las decepciones que vinieron después. Quizá todavía me motiva.

Esa noche, la cara de Sadie estaba en todos los canales. La prensa descubrió que otro proyecto del South Side tenía tuberías revestidas de amianto podrido. Los concejales comenzaron a pedir audiencias inmediatas. Los abogados llamaron.

Pero algo maravilloso ocurrió al margen de todo eso: los padres empezaron a hablar de ideas para futuras campañas y nuevos padres se involucraron. Era como si el pequeño y honesto paso de Sadie hubiera abierto una reserva de esperanza, permitiéndole a la gente de Altgeld reclamar un poder que siempre había tenido.

CAPÍTULO 12

En la primavera de 1987, llevaba el tiempo suficiente en Chicago para saber que algo feo y aterrador le estaba empezando a suceder a los niños del South Side.

Una noche estaba paseando con mi nuevo ayudante, Johnnie, cuando oímos un pequeño estallido, como el de un globo. Un niño vino corriendo por la esquina a toda velocidad. No podía tener más de quince años.

Johnnie se tiró al suelo y yo le seguí rápidamente. Unos segundos más tarde, otros dos chicos llegaron a la misma esquina, también corriendo a toda velocidad. Uno de ellos, bajito y gordo, con unos pantalones que le llegaban a los tobillos, estaba blandiendo una pequeña pistola. Sin detenerse a apuntar, lanzó tres rápidos disparos en dirección al primer chico. Cuando vio que su objetivo estaba fuera de alcance, redujo la marcha y se metió el arma bajo la camisa.

—Estúpido m… —dijo el segundo chico.

Los dos se rieron. Mientras se alejaban, observé sus sombras en el pavimento. Por un instante parecieron niños normales, divirtiéndose en la calle.

Los tiroteos, las sirenas de las ambulancias, las marcas de tiza donde habían caído los cadáveres… nada de esto era nuevo. En lugares como Altgeld, los padres con antecedentes penales tenían hijos con antecedentes penales. Era, casi literalmente, una herencia que pasaba de generación en generación. Durante mis primeros días en Chicago había visto grupos de jóvenes de quince o dieciséis años merodeando por las esquinas, encapuchados, dispersándose cada vez que los coches de policía a la caza de traficantes de drogas pasaban en silencio.

Pero había habido un cambio de atmósfera, como la electricidad que a veces se siente en el aire cuando se acerca una tormenta. Había una sensación de que algunos, si no la mayoría de nuestros chicos estaban llegando a un punto sin retorno.

Incluso gente que había estado toda su vida en el South Side, como Johnnie, notaron el cambio.

—Nunca lo había visto así, Barack —me dijo aquella noche.

Normalmente estaba lleno de entusiasmo, pero ahora su cara redonda y barbuda lucía sombría.

—O sea, las cosas eran difíciles cuando yo era pequeño, pero había límites. En público, en casa, si un adulto veía que te volvías loco, te decía algo. Y la mayoría les hacíamos caso. Ahora, con las drogas y las armas todo eso ha desaparecido. No hace falta que haya muchos niños con armas; es suficiente con uno o dos. Alguien le dice algo a uno de ellos y ¡pum! el chico lo mata. La gente escucha historias como esa y deja de intentar hablar con los jóvenes de aquí. Después de un tiempo, incluso un buen chico empieza a darse cuenta de que nadie aquí lo va a cuidar, así que va a tener que cuidarse solo. En resumen, hay niños de doce años que hacen sus propias reglas. No sé, Barack. A veces *yo* les tengo miedo. Hay que tener miedo de alguien a quien no le importa nada. No importa qué tan joven sea.

De vuelta a casa, pensé en el miedo de Johnnie y en lo diferente que era del mío. Cuando deambulaba por Altgeld o por otros barrios difíciles, mis temores eran siempre los antiguos, los de no pertenecer. Nunca se me ocurrió la idea de una agresión física.

Pensé en Kyle, el hijo de Ruby. Acababa de cumplir dieciséis años y era varios centímetros más alto que cuando llegué hace dos años. Tenía una sombra sobre el labio superior, su primer intento de bigote. Seguía siendo educado conmigo, seguía dispuesto a hablar de los Bulls, pero por lo general no estaba cuando me pasaba por allí, o estaba a punto de salir con sus amigos. Algunas noches, Ruby me llamaba a casa solo para hablar de él, de que nunca sabía dónde estaba, de que sus notas habían seguido bajando, de que la puerta de su habitación estaba siempre cerrada.

No te preocupes, le decía; yo era mucho peor a la edad de Kyle. No creo que se creyera esa verdad, pero escuchar esas palabras parecía hacerla sentir mejor.

Un día invité a Kyle a jugar baloncesto en el gimnasio de la Universidad de Chicago. Estuvo callado la mayor parte del trayecto, respondiendo a mis preguntas con un gruñido o encogiendo los hombros. Le pregunté si seguía pensando en unirse a las fuerzas aéreas y negó con la cabeza, dijo que se quedaría en Chicago, que encontraría un trabajo y que tendría su propia casa. Le pregunté qué le había hecho cambiar de opinión. Me dijo que las fuerzas aéreas nunca dejarían que un negro pilotara un avión.

Lo miré con desagrado.

—¿Quién te ha dicho ese lío?

Kyle se encogió de hombros.

—No necesito que nadie me lo diga. Es así, nada más.

—Hombre, esa es una actitud equivocada. Puedes hacer lo que quieras si estás dispuesto a esforzarte.

Kyle sonrió y giró la cabeza hacia la ventana. Su aliento empañó el cristal.

—Sí, bueno… ¿cuántos pilotos negros conoces?

En la cancha, Kyle no jugaba mal, pero estaba marcando a un tipo unos años mayor que yo, un camillero del hospital, bajito pero agresivo y muy rápido. Después de unas cuantas jugadas, quedó claro que el tipo quería fastidiar a Kyle. Anotó tres canastas seguidas y luego empezó con la charla de siempre:

—¿Esto es todo lo que sabes hacer, niño? ¿Cómo vas a dejar que un viejo como yo te haga quedar tan mal?

Kyle no respondió, pero el juego entre ellos se tornó rudo. La siguiente vez que el tipo se acercó a la cesta, Kyle lo golpeó con fuerza. El hombre le lanzó el balón al pecho y luego se volteó hacia uno de sus compañeros.

—¿Viste eso? Este malcriado no puede marcarme.

De repente, sin previo aviso, Kyle lanzó un golpe. Su puño aterrizó de lleno en la mandíbula del hombre, haciéndolo caer al suelo. Corrí a la cancha mientras los otros jugadores apartaban a Kyle, tenía los ojos muy abiertos y la voz temblorosa mientras el camillero se ponía en pie y escupía un fajo de sangre.

—No soy ningún malcriado —murmuró Kyle—. No soy ningún malcriado.

Tuvimos suerte; alguien había llamado al guardia de seguridad de abajo. Sin embargo, el camillero estaba demasiado avergonzado para admitir el incidente. En el camino de vuelta, le di a Kyle un largo sermón sobre cómo mantener la calma, sobre la violencia, sobre la responsabilidad. Pero todo lo que dije sonó a cliché, y Kyle se quedó en silencio, con los ojos fijos en la carretera. Cuando terminé, se volvió hacia mí y me dijo:

—Solo no le cuentes a mi mamá, ¿está bien?

Pensé que era una buena señal. Le dije que no le contaría a Ruby lo que había pasado siempre que él lo hiciera por su cuenta, y aceptó a regañadientes.

Kyle era un buen chico; todavía le importaba algo. ¿Sería eso suficiente para salvarlo?

LA SEMANA DESPUÉS de que Johnnie y yo vimos el tiroteo, decidí que era momento de entrar en las escuelas públicas a lo grande.

Estaban en un estado de crisis interminable: sin dinero, sin libros de texto, sin papel higiénico. Y a nadie en el gobierno parecía importarle. Cuanto más aprendía, más me convencía de que una mejor escuela era la única solución para todos esos jóvenes de la calle. Sin familias estables y sin la promesa de un trabajo decente para mantenerlas, la educación era su última esperanza.

Las personas con las que hablé, padres, administradores, estaban llenas de excusas para explicar por qué las cosas nunca mejorarían. No había suficiente dinero para hacer el trabajo bien, me decían; lo cual era cierto. Los estudiantes, decían, eran imposibles. Perezosos. Revoltosos. Lentos. No es culpa de los niños, tal vez, pero ciertamente tampoco de la escuela. Tal vez no son malos niños, Barack, pero sí que tienen malos padres.

Esas conversaciones, llenas de cinismo y desesperanza, me hacían enfadar. Así que Johnnie y yo decidimos visitar algunas escuelas de la zona por nuestra cuenta, con la esperanza de conseguir el apoyo de otros padres además de los de Altgeld.

Comenzamos en la secundaria de Kyle. Era un solo edificio, con pilares de hormigón desnudos, largos y austeros pasillos y ventanas que no se podían abrir. Pero fue allí donde conocimos a un consejero escolar que nos hizo pensar en el problema desde un ángulo diferente. Se llamaba Asante Moran. Era alto e imponente y su pequeño despacho estaba decorado con motivos africanos: un mapa del continente, carteles de antiguos reyes y reinas, una colección de tambores y calabazas. Vestía un estampado africano y usaba una pulsera de pelo de elefante alrededor de una gruesa muñeca.

—Lo primero que hay que tener en cuenta —nos dijo—, es que el sistema de escuelas públicas no sirve para educar a los niños negros. Las escuelas del centro de la ciudad son como cárceles en miniatura, en realidad. Cuando los niños negros empiezan a salir de sus cárceles y a molestar a los blancos, entonces la sociedad presta alguna atención a la cuestión de si estos niños están siendo educados.

Asante sostenía que una verdadera educación empezaría por dar al niño una comprensión de su mundo, de su cultura.

—Pero en el caso de los niños negros, todo está al revés —dijo—. Están aprendiendo la historia de otras personas. La cultura de otros. Y no solo eso, esta cultura que se supone que deben aprender es la misma que les ha rechazado.

Asante se recostó en su silla.

—¿Es de extrañar que el niño negro pierda el interés por aprender?

—Es peor para los chicos —continuó—. Al menos las chicas tienen mujeres mayores con las que hablar. Pero la mitad de los chicos ni siquiera conoce a sus propios padres. No hay nadie que les guíe en el proceso de convertirse en hombres. Y eso es una receta para el desastre. Porque en todas las sociedades, los jóvenes van a tener tendencias violentas. O bien esas tendencias se dirigen y disciplinan, o bien destruyen a los jóvenes, a la sociedad, o a ambos.

Asante dijo que consideraba que su trabajo era llenar ese vacío. Exponía a los niños a la historia, la geografía y las tradiciones artísticas africanas. Intentaba contrarrestar los valores del materialismo y el individualismo egoísta que los rodeaban. Les enseñó que los africanos son un pueblo comunitario que respeta a sus mayores.

De repente, me miró y me preguntó por mi nombre.

—Mi padre era de Kenia —le dije.

Sonrió.

—Allí fue mi primer viaje al continente —dijo—. Cambió mi vida para siempre. La gente era muy acogedora. Y la tierra, nunca había visto nada tan hermoso. Me sentí como si hubiera vuelto a casa.

Su rostro se iluminó con el recuerdo.

—¿Cuándo fue la última vez que estuviste allá?

Dudé.

—En realidad, nunca he estado allí.

Asante lució confundido por un momento.

—Bueno… —dijo tras una pausa—, estoy seguro de que cuando hagas ese viaje, también te cambiará la vida.

EN EL CAMINO de vuelta a casa, Johnnie me preguntó por qué nunca había ido a Kenia.

—No lo sé —respondí—. Tal vez tenga miedo de lo que pueda descubrir.

Íbamos en silencio.

—Asante me hizo pensar en mi propio padre —dijo finalmente Johnnie—. Fue conductor de un camión repartidor durante veinte años. Nunca pareció disfrutar de la vida, ¿sabes? Los fines de semana se quedaba en casa y algunos de mis tíos venían de visita. Se quejaban de lo que sus jefes les habían hecho esa semana: tal Tipo hizo esto, el otro Tipo hizo aquello. Pero si alguno de ellos comenzaba a hablar de hacer algo distinto, o tenía una idea nueva, el resto lo destrozaba. "¿Cómo va a empezar un negocio un negro sin importancia como tú?", diría uno de ellos. Se reían, pero yo me daba cuenta de que no les hacía gracia por dentro. Pero, ¿sabes?, mi padre nunca se reía cuando yo le decía que quería ir a la universidad. O sea, de todas maneras nunca decía nada, pero siempre se aseguró de que mi hermano y yo nos levantáramos para ir a la escuela, de que no tuviéramos que trabajar, que tuviéramos un poco de dinero encima. El día que me gradué, se presentó con chaqueta y corbata y simplemente me dio la mano. Eso fue todo… me estrechó la mano y regresó al trabajo…

—Estuvo ahí para ti —le dije a Johnnie.

—Sí, supongo que sí.

—¿Alguna vez se lo has dicho?

—Nah. No somos buenos hablando. —Johnnie miró por la ventana y luego volteó hacia mí—. Aunque quizá debería, ¿eh?

DURANTE LOS dos meses siguientes, Asante nos ayudó a elaborar la propuesta de una red de asesoramiento para ofrecer tutores y mentores a adolescentes en situación de riesgo, además de incluir a sus padres. Era un proyecto apasionante, lo que hacía más frustrante el hecho de que pocos de los directores de escuela que contactamos nos llamaron de vuelta. Uno de ellos, el más entusiasta, le entregó a Johnnie una hoja de papel cuando salía de su despacho.

—Era una hoja de vida —me dijo Johnnie—. Y no cualquier hoja de vida. Era de su esposa. Parece que está aburrida en la casa y él cree que sería una "excelente" directora para nuestro programa. Sin presiones, como comprenderás.

Entonces metió la mano en su maletín y sacó otro papel, agitándolo en el aire.

—¡También tengo la de su hija! Me dice que sería una consejera excelente.

Comenzó a reírse.

—¡Este sí que es un hermano con temple! ¡No solo quiere un trabajo! ¡Necesita dos! Si entras a hablar con él sobre los niños, te da el currículum de toda su familia.

Yo empecé a reírme también, y los dos nos reímos hasta que se nos calentó la cara y nos dolieron los costados, hasta que se nos saltaron las lágrimas, hasta que nos sentimos vacíos y no pudimos reír más. No era gracioso realmente, por supuesto. Era triste y exasperante que un educador que debía poner a sus alumnos primero pensara más en ganar un poco de dinero extra para los suyos. Pero a veces nuestro trabajo parecía ser tan absurdo que teníamos que reírnos.

POR AQUEL entonces decidí ir a Washington, D.C., para conocer a mi hermano Roy por primera vez.

Roy se había casado con una trabajadora del Cuerpo de Paz estadounidense y se había trasladado a Estados Unidos. Por teléfono, me describió su trabajo, su esposa y su vida en Estados Unidos como "encantadores". La palabra salió de él lentamente, con sílabas alargadas: "Eeeencantadooores". Una visita mía sería "fan-táaas-tica". Quedarse con él y su mujer no sería "ningúuuun prooob-lemaaa".

Sin embargo, mi hermana Auma me había advertido que Roy no siempre mostraba sus verdaderos sentimientos.

—Es como el Viejo en ese sentido —me dijo.

Cuando llegué al aeropuerto, Roy no aparecía por ninguna parte. Llamé a su casa y me contestó disculpándose.

—Escucha, hermano, ¿crees que puedas quedarte en un hotel esta noche?

—¿Por qué? ¿Pasa algo?

—Nada serio. Es que, bueno, mi mujer y yo hemos tenido una pequeña discusión. Así que tenerte aquí esta noche podría no ser muy bueno, ¿entiendes?

—Claro. Yo…

—Me llamas cuando encuentres un hotel, ¿vale? Nos veremos esta noche para cenar. Te recogeré a las ocho.

Me registré en el hotel más barato que encontré y esperé. A las nueve, oí que llamaban a la puerta. Cuando abrí la puerta, me encontré con un hombre corpulento con las manos en los bolsillos y una sonrisa cruzando su rostro de ébano.

—Hola, hermano —dijo—. ¿Qué tal la vida?

En las fotos que había visto de Roy, era delgado, vestía un estampado *kitenge* y tenía un afro, una perilla y un bigote. El hombre que estaba abrazándome ahora era mucho más corpulento, más de cien kilos, supuse, y la carne de sus mejillas sobresalía por debajo de unas gruesas gafas. La perilla había desaparecido; la camisa africana había sido sustituida por un abrigo deportivo gris, camisa blanca y corbata. Sin embargo, Auma tenía razón: su parecido con el Viejo daba miedo. Mirando a mi hermano, me sentí como si volviera a tener diez años.

—Has engordado —le dije mientras nos dirigíamos a su coche.

Roy miró su generosa barriga y le dio una palmadita.

—Eh, es la comida rápida, hombre. Está en todas partes. McDonald's. Burger King. Ni siquiera tienes que salir del coche para comer estas cosas.

Echó la cabeza hacia atrás para reírse, un sonido mágico que le hizo temblar todo el cuerpo, como si no pudiera creer las maravillas que le ofrecía esta nueva vida.

Su risa era contagiosa, aunque dejé de reírme cuando empezó a conducir al doble del límite de velocidad, casi chocó con los coches que venían en dirección contraria y se precipitó sobre un bordillo alto.

—¿Siempre conduces así? —grité por encima de la música a todo volumen.

—No soy tan bueno, ¿eh? Mary, mi mujer, también se queja siempre. Sobre todo desde el accidente…

—¿Qué accidente?

—Ah, no fue nada. Ya ves que sigo aquí, vivo y respirando. —De nuevo se rio y sacudió la cabeza.

Durante la cena, le pregunté por qué su esposa no se había unido a nosotros. Su sonrisa se evaporó.

—Ah, creo que nos vamos a divorciar —dijo.

—Lo siento.

—Dice que está cansada de que salga hasta tarde. Dice que bebo demasiado. Dice que me estoy volviendo igual al Viejo.

—¿Tú qué piensas?

—¿Qué pienso? —Bajó la cabeza y me miró sombríamente—. La verdad es que… —dijo, inclinando su peso hacia delante—, creo que no me agrado a mí mismo. Y culpo al Viejo por eso.

Durante la siguiente hora, como mismo lo había hecho Auma, me habló de todos los tiempos difíciles; de como dejó la casa de su padre y rebotó de pariente en pariente. Después de asistir a la Universidad de Nairobi, consiguió un trabajo en una empresa de contabilidad y se enseñó a sí mismo a ser disciplinado. Siempre llegaba temprano al trabajo y cumplía con sus tareas sin importar lo tarde que hubiera salido la noche anterior. Al escucharlo, sentí la misma admiración que había sentido escuchando a Auma. Solo que en Auma también había percibido la voluntad de dejar atrás el pasado, de perdonar, aunque no necesariamente de olvidar. Los recuerdos de Roy sobre el Viejo sonaban más dolorosos.

—Nada era suficientemente bueno para él —me dijo—. Si llegabas a casa con las segundas mejores notas de la clase, te preguntaba por qué no eras el primero. "Eres un Obama", decía.

"Deberías ser el mejor". Y luego lo veía borracho, sin dinero, viviendo como un mendigo. Me preguntaba, ¿cómo podía alguien tan inteligente caer tan bajo? Incluso después de vivir por mi cuenta, tras su muerte, intentaba descifrar este rompecabezas. Era como si no pudiera escapar de él.

"Tras la muerte del Viejo, todo el mundo se peleaba por su herencia. Era una locura. La única persona en la que yo podía confiar era David, nuestro hermano menor. Ese tipo, déjame decirte, era un buen tipo. Se parecía un poco a ti, solo que era más joven… quince, dieciséis años. Su madre, Ruth, había tratado de criarlo como un estadounidense. Pero David se rebeló. No quería ser estadounidense. Era africano. Era un Obama.

"La muerte de David fue la gota que derramó el vaso para mí. Estaba seguro de que nuestra familia estaba maldita. Empecé a beber, a pelear, no me importaba. Pensé que si el Viejo podía morir, si David podía morir, yo también tendría que morir. A veces me pregunto qué habría pasado si me hubiera quedado en Kenia, pero había estado saliendo con una chica estadounidense, Nancy, que había vuelto a casa. Así que un día la llamé y le dije que quería venir. Cuando dijo que sí, compré un boleto y cogí el siguiente avión. No hice maletas, ni se lo dije a mi oficina, ni me despedí de nadie, ni nada.

"Pensé que podía volver a empezar. Pero ahora sé que nunca se puede volver a empezar. No en realidad. Crees que tienes el control, pero eres como una mosca en la telaraña de otro".

Roy dio otro sorbo a su bebida y, de repente, su discurso se ralentizó, como si se hubiera sumergido en otro lugar, como si nuestro padre hubiera tomado posesión de él.

—Soy el mayor, verás. En la tradición luo, soy el jefe de la casa. Soy responsable de ti y de Auma y de todos los chicos más jóvenes. Es mi responsabilidad arreglar las cosas: pagar las cuotas escolares de los chicos, ver que Auma se case bien, construir una casa digna y reunir a toda la familia.

Me acerqué a la mesa y toqué su mano.

—No tienes que hacerlo solo, hermano —le dije—. Podemos compartir la carga.

Pero era como si no me hubiera oído. Se quedó mirando por la ventana y luego, como si saliera de un trance, le hizo un gesto a la camarera para que se acercara.

—¿Quieres otra copa? —me preguntó.

—¿Por qué no pedimos la cuenta? —le dije.

Estaba claro que había bebido demasiado. Roy me miró y sonrió.

—Puedo notar que te preocupas demasiado, Barack. Ese es mi problema también. Creo que tenemos que aprender a fluir con la corriente. ¿No es eso lo que dicen aquí en Estados Unidos? Fluir con la corriente…

Roy volvió a reírse, lo suficientemente fuerte como para que la gente de la mesa de al lado se girara. Pero ahora la magia había desaparecido; su risa sonaba hueca, como si viajara a través de una distancia vasta y vacía.

Tomé un vuelo de regreso al día siguiente. Roy necesitaba pasar tiempo con su esposa y yo no tenía dinero para otra noche en el hotel. Desayunamos juntos y parecía estar de mejor humor. Pero no podía deshacerme de la sensación de que Roy estaba en peligro de alguna manera, y que podría evitar que cayera en desgracia si tan solo fuera un mejor hermano.

EL LUNES SIGUIENTE, bien pasada la medianoche, un coche se detiene frente a mi edificio llevando una tropa de chicos adolescentes y un conjunto de altavoces tan fuerte que el suelo de mi apartamento comienza a temblar. He aprendido a ignorar esas molestias, ¿dónde más pueden ir?, me digo. Pero mis vecinos de al lado acaban de traer a casa a su hijo recién nacido, así que me pongo unos pantalones cortos y bajo las escaleras.

Al acercarme al coche, las voces se detienen y las cabezas de los pasajeros se vuelven hacia mí.

—Escuchen, hay gente intentando dormir por aquí. ¿Por qué no se llevan la fiesta a otro lado?

Los cuatro chicos no dicen nada, ni siquiera se mueven. Me siento repentinamente expuesto, con un par de pantalones cortos, en la acera, en medio de la noche. No puedo ver sus caras. Está demasiado oscuro para saber qué edad tienen, si están sobrios o borrachos, si son buenos o malos chicos. Uno de ellos podría ser Kyle. Uno de ellos podría ser Roy. Uno de ellos podría ser Johnnie.

Uno de ellos podría ser yo. Intento recordar los días en los que habría estado sentado en un coche como ese, enfadado y desesperado por demostrar mi lugar en el mundo. Tal vez entré en un aula borracho o drogado, sabiendo que mis profesores olerían la cerveza o la marihuana en mi aliento, desafiándolos a decirme algo. Empiezo a imaginarme a mí mismo a través de los ojos de estos chicos, y sé que probablemente estén calculando que, si uno de ellos no puede eliminarme, los cuatro juntos sí podrán.

Pero hay una diferencia entre ellos y yo: El mundo en el que pasé esos tiempos difíciles era mucho más indulgente. Podía permitirme tener otras emociones además de la ira. Tristeza por el orgullo herido de mis mayores. Empatía hacia otras personas.

Estos chicos saben que no tienen margen de error, y ese conocimiento les ha obligado a cerrar la parte de sí mismos que podría sentir empatía por la situación de otra persona. No pueden permitirse ablandarse. Su masculinidad rebelde no será contenida, como la mía finalmente lo fue. Su rabia no será neutralizada por algún sentimiento de peligro inminente o de culpa por decepcionar a las personas que los criaron.

Mientras estoy allí, me encuentro pensando que la culpa y la empatía juegan un papel importante. Son emociones que hablan de nuestra propia sensación implícita de que es necesario un orden de algún tipo. Pero sospecho que estos chicos tendrían que buscar por mucho tiempo para encontrar ese orden. Por lo que han visto, el mundo los mira con miedo o desprecio; no distinguen lugar para ellos en él. Y esa sospecha me aterra, porque ahora yo tengo un lugar en el mundo, un trabajo, un horario que seguir. Por mucho que me diga lo contrario, estos chicos y yo nos estamos distanciando hacia mundos diferentes, hablando idiomas distintos, viviendo según códigos diferentes.

El motor se pone en marcha y el coche se aleja chirriando. Me vuelvo hacia mi apartamento sabiendo que he sido tan estúpido como afortunado; sabiendo que, después de todo, tengo miedo.

CAPÍTULO 13

Ese septiembre apliqué para estudiar derecho. Fue una decisión que me torturaba, que repasé una y otra vez. Me sentía orgulloso de lo que había ayudado a lograr en Chicago, pero todavía quedaba mucho por hacer. Sin embargo, estaba convencido de que lo que aprendería en la facultad de derecho, sobre las formas en que se organizan las empresas y los bancos, sobre cómo funciona realmente el gobierno, me ayudaría a lograr un cambio *real*. Aprendería sobre el poder en todos sus detalles y llevaría ese conocimiento a lugares como este, donde se necesitaba desesperadamente.

Como no iba a tener noticias de las escuelas de derecho hasta enero, la única persona a la que se lo conté fue a Johnnie.

—¡Lo sabía! —gritó, y me dio una palmada en la espalda.

—¿Sabías qué?

—Que era solo cuestión de tiempo, Barack, antes de que te marcharas de aquí.

—¿Por qué pensaste eso?

Johnnie sacudió la cabeza y se rio.

—Porque tienes opciones, por eso. Puedes irte. Cuando alguien puede elegir entre Harvard y Roseland, no va a seguir eligiendo Roseland para siempre. Solo espero que te acuerdes de tus amigos cuando estés en alguna oficina lujosa en el centro.

Por alguna razón, su risa me puso a la defensiva. Había repasado mi decisión cientos de veces. Le insistí en que volvería al vecindario, que no pensaba dejarme deslumbrar por la riqueza y el poder con los que seguramente entraría en contacto. Johnnie levantó las manos en señal de rendición.

—Hombre, solo estamos orgullosos de que tengas éxito.

¿Por qué Johnnie dudaba de mis intenciones? Quizá me sentía a la defensiva porque yo también dudaba de ellas.

Me imaginé a mi padre contándose a sí mismo, veintiocho años antes, la misma historia. Iba a ir a América, la tierra de los sueños, y traería de vuelta conocimientos que no podía obtener en su tierra natal. Pero sus planes, sus sueños, pronto se convirtieron en polvo... ¿Me ocurriría lo mismo?

Quizá encontraría mis respuestas donde él pasó la última parte de su vida, en Kenia. Auma estaba de vuelta en Nairobi, enseñando en una universidad durante un año. Entre dejar mi trabajo en Chicago y comenzar la carrera de derecho, era el momento ideal para una visita prolongada.

Tal vez fuera, finalmente, el momento correcto...

HABÍA DOS razones por las que le dije a Johnnie que planeaba irme. La primera era que era mi amigo. La segunda era que esperaba que estuviera dispuesto a quedarse y ocupar mi lugar como organizador principal. Cuando me marchara, nuestro nuevo programa para jóvenes estaría en marcha y el dinero para el presupuesto del año siguiente se habría recaudado. También esperaba atraer a unas cuantas iglesias más. Si quedaba algo por hacer, era volver a contactar con los pastores de Chicago y averiguar por fin dónde encajarían en el futuro de nuestra organización.

Empecé con el reverendo Philips.

Su iglesia era un edificio viejo en uno de los barrios más antiguos del South Side. El santuario era oscuro, con varios bancos agrietados y astillados; la alfombra rojiza desprendía un olor a humedad. Y el propio reverendo Philips era viejo. Con las persianas cerradas, solo se veía claramente su pelo blanco como la nieve. Su voz me llegó como algo salido de un sueño.

Hablamos de la iglesia. No tanto de *su* iglesia como de *la* iglesia, la iglesia negra, como institución y como idea.

Empezó hablándome de la religión de los africanos esclavizados que, recién llegados a costas hostiles, se sentaban en círculos alrededor de las hogueras, mezclando historias de su nuevo mundo con los antiguos ritmos del anterior. Sus canciones hablaban de sus sueños de supervivencia, libertad y esperanza. El reverendo Philips recordaba la iglesia sureña de su juventud, un pequeño local de madera encalada construido con el sudor y los escuetos ahorros de los aparceros.

—En las luminosas y calurosas mañanas dominicales —dijo—, el terror silencioso y el dolor de la semana anterior se desvanecían mientras la gente aplaudía, lloraba y le gritaba al Señor en señal de gratitud. Rezaban por las mismas ideas obstinadas de sus padres y abuelos: supervivencia, libertad y esperanza.

El reverendo Philips habló de su época en Chicago y del surgimiento de la Nación del Islam y de los nacionalistas negros. Decía que entendía su ira; la compartía. No esperaba poder escapar del todo de ella pero, a través de la oración había aprendido a controlarla, y había intentado no heredársela a sus hijos.

Recordaba miles de iglesias en Chicago, desde pequeñas tiendas hasta grandes edificios de piedra. La mayoría de las grandes había sido una mezcla de dos tipos: aquellas en las que la gente se sentaba erguida, como cadetes, y cantaba sus himnos, y aquellas en las que los predicadores conocidos como carismáticos sacudían sus cuerpos y hablaban en lenguas: palabras ininteligibles que creían que venían de Dios.

Los barrios de Chicago estaban segregados por razas, y el reverendo Philips pensaba que la segregación, por muy mala que fuera, traía una bendición. Los negros con más dinero y más educación, médicos y abogados, asistían a la iglesia junto a las empleadas domésticas y los obreros. Así, ricos y pobres, cultos y no cultos, podían compartir ideas, información y valores.

No estaba seguro de cuánto tiempo más podría durar esa mezcolanza, me comentó. La mayoría de los feligreses más ricos se había mudado a vecindarios más ordenados de los suburbios, pero seguían volviendo en coche cada domingo, por lealtad o por costumbre. Pero ya no se ofrecían como voluntarios para dar clases particulares a los niños, o para visitar las casas de los pobres y los ancianos. Tenían miedo del barrio por la noche. El reverendo esperaba que, una vez que falleciera, muchos de esos miembros fundarían nuevas iglesias, tan ordenadas como sus nuevas calles, y su vínculo con el pasado se rompería definitivamente. Sus hijos ya no conservarían el recuerdo de aquel primer círculo de personas esclavizadas sentadas en torno al fuego.

La voz del reverendo Philips empezó a perder intensidad; se estaba cansando. Cuando me iba, me preguntó:

—Por cierto, ¿a qué iglesia perteneces?

—Yo… voy a varios lugares —tartamudeé.

—¿Pero no eres miembro de ninguna?

—Todavía estoy buscando, supongo.

—Bueno, puedo entenderlo. Sin embargo, podría ayudar a tu misión si tuvieras un hogar eclesiástico. No importa dónde, en realidad.

De vuelta al exterior, miré hacia la pequeña ventana del segundo piso de la iglesia, imaginando al viejo pastor mientras redactaba su sermón de la semana. ¿De dónde venía mi fe? No tenía respuesta. Había aprendido a tener fe en mí mismo. Pero ¿es suficiente la fe en uno mismo?

CON JOHNNIE ahora a cargo de nuestras actividades cotidianas, tuve más reuniones con ministros negros, con la esperanza de convencerlos de que se unieran al Proyecto de Comunidades en Desarrollo.

Fue un proceso lento. La mayoría de los pastores negros eran ferozmente independientes. Cuando me ponía en contacto con ellos por teléfono, a menudo se mostraban recelosos. ¿Por qué iba a querer este Barack Obama, con su nombre que suena musulmán, unos minutos de su tiempo?

Sin embargo, una vez que los conocía cara a cara, solía salir impresionado. La mayoría resultaba ser hombres reflexivos y trabajadores, con una confianza y seguridad en sí mismos que los convertía, por mucho, en los mejores organizadores del vecindario. Eran generosos con su tiempo y estaban sorprendentemente dispuestos a hablarme de sus propios pasados problemáticos. Uno de los ministros me contó que había tenido una adicción a las apuestas. Otro me habló de su pasado como un exitoso ejecutivo que bebía en secreto. Todos mencionaron períodos de duda religiosa. Esa era la fuente de su nueva confianza, insistían. Habían caído y encontrado la redención, eso era lo que les daba la autoridad para predicar.

Muchos de los ministros más jóvenes me hablaron de un hombre al que veían como mentor, el reverendo Jeremiah Wright, Jr. y a finales de octubre tuve por fin la oportunidad de visitarlo. Esperaba que su iglesia, Trinity, fuera imponente, pero resultó ser una modesta estructura rodeada de árboles perennes, arbustos modelados y un pequeño cartel clavado en la hierba: "Sudáfrica Libre". El sistema sudafricano de *apartheid*, similar a la segregación en el sur de Estados Unidos antes del movimiento por los derechos civiles, seguía vigente en ese momento, y las iglesias afroamericanas lideraban el movimiento para presionar a las empresas estadounidenses que hacían negocios con Sudáfrica para que pusieran fin a ese odioso modo de vida.

En el interior, la iglesia se sentía fresca y ruidosa con actividad. Un grupo de niños pequeños esperaba a que los recogieran de la guardería y había un grupo de chicas adolescentes vestidas con trajes de colores brillantes para lo que parecía una clase de danza africana. Cuatro mujeres mayores salieron del santuario, y una de ellas gritó "¡Dios es bueno!", lo que provocó que las otras respondieran vertiginosamente: "¡Todo el tiempo!".

El reverendo Wright tenía unos cuarenta años y el pelo, bigote y perilla plateados. Vestía un traje gris de tres piezas. Me dijo que se había criado en Filadelfia, hijo de un ministro baptista. Al principio no quería seguir los pasos de su padre. Después de la universidad, sirvió en los Marines. En los años sesenta exploró el islam y el nacionalismo negro, pero el llamado de su fe era tirón constante en su corazón. Finalmente, pasó seis años estudiando un doctorado en historia de la religión. Luego, llevó todo lo que había aprendido a la Trinity United Church of Christ. Claramente, su amplia experiencia le ayudó a unir las diferentes líneas de la experiencia negra.

Conciliar esas experiencias había sido un reto, pero sus esfuerzos habían dado resultado: la iglesia había crecido de doscientos a cuatro mil miembros durante sus dos décadas allí.

—No hay nada más difícil que llegar a los hermanos jóvenes como tú —dijo el reverendo Wright—. Se dicen a sí mismos que la iglesia es cosa de mujeres, que es un signo de debilidad que un hombre admita que tiene necesidades espirituales.

Al salir, recogí una copia del folleto de Trinity. El reverendo Wright había escrito una lista de principios rectores, y uno de ellos advertía de los peligros de perseguir un cierto tipo de vida de clase media. Señalaba que los negros bendecidos con el talento o la buena fortuna de alcanzar el éxito debían tener cuidado de no creerse mejores que los demás y perder el contacto con su propio pueblo.

Aunque la mayoría de los miembros de la iglesia eran maestros y secretarios y trabajadores del gobierno, había también un gran número de profesionales negros: ingenieros, médicos, contables y directivos de empresas. Muchos de ellos habían acudido a otras iglesias antes o simplemente habían parado de ir a la iglesia. Con carreras exitosas en instituciones mayoritariamente blancas, habían dejado de preocuparse por su herencia religiosa. Pero en algún momento, me dirían después, empezaron a sentir que habían llegado a un punto muerto espiritual. Se sentían como si se hubieran aislado de sí mismos. En Trinity, encontraron algo que no podían comprar con un sueldo: la seguridad, a medida que envejecían, de que pertenecían a una comunidad más amplia, a algo que perduraría más allá de sus propias vidas. El destino del profesional se unió al de la madre adolescente o al del antiguo miembro de una banda criminal. Era un programa poderoso, esta comunidad cultural; más flexible que el nacionalismo negro y más sostenible que mi propia clase de organización.

Pero no podía dejar de preguntarme si eso sería suficiente para evitar que más personas abandonaran la ciudad o que los jóvenes terminaran en la cárcel. ¿Podía el compañerismo cristiano entre un administrador de la escuela y el padre de un alumno, por ejemplo, cambiar la forma en que se manejaban las escuelas? ¿O reformar las políticas de vivienda pública? Y si hombres como el reverendo Wright no adoptaban una postura, si las iglesias como Trinity se negaban a comprometerse con el poder real y a arriesgarse a un conflicto genuino, ¿qué posibilidades habría de mantener intacta a la comunidad más amplia?

A veces les hacía estas preguntas a las personas que conocí a través del reverendo Wright. Quizá, decían, si te unieras a la iglesia podrías ayudarnos a poner en marcha un programa comunitario. Tienes buenas ideas, me decían. ¿Por qué no te pasas el domingo? Pero yo siempre me encogía de hombros ante la invitación. Creía en la sinceridad de su fe, pero todavía no estaba seguro de la mía.

EL DÍA ANTES de Acción de Gracias, Harold Washington murió.

Ocurrió sin previo aviso. Apenas unos meses antes había sido reelegido como alcalde de Chicago, venciendo fácilmente a sus 200 oponentes blancos. Esta vez, había hecho una campaña prudente, sin la pasión de la primera vez. Los empresarios le habían enviado sus cheques, resignados a su poderosa presencia. Algunos negros se habían quejado de que había renunciado a ellos para ganarse a los votantes blancos y latinos. Harold no prestó mucha atención a esas críticas; no veía ninguna razón para correr grandes riesgos, ni para apresurarse. Dijo que sería alcalde por los próximos veinte años.

Y entonces, la muerte repentina, simple, definitiva, casi ridícula en su ordinariez; el ataque al corazón de un hombre con sobrepeso.

Ese fin de semana llovió, frío y constante. En el barrio, las calles estaban en silencio. Dentro y fuera, la gente lloraba. Las emisoras de radio negras repetían los discursos de Harold. En el Ayuntamiento, las colas se extendían a lo largo de varias manzanas mientras los dolientes visitaban el cuerpo. Por todas partes, la gente negra lucía aturdida, afligida, sin rumbo fijo, asustada por el futuro.

A pesar de la conmoción, las personas leales a Washington empezaron a reagruparse, tratando de decidir una estrategia para mantener el control, intentando elegir al heredero legítimo de Harold. Pero era demasiado tarde. No había ninguna organización política ni principios claramente definidos que seguir. La política del Chicago negro se había centrado en un solo individuo radiante, y ahora que se había ido, nadie podía ponerse de acuerdo sobre lo que había representado.

El día en que el consejo de la ciudad tenía que elegir a un alcalde interino para ocupar el cargo hasta las elecciones especiales, la gente, en su mayoría negra, se reunió fuera de la cámara del consejo a última hora de la tarde, esperando un proceso justo y transparente para elegir al sucesor de Washington. Corearon y brincaron y juraron no marcharse nunca. Pero al final, los políticos negros hicieron tratos con los blancos y se quedaron más tiempo que la multitud. Los políticos de la vieja guardia y los conservadores se reunieron en secreto poco después de las cuatro de la mañana, en el aparcamiento de un restaurante cerrado, para nombrar a un concejal negro de voz suave que dejaría que los programas de Washington murieran con él.

Me sentí como si Harold Washington hubiera muerto por segunda vez esa noche.

EN FEBRERO, recibí una aceptación de la Facultad de Derecho de Harvard. La carta venía con un grueso paquete de información. Me recordó al paquete que había recibido de Punahou catorce años antes. Recordé que el abuelo se había quedado despierto toda la noche leyendo el catálogo de la escuela; me había dicho que haría contactos que durarían toda la vida, que me movería en círculos maravillosos y que tendría todas las oportunidades que él nunca había tenido. Y yo le había devuelto la sonrisa, fingiendo que entendía, pero deseando en realidad estar todavía en

Indonesia corriendo descalzo por un arrozal, con los pies hundiéndose en el barro fresco y húmedo.

Ahora sentía algo parecido.

Esa semana había programado un almuerzo en la oficina para la veintena de ministros cuyas iglesias habían aceptado unirse a la organización. La mayoría de los ministros a los que habíamos invitado se presentaron, junto con la mayor parte de nuestros principales dirigentes. Juntos discutimos estrategias para el próximo año.

Cuando terminamos, anuncié que me marcharía en mayo y que Johnnie asumiría la dirección.

Nadie se sorprendió. Todos se acercaron a mí después y me felicitaron. El reverendo Philips me aseguró que había tomado una decisión acertada; Angela y Mona me dijeron que siempre supieron que lograría algo grande. Pero una de nuestras líderes, una madre soltera llamada Mary que había trabajado con nosotros desde el principio, parecía estar molesta.

—¿Qué les pasa a ustedes los hombres? ¿Por qué siempre tienen prisa? ¿Por qué lo que tienen no es nunca suficiente?

Empecé a decir algo, pero luego la abracé. Mary tenía dos hijas en casa que nunca conocerían a su padre. Ahora otra persona las estaba dejando atrás.

AQUEL DOMINGO, me levanté a las seis de la mañana, me afeité, quité la pelusa de mi único traje y llegué a la iglesia de Trinity a las siete y media. La mayoría de los bancos ya estaban llenos, así que me apretujé entre una mujer mayor y regordeta que había dejado un espacio a su lado y una familia de cuatro. La madre les dijo a sus dos niños pequeños que dejaran de darse patadas.

—¿Dónde está Dios? —preguntó el niño pequeño a su hermano.

—Cállate —contestó el mayor.

—Cállense los dos ahora mismo —dijo la madre.

Mientras la congregación cantaba, los diáconos, y luego el reverendo Wright, aparecieron bajo la gran cruz que colgaba de las vigas. El título del sermón del reverendo Wright esa mañana era "La audacia de la esperanza". El reverendo Wright habló de la historia de la injusticia, en la Biblia y en tiempos más recientes mientras los chicos a mi lado hacían garabatos en el boletín de la iglesia. Luego, describió un cuadro titulado *Esperanza*.

—Representa a una arpista —dijo—, una mujer que parece estar sentada en la cima de una gran montaña. Luego miras más de cerca y ves que la mujer está magullada y ensangrentada, vestida con harapos, el arpa reducida a una sola cuerda deshilachada. Diriges la mirada entonces al valle de abajo, donde la gente se muere de hambre por culpa de la guerra.

—¡A diario todos sufrimos de rechazo y desesperanza! —gritó—. Y sin embargo, consideren este cuadro, *Esperanza*. La arpista está mirando hacia arriba, unas tenues notas flotan hacia el cielo. Se atreve a tener esperanza. Tiene la audacia de hacer música y alabar a Dios, ¡con la única cuerda que le queda!

La gente empezó a levantarse de sus asientos y aplaudir y gritar.

Y yo empecé a escuchar todas las voces de los últimos tres años. El valor y el miedo de mujeres como Ruby. El orgullo de la raza y la ira de hombres como Rafiq. El deseo de dejarse llevar, el deseo de escapar, el deseo de entregarse a un Dios que, de alguna manera, pudiera ponerle un suelo a la desesperación.

Y en esa única nota ¡esperanza! escuché algo más. Imaginé que, en las miles de iglesias de la ciudad, las historias de los negros de a pie se mezclaban con las de David y Goliat, Moisés y el Faraón, los cristianos en el foso de los leones. Esas historias de supervivencia, de libertad y de esperanza, se convirtieron en nuestra historia, en mi historia; la sangre que se había derramado era nuestra sangre, las lágrimas eran nuestras lágrimas. Hasta que esta iglesia negra, en este brillante día, parecía una vez más un recipiente que transportaba la historia de un pueblo hacia las generaciones futuras y hacia un mundo más vasto.

Sí, me había pasado los últimos tres años predicando acciones en lugar de sueños. Pero ahora sentí, por primera vez, que la comunión dentro de esta iglesia, aunque a veces disimulara los conflictos muy reales entre nosotros, también podía ayudarnos a ir más allá de nuestros estrechos sueños, a formar parte de algo más grande que nosotros mismos.

—¡La audacia de la esperanza! —coreó el reverendo Wright—. Todavía recuerdo a mi abuela cantando en la casa: *Hay un lado bueno en alguna parte... No voy a descansar hasta que lo encuentre...* ¡La audacia de la esperanza! Días en los que no podíamos pagar las facturas. Días en los que parecía que nunca iba a lograr nada y aun así, mi madre y mi padre cantaban: *Gracias, Jesús. Gracias, Jesús. Gracias, Señor...* ¡Y no tenía sentido para mí ese canto! ¿Por qué le daban las gracias por todos sus problemas?, me preguntaba. Pero verán, ¡yo solo miraba la dimensión horizontal de sus vidas! ¡No entendía que estaban hablando de la dimensión vertical! ¡De su relación con Dios!

Cuando el coro volvió a cantar, cuando la congregación empezó a aplaudir a los que se dirigían al altar para aceptar la llamada del reverendo Wright, sentí un ligero toque en la parte superior de mi mano. El mayor de los dos chicos que estaban a mi lado me estaba entregando un pañuelo de bolsillo. A su lado, su madre me miró con una leve sonrisa antes de volver los ojos hacia el altar. Fue solo cuando le di las gracias al chico que sentí cómo las lágrimas se deslizaban por mis mejillas.

—Oh, Jesús —oí susurrar suavemente a la mujer mayor que estaba a mi lado—. Gracias por traernos hasta aquí.

PARTE TRES

KENIA

CAPÍTULO 14

El aeropuerto Internacional Kenyatta estaba casi vacío cuando mi avión aterrizó en África. Los funcionarios sorbían su té matutino mientras revisaban los pasaportes. En la zona de equipajes, una chirriante cinta transportadora escupía las maletas. Auma no estaba a la vista, así que me senté sobre mi maleta de mano. Al cabo de unos minutos, un guardia de seguridad se acercó a mí.

—Es su primer viaje a Kenia, ¿verdad? —preguntó.

—Así es.

—Ya veo. —Se puso en cuclillas junto a mí—. Usted es de Estados Unidos. Quizá conozca al hijo de mi hermano, Samson Otieno. Está estudiando ingeniería en Texas.

Le dije que nunca había estado en Texas y que no había tenido la oportunidad de conocer a su sobrino, lo que le decepcionó. Para ese momento, ya los últimos pasajeros de mi vuelo habían salido de la terminal. Le pregunté al guardia si iban a salir más maletas.

—No creo —dijo—, pero si espera aquí, encontraré a alguien que pueda ayudarle.

Desapareció por un estrecho pasillo y me levanté para estirar la espalda. Me había imaginado un regreso a casa más estremecedor, con nubes que se levantaban y viejos demonios que huían, los espíritus de mis antepasados elevándose para celebrar. Un peregrinaje, como había dicho Asante. Para la gente de Chicago, al igual que para mí, África se había convertido en una idea más que en un lugar real: una nueva tierra prometida, llena de antiguas tradiciones y nobles luchas y tambores parlantes. Pero eso, era África desde la distancia, como la distancia que me había separado del Viejo. ¿Qué pasaría cuando esa distancia desapareciera? ¿Y si la realidad solo me decepcionaba, y la muerte de mi padre no significaba nada, y su abandono no significaba nada, y el único lazo que me unía a él, o a África, era un nombre y un grupo sanguíneo?

De repente me sentí cansado y abandonado. Estaba a punto de buscar un teléfono cuando el guardia de seguridad volvió a aparecer con una mujer extraordinariamente bella, morena, delgada, de casi dos metros de altura y vestida con un uniforme de British Airways. Se presentó como la señorita Omoro y me explicó que probablemente mi maleta había sido enviada a Johannesburgo por error.

Mientras rellenaba un formulario de equipaje perdido, la señorita Omoro me preguntó:

—¿No será usted pariente del Dr. Obama, por casualidad?

—Bueno, sí, era mi padre.

—Siento mucho su fallecimiento. Su padre era un gran amigo de mi familia. A menudo venía de visita cuando yo era pequeña.

Mientras hablábamos de mi visita, me sorprendí intentando prolongar la conversación, animado por el hecho de que reconociera mi nombre. Me di cuenta de que esto no había ocurrido nunca, ni en Hawái, ni en Indonesia, ni en Los Ángeles, ni en Nueva York, ni en Chicago. Por primera vez en mi vida, sentí la comodidad, la firmeza de la identidad que puede proporcionar un nombre. Sentí cómo un nombre puede llevar toda una historia en la memoria de otras personas, para que puedan asentir y decir con conocimiento de causa: "Oh, eres el hijo de fulano". Aquí, en Kenia, nadie me pediría que deletreara mi nombre ni lo pronunciaría mal. Mi nombre pertenecía y yo también pertenecía, aunque no entendiera toda la red de conexiones.

—¡Barack! —Me giré para ver a Auma dando brincos.

Me apresuré a acercarme a ella y nos reímos y abrazamos, tan tontos como la primera vez que nos conocimos. Una mujer alta y de piel morena estaba sonriendo a nuestro lado, y Auma se giró y dijo:

—Barack, esta es nuestra tía Zeituni. La hermana de nuestro padre.

—Bienvenido a casa —dijo Zeituni, besándome en ambas mejillas.

Mientras Auma conducía, las dos empezaron a hablar al mismo tiempo, preguntando cómo había estado mi viaje, enumerando todas las cosas que tenía que hacer y la gente que tenía que ver. Amplias llanuras se extendían a ambos lados de la carretera, la mayor parte de ellas con hierba de sabana y algún que otro árbol espinoso en el horizonte, un paisaje que parecía antiguo y vivo a la vez.

Poco a poco, el tráfico se fue haciendo más denso y empezamos a ver multitudes que salían del campo para ir al trabajo. Los hombres iban todavía abotonándose sus endebles camisas y las mujeres caminaban con la espalda recta y la cabeza envuelta en pañuelos de colores brillantes. Los coches serpenteaban por los carriles y las rotondas, esquivando baches, bicicletas y peatones, mientras que los desvencijados minibuses, llamados *matatus*, según me dijeron, se detenían sin previo aviso para meter más pasajeros. Todo me resultaba extrañamente familiar, como si ya hubiera pasado por esa misma carretera. Y entonces recordé otras mañanas en Indonesia, con mi madre y Lolo conversando en el asiento delantero, el mismo olor a madera quemada y a diésel, la misma mirada en las caras de la gente. Parecía que no esperaban mucho más que sobrevivir el día, tal vez con la esperanza de que su suerte cambiara, o al menos se mantuviera igual.

Fuimos a dejar a Zeituni en Kenya Breweries, donde trabajaba como programadora de computación. Se inclinó de nuevo para darme un beso en la mejilla y luego señaló con el dedo a Auma.

—Cuida bien de Barry —dijo—. Asegúrate de que no se vuelva a perder.

Una vez que volvimos a la carretera, le pregunté a Auma qué había querido decir Zeituni con lo de que me había perdido. Auma se encogió de hombros.

—Es una expresión común aquí —dijo—. Normalmente, significa que la persona no te ha visto en un tiempo. "Estabas perdido", dicen. O "no te pierdas". A veces tiene un significado más serio, digamos, que un hijo o un marido se traslada a la ciudad, o al oeste, como nuestro tío Omar, que se fue a Boston. Prometen volver cuando terminen sus estudios. Dicen que mandarán a buscar a la familia cuando se instalen. Al principio escriben una vez a la semana, luego solo una vez al mes. Luego dejan de escribir por completo. Nadie los vuelve a ver. Se pierden, ¿entiendes? Aunque la gente sepa dónde están.

EL APARTAMENTO DE AUMA era un espacio pequeño pero confortable, con puertas francesas que dejaban entrar la luz del sol. Había pilas de libros por todas partes y un collage de fotografías familiares colgado en la pared. Encima de su cama había un gran póster de una mujer negra con la cara inclinada hacia una flor que se abría y las palabras "Tengo un sueño" impresas debajo.

—¿Cuál es tu sueño, Auma? —pregunté.

Auma se rio.

—Ese es mi mayor problema, Barack. Demasiados sueños. Una mujer con sueños siempre tiene problemas.

Mi cansancio por el viaje debió de notarse, porque Auma me sugirió que me echara una siesta mientras ella iba a la universidad a dar su clase. Me dejé caer en el catre que había preparado y me quedé dormido con el zumbido de los insectos al otro lado de la ventana.

A la mañana siguiente fuimos a la ciudad y paseamos sin rumbo fijo. El centro de la ciudad era más pequeño de lo que esperaba, con una hilera tras otra de estuco desgastado y encalado de los días en que Nairobi era poco más que un lugar para que los británicos se quedaran mientras construían ferrocarriles. Junto a esos edificios había surgido una ciudad moderna, de oficinas de gran altura, tiendas elegantes y hoteles con vestíbulos que no se diferenciaban de los de Singapur o Atlanta.

Era una extraña mezcla de culturas antiguas y nuevas. Frente a un lujoso concesionario de automóviles desfilaba una caravana de mujeres masáis camino al mercado, con la cabeza bien afeitada y los lóbulos de las orejas llenos de cuentas brillantes. En la entrada de una mezquita al aire libre, vimos a un grupo de funcionarios de banco quitarse cuidadosamente sus mocasines y lavarse los pies antes de unirse a los granjeros y los cavadores de zanjas para la oración de la tarde.

Nos adentramos en el antiguo mercado, un edificio cavernoso que olía a fruta madura y a carnicería. Un pasillo en la parte trasera del edificio conducía a un laberinto de puestos al aire libre donde los comerciantes vendían telas, cestas, joyas de latón y otras curiosidades. Me detuve ante uno con un conjunto de pequeñas tallas de madera. Reconocí las figuras como un regalo de mi padre: elefantes, leones, tamborileros con tocados tradicionales. "Son solo cosas pequeñas", había dicho el Viejo…

—Venga, señor —dijo el joven que atendía el puesto—. Un hermoso collar para su esposa.

—Esta es mi hermana.

—¿Cuánto?

—Solo quinientos chelines. Hermoso.

Auma frunció el ceño y le dijo algo al hombre en *suajili*.

—Te está dando el precio *wazungu* —explicó—. El precio para el hombre blanco.

El joven sonrió.

—Lo siento mucho, hermana —dijo—. Para un keniano, el precio es solo trescientos.

Dentro del puesto, una anciana que engarzaba cuentas de cristal me señaló y dijo algo que hizo sonreír a Auma.

—¿Qué dijo?

—Dice que pareces estadounidense.

—Dile que soy luo —dije golpeándome el pecho.

Frente a nosotros, una mujer tejía paja de colores para hacer cestas y un hombre cortaba piel de vaca en largas tiras para hacer correas de bolsos. Observé esas ágiles manos que cosían, cortaban y tejían, y empecé a imaginar un ritmo diario inmutable, vivido en un suelo firme donde podías despertarte cada mañana y saber que el día de hoy sería igual que el de ayer, donde veías cómo se habían fabricado las cosas que usabas y podías recitar las vidas de quienes las habían hecho. Y todo esto mientras una procesión constante de rostros negros pasaba ante tus ojos, rostros redondos de bebés y rostros astillados y desgastados de ancianos; bellos rostros que me hicieron comprender la transformación que Asante y otros negros americanos dijeron haber vivido tras su primera visita a África.

Aquí, en África, podías experimentar la libertad de no sentirte vigilado, la libertad de creer que tu pelo es como debe ser y que tu trasero se mueve como debe hacerlo. Aquí el mundo era negro, y por lo tanto tú eras solo tú; podías descubrir todas las cosas que eran únicas en tu vida sin que te acusaran de traición o de vivir una mentira.

Giramos por la calle Kimathi, que lleva el nombre de uno de los líderes de la rebelión Mau-Mau: ocho años, de 1952 a 1960, en los que los grupos étnicos se levantaron y lucharon contra los gobernantes británicos colonialistas. Al final perdieron, y Kimathi fue capturado y ejecutado pero, inspiraron a los africanos de otros países a organizar rebeliones similares. Y sus esfuerzos condujeron, de manera indirecta, a la independencia de Kenia en 1963.

El primer presidente y primer ministro de Kenia fue Jomo Kenyatta, que más tarde haría imposible que mi padre trabajara. Cuando llegó al cargo, les aseguró inmediatamente a los blancos, que ya estaban haciendo sus maletas, que no debían preocuparse de que el gobierno les quitara sus negocios o sus tierras. Kenia se convirtió en un modelo de estabilidad para europeos y estadounidenses, a diferencia de sus vecinos Uganda y Tanzania. Los antiguos luchadores por la libertad guardaron sus armas y volvieron a sus pueblos o se presentaron como candidatos a los cargos del gobierno.

Kimathi se convirtió en un simple nombre en un letrero en una calle turística.

Estudié a estos turistas mientras Auma y yo comíamos en un café al aire libre. Estaban por todas partes: alemanes, japoneses, británicos, estadounidenses, haciendo fotos, esquivando a los vendedores ambulantes, muchos de ellos vestidos con trajes de safari como si fueran actores en un plató de cine.

Una familia blanca estadounidense se sentó a unas mesas de distancia. Dos de los camareros kenianos entraron inmediatamente en acción, sonriendo de oreja a oreja. Como Auma y yo todavía no habíamos sido atendidos, empecé a saludar a los dos camareros que estaban de pie junto a la cocina, pensando que de alguna manera no nos habían visto. Durante algún tiempo se las arreglaron para evitar mi mirada, pero finalmente, un hombre mayor con ojos somnolientos trajo dos menús. Sin embargo, su actitud era resentida y, tras varios minutos más, no dio señales de volver. Para ese momento, los estadounidenses ya habían recibido su comida y nosotros seguíamos sin cubiertos. Auma se puso en pie.

—Vámonos.

Comenzó a caminar hacia la salida, pero de repente se dio la vuelta y volvió a dirigirse al camarero, que nos observaba con mirada impasible.

—Debería darle vergüenza —le dijo Auma, con voz temblorosa—. Debería darle vergüenza.

El camarero respondió bruscamente en suajili.

—No me importa cuántas bocas tengas que alimentar, no puedes tratar a tu propia gente como si fueran perros.

Auma abrió su bolso y sacó un billete arrugado de cien chelines.

—¡Ya ves! —gritó—, puedo pagar mi propia comida.

Tiró el billete al suelo y salió.

Durante varios minutos deambulamos sin rumbo, hasta que finalmente sugerí que nos sentáramos en un banco junto a la oficina central de correos.

—¿Estás bien? —le pregunté.

Asintió con la cabeza.

—Fue una estupidez tirar el dinero de esa manera.

Miramos el tráfico pasar.

—Sabes —dijo finalmente—, no puedo entrar en el club de ninguno de estos hoteles si estoy con otra mujer africana. El personal de seguridad nos rechaza, pensando que somos prostitutas. Lo mismo ocurre en cualquiera de estos grandes edificios de oficinas. Si no trabajas allí y eres africana, te detendrán. Pero si estás con una amiga alemana, sonríen: "Buenas noches, señorita", te dirán. "¿Cómo está usted esta noche?".

Le dije a Auma que estaba siendo demasiado dura con los kenianos; que lo mismo ocurría en muchos países donde los empresarios y turistas extranjeros tenían más dinero que la gente que se había criado allí. Pero mis palabras no sirvieron para calmar su amargura. Ella tenía razón, sospeché, en un sentido. No todos los turistas de Nairobi habían venido por los safaris. Algunos estaban allí para revivir una época en la que los blancos de tierras extranjeras podían venir y ser atendidos por negros sin miedo ni culpa.

¿Sabía el camarero que nos ignoró que Kenia estaba bajo dominio negro? ¿Significaba algo para él? Tal vez en algún momento. Pero luego miró a su alrededor y vio que sus desafortunados compatriotas se dedicaban a los chanchullos y a los trabajos informales, y que algunos de ellos se hundían. Se dio cuenta de que necesitaba mantenerse a sí mismo, y si eso significaba tratar a otros mejor que a su propia gente, que así fuera.

AQUELLA TARDE condujimos hacia el este hasta Kariako, un extenso complejo de apartamentos rodeado de parcelas de tierra. La luna se había ocultado tras unas densas nubes y había empezado a caer una ligera llovizna. Al final de tres pisos, Auma empujó una puerta ligeramente entreabierta.

—¡Barry! ¡Por fin llegaste!

Una mujer bajita y fornida, con un alegre rostro moreno, me dio un fuerte apretón en la cintura. Detrás de ella había unas quince personas que sonreían y saludaban como una multitud en un desfile. La mujer bajita me miró y frunció el ceño.

—No te acuerdas de mí, ¿verdad?

—Yo...

—Soy tu tía Jane. Soy la que te llamó cuando murió tu padre.

Sonrió y me cogió de la mano.

—Ven. Tienes que conocer a todo el mundo aquí. A Zeituni ya la conoces. Esta… —dijo, guiándome hacia una guapa mujer mayor con un vestido verde estampado— es mi hermana, Kezia. Ella es la madre de Auma y Roy Obama.

Kezia me cogió la mano y dijo mi nombre junto con unas palabras en suajili.

—Dice que su otro hijo ha vuelto por fin a casa —dijo Jane.

—Mi hijo —repitió Kezia en inglés, asintiendo y tirando de mí para abrazarme—. Mi hijo ha vuelto a casa.

Continuamos por la sala, estrechando las manos de tías, primos, sobrinos y sobrinas. Todos me saludaron con alegre curiosidad y muy poca incomodidad, como si conocer a un pariente por primera vez fuera algo cotidiano. Llevé una bolsa de bombones para los niños, que se reunieron a mi alrededor con miradas educadas mientras los adultos trataban de explicarles quién era yo.

Un joven de dieciséis o diecisiete años estaba parado contra la pared con una expresión vigilante en el rostro.

—Es uno de tus hermanos —me dijo Auma—. Bernard.

Nos dimos la mano, estudiando nuestros rostros. Me quedé sin palabras, pero me las arreglé para preguntarle cómo estaba.

—Bien, supongo —respondió en voz baja, lo que provocó una ronda de risas.

Jane me empujó hacia una pequeña mesa con cuencos de curry de cabra, pescado frito, berza y arroz. Mientras comíamos, me preguntaron por mi vida en Hawái y traté de describirles mi vida en Chicago y mi trabajo como organizador. Asintieron amablemente pero lucían un poco desconcertados, así que mencioné que estudiaría derecho en Harvard en otoño.

—Ah, eso está bueno, Barry —dijo Jane mientras chupaba un hueso del curry—. Tu padre estudió en esa escuela, Harvard. Nos harás sentir orgullosos, como él. Ya ves, Bernard, debes estudiar mucho como tu hermano.

—Bernard cree que va a ser una estrella del fútbol —dijo Zeituni.

Me volví hacia Bernard.

—¿Es verdad, Bernard?

—No —dijo, incómodo por haber llamado la atención—. Solía jugar, eso es todo.

—Quizá podamos jugar alguna vez —dije.

Negó con la cabeza.

—Ahora me gusta jugar baloncesto. Como Magic Johnson.

Acompañé a Auma a ver el resto del apartamento, que consistía en dos dormitorios, ambos atestados de un extremo a otro con viejos colchones.

—¿Cuánta gente vive aquí? —pregunté.

—No estoy segura ahora mismo —dijo Auma—. Siempre cambia. Jane no sabe decirle que no a nadie, así que cualquier pariente que se muda a la ciudad o pierde su trabajo acaba aquí. A veces se quedan mucho tiempo, o dejan a sus hijos aquí. El Viejo y mi madre dejaron a Bernard aquí muchas veces. Jane prácticamente lo crio.

—¿Y ella puede pagarlo?

—En realidad, no. Tiene un trabajo como telefonista, que no paga mucho. Pero no se queja. No pudo tener sus propios hijos, así que cuida de los de otros.

Volvimos a la sala de estar, me senté en un viejo sofá y dejé que mis ojos recorrieran la escena: los muebles desgastados, el calendario de hace dos años, las fotografías descoloridas. Me di cuenta de que era igual que los apartamentos de Altgeld. La misma cadena de madres, hijas e hijos. El mismo ruido de chismes y televisión. La misma cocina y limpieza. Las mismas heridas, grandes y pequeñas. La misma ausencia de hombres.

Nos despedimos alrededor de las diez, prometiendo visitar a todos y cada uno de los familiares por turno. Mientras nos dirigíamos a la puerta, Jane nos apartó y bajó la voz.

—Tienes que llevar a Barry a ver a tu tía Sarah —le susurró a Auma.

Y luego me dijo:

—Sarah es la hermana mayor de tu padre. Tiene muchas ganas de verte.

—Por supuesto —dije—. ¿Pero, por qué no estaba aquí esta noche? ¿Vive lejos?

—Te lo explicaré en el coche —susurró Auma.

Luego me puso al corriente.

—Deberías ir a ver a Sarah. Pero yo no iré contigo, por el asunto de la herencia del Viejo. Sarah es una de las personas que ha disputado su testamento. Le ha dicho a la gente que Roy, Bernard y yo no somos hijos del Viejo.

Suspiró.

—No sé. Una parte de mí simpatiza con ella. Ha tenido una vida dura. Nunca tuvo las oportunidades que tuvo el Viejo de estudiar o ir al extranjero. Eso la amargó mucho. Piensa que, de alguna manera, nosotros tenemos la culpa.

—¿Pero cuánto podría valer la herencia del Viejo?

—No mucho. Tal vez una pequeña pensión del gobierno. Un pedazo de tierra sin valor. Yo intento mantenerme al margen.

Lo que sea que haya, probablemente ya se ha gastado en abogados. Pero todos esperaban mucho del Viejo. Les hizo creer que lo tenía todo, incluso cuando no tenía nada. Así que ahora, en lugar de seguir adelante con sus vidas, solo discuten entre ellos, pensando que el Viejo va a salvarlos desde su tumba.

Luego me contó sobre Bernard.

—Es muy inteligente, pero se pasa el día sentado sin hacer nada. Abandonó la escuela y no tiene muchas perspectivas de encontrar trabajo.

—Quizá pueda ayudar —le dije.

—Puedes hablar con él. Pero ahora que estás aquí, viniendo de Estados Unidos, eres parte de la herencia, ya ves. Por eso Sarah quiere verte tanto. Cree que te estoy ocultando de ella porque tú eres el que tiene todo.

La lluvia había vuelto a arreciar mientras aparcábamos el coche.

—Todo esto me cansa mucho, Barack —dijo suavemente—. No te imaginas cuánto echaba de menos Kenia cuando estaba en Alemania. Pensaba en que nunca me sentía sola aquí, donde la familia está en todas partes, donde nadie envía a sus padres a una residencia de ancianos ni deja a sus hijos con extraños. Luego estoy aquí y todo el mundo me pide ayuda, y siento que todos se están sujetando de mí y que me voy a hundir. Me siento culpable porque he tenido más suerte que ellos: Fui a la universidad, puedo conseguir un trabajo. ¿Pero qué puedo hacer yo, Barack? Solo soy una persona.

Tomé la mano de Auma y nos quedamos en el coche escuchando la lluvia.

—Me preguntaste cuál era mi sueño —dijo finalmente—. A veces tengo el sueño de que voy a construir una hermosa casa en la tierra de nuestro abuelo. Una casa grande donde podamos quedarnos todos y traer a nuestras familias. Podríamos plantar árboles frutales como nuestro abuelo, y nuestros hijos conocerían realmente la tierra y hablarían luo y aprenderían las costumbres de los ancianos.

—Podemos hacer todo eso, Auma.

Negó con la cabeza.

—Sí, pero ¿quién se ocupará de la casa si yo no estoy? ¿Con quién puedo contar para que se arregle una gotera o se repare una valla? Luego me enfado con el Viejo porque no construyó esa casa para nosotros. Nosotros somos los niños, Barack. ¿Por qué tenemos que cuidar de todos?

—Suena solitario.

—Lo sé, Barack. Por eso sigo viniendo a casa. Por eso sigo soñando.

CAPÍTULO 15

Bernard llamó al timbre a las diez en punto. Llevaba unos pantalones cortos azules desteñidos y una camiseta apretada; en sus manos había una pelota de baloncesto naranja y calva, extendida como una ofrenda.

—¿Listo? —preguntó.

—Casi. Dame un segundo para ponerme los zapatos.

Me siguió hacia dentro del apartamento y se acercó al escritorio donde había estado trabajando.

—Has estado leyendo otra vez, Barry —dijo, sacudiendo la cabeza—. Tu mujer se aburrirá contigo si te pasas todo el tiempo con los libros.

Me senté para atarme los zapatos.

—Me lo han dicho.

Lanzó la pelota al aire.

—A mí no me interesan tanto los libros. Soy un hombre de acción. Como Rambo.

Sonreí.

—Bien, Rambo —dije, poniéndome de pie y abriendo la puerta—. Vamos a ver cómo te va corriendo hasta la cancha.

Bernard me miró dubitativo.

—Las canchas están muy lejos. ¿Dónde está el coche?

—Auma se lo llevó al trabajo. —Salí a la terraza y comencé a estirarme—. De todos modos, me dijo que es solo un kilómetro y medio. Será bueno para calentar esas piernas jóvenes.

Me siguió perezosamente con unos cuantos ejercicios de estiramiento antes de que empezáramos a subir por el camino de grava hasta la carretera principal. Era un día perfecto, con sol y una brisa constante. La carretera estaba vacía excepto por una mujer lejana, que caminaba con una cesta de leña sobre la cabeza. Después de menos de medio kilómetro, Bernard se detuvo en seco, con gotas de sudor en la frente.

—Ya mis músculos se calentaron, Barry —dijo, tragando aire—. Creo que ahora deberíamos caminar.

Las canchas estaban en el campus de la Universidad de Nairobi, por encima del campo de atletismo, con su asfalto de guijarros agrietado por la maleza. Observé a Bernard mientras nos turnábamos para lanzar, y pensé en lo generoso y fácil que había sido como compañero estos últimos días, guiándome por la ciudad mientras Auma estaba ocupada calificando exámenes. Me agarraba la mano de forma protectora mientras nos abríamos paso por las abarrotadas calles, infinitamente paciente cada vez que me detenía a mirar un edificio o a leer algún cartel que él veía todos los días.

Su inocente dulzura lo hacía parecer mucho más joven de sus diecisiete años. Pero estaba, recordé, en una edad en la que un poco más de independencia, un carácter un poco más fuerte, no sería tan malo. Me di cuenta de que tenía tiempo para mí, en parte porque no tenía nada mejor que hacer. Era paciente porque no tenía ningún lugar concreto al que quisiera ir. Necesitaba hablar con él de eso, como le había prometido a Auma; una charla de hombre a hombre.

—¿Has visto jugar a Magic Johnson? —me preguntó Bernard mientras se preparaba para un tiro.

El balón pasó por el aro sin red y se lo devolví.

—Solo en la televisión.

Bernard asintió.

—Todo el mundo tiene coche en Estados Unidos. Y teléfono.

—La mayoría de la gente. No todo el mundo.

Volvió a lanzar y el balón se estrelló ruidosamente contra el aro.

—Creo que es mejor allí —dijo—. Tal vez vaya a Estados Unidos. Podría ayudarte con tu negocio.

—Ahora mismo no tengo un negocio. Quizá cuando acabe la carrera de derecho.

—Debe ser fácil encontrar trabajo.

—No para todo el mundo. En realidad, mucha gente lo pasa mal en Estados Unidos. Especialmente los negros.

Sostuvo el balón en las manos.

—No tan mal como aquí.

Nos miramos y traté de imaginar las canchas de baloncesto en Estados Unidos. El sonido de los disparos en las cercanías, un tipo vendiendo drogas en las escaleras, esa era una imagen. Y otra imagen, igualmente real: chicos riendo y jugando en la cancha de su barrio; su madre llamándolos a casa para comer. Las dos imágenes colisionaron y me dejaron sin palabras. Bernard volvió a rebotar el balón.

Cuando el sol se hizo demasiado fuerte, nos dirigimos a una heladería situada a unas cuantas cuadras de la universidad. Bernard pidió un helado de chocolate.

—Auma me ha dicho que estás pensando en estudiar un oficio —le dije.

Asintió.

—¿Qué tipo de cursos te interesan?

—No lo sé. Quizá mecánica automotriz.

—¿Has intentado entrar en algún programa?

—No. En realidad no. Tienes que pagar cuotas.

—¿Cuántos años tienes ahora, Bernard?

—Diecisiete —dijo con cautela.

—Sabes lo que eso significa, ¿no? —le dije—. Significa que eres casi un hombre. Alguien con responsabilidades hacia tu familia y hacia ti mismo. Lo que intento decir es que es hora de que te decidas por algo que te interese. Podría ser mecánica automotriz. Podría ser otra cosa. Pero sea lo que sea, vas a tener que establecer algunas metas y seguirlas. Auma y yo podemos ayudarte con la matrícula, pero no podemos vivir tu vida por ti. ¿Entiendes?

Bernard asintió.

—Entiendo.

Me imaginé lo vacías que debían sonar mis palabras para este hermano mío, cuya única culpa era haber nacido en el lado equivocado del mundo dividido de nuestro padre. Debía de preguntarse por qué creía que mis reglas se aplicaban a él. Solo quería unas pocas muestras de nuestra relación, casetes de Bob Marley, quizá mis zapatos de baloncesto una vez que me fuera. Pedía poco, y sin embargo cualquier otra cosa que le ofreciera, consejos, regaños, mis ambiciones para él, le parecerían incluso menos.

Cuando salimos a la calle, Bernard me pasó el brazo por encima del hombro.

—Es bueno tener un hermano mayor cerca —dijo antes de despedirse con la mano y desaparecer entre la multitud.

¿QUÉ ES UNA familia? ¿Es solo una cadena genética de padres e hijos? ¿O son dos personas que se eligen mutuamente, que forman una pareja, con la idea de que juntos establecerán un hogar? ¿Compartir los mismos recuerdos les convierte en familia?

Mis propias circunstancias familiares eran tan complejas y confusas que nunca encontré una respuesta definitiva. En lugar de eso, dibujé una serie de círculos a mi alrededor. Un círculo interior, en el que el amor era constante e incuestionable, casi se daba por sentado. Luego un segundo círculo, en el que el amor y el compromiso se elegían libremente. Y luego un círculo para los colegas y conocidos, como la alegre señora canosa que me hacía la compra en Chicago.

Por último, el círculo se ampliaba para abarcar una nación o una raza, o un conjunto de opciones morales, y los compromisos ya no estaban ligados a una cara o un nombre, sino que eran compromisos que yo mismo había contraído.

En Kenia, este círculo planetario mío se derrumbó casi inmediatamente. Porque la familia parecía estar en todas partes: en las tiendas, en la oficina de correos, en las calles y en los parques, todo el mundo alborotado y preocupado por el hijo perdido del Dr. Obama. Si mencionaba que necesitaba un cuaderno o una crema de afeitar, podía contar con que una de mis tías insistiera en llevarme a algún rincón lejano de Nairobi para encontrar las mejores gangas, sin importar lo largo que fuera el viaje o lo incómodo que resultara. "Ah, Barry, ¿qué es más importante que ayudar al hijo de mi hermano?".

Si un primo descubría que Auma me había dejado solo, podía caminar tres kilómetros hasta su apartamento por si acaso yo estaba allí y necesitaba compañía. "Ah, Barry, ¿por qué no me llamaste? Ven, te llevaré a conocer a algunos de mis amigos".

Y por las noches, bueno, Auma y yo simplemente nos rendíamos a las interminables invitaciones que llegaban de tíos, sobrinos, primos segundos o primos lejanos, todos los cuales exigían, a riesgo de sentirse insultados, que fuéramos a comer con ellos, sin importar la hora que fuera o cuántas comidas hubiéramos hecho ya. "Ah, Barry, puede que no tengamos mucho en Kenia, pero mientras estés aquí, siempre tendrás algo que comer".

Al principio estaba agradecido por toda esta atención. Siempre había pensado que la vida en África sería así. Había menos tecnología moderna y era más difícil ir de un sitio a otro, pero te rodeaba la alegría del calor humano. Me pareció muy diferente de la vida americana, donde la gente estaba tan aislada.

A medida que pasaban los días, sin embargo, empecé a sentirme menos alegre y más tenso. Parte de ello tenía que ver con lo que Auma había comentado aquella noche en el coche, la conciencia que todos tenían de mi buena suerte, al menos en comparación con la suya. No es que nuestros familiares estuvieran sufriendo, exactamente. Tanto Jane como Zeituni tenían trabajos fijos y Kezia se las arreglaba vendiendo ropa en los mercados.

Si el dinero escaseaba demasiado, podían enviar a los niños a casa de unos parientes en el interior del país por un tiempo.

Pero la situación en Nairobi era difícil y se ponía cada vez más difícil. La mayoría de la ropa era de segunda mano, y la visita al médico se reservaba para casos de extrema urgencia. Casi todos los miembros más jóvenes de la familia estaban desempleados, incluidos los dos o tres que habían conseguido, contra una dura competencia, graduarse en una de las universidades de Kenia. Y si Jane o Zeituni caían enfermos, si sus empresas cerraban o las despedían, no existía la posibilidad de cobrar ayudas al desempleo o seguro de discapacidad. La única ayuda posible venía de la familia, y los miembros de la familia enfrentaban dificultades similares.

Ahora yo era de la familia, me recordaba a mí mismo; ahora tenía responsabilidades. Y, por primera vez en mi vida, me encontré pensando en el dinero: en la falta de él, en su búsqueda, en la burda pero innegable paz que podía comprar. Una parte de mí deseaba estar a la altura de la imagen que mis nuevos parientes tenían de mí: un abogado corporativo, un hombre de negocios americano, capaz de abrir un grifo y hacer llover sobre ellos las riquezas del mundo occidental.

Pero, por supuesto, yo no era esa persona. E incluso en Estados Unidos, la riqueza implicaba sacrificios; horas dedicadas a ganar dinero en lugar de pasar tiempo con la familia.

Auma estaba en esa situación. Ese verano tenía dos trabajos. Con el dinero que había ahorrado, no solo quería arreglar la casa de la abuela en Alego, sino también comprar un terreno en los alrededores de Nairobi, algo que se revalorizara. Tenía planes, horarios, presupuestos y plazos, todo lo que se necesita en el mundo moderno. El problema era que sus horarios implicaban rechazar invitaciones a reuniones familiares y sus presupuestos implicaban decir no a las constantes peticiones de dinero que le llegaban. Y cuando esto ocurría, veía las miradas de dolor y resentimiento. Su inquietud, su independencia, su constante planificación para el futuro, todo esto le parecía a la familia antinatural y poco africano.

Me recordaba a las tensiones que sufrían ciertos niños del South Side de Chicago cuando les gustaba demasiado hacer sus tareas escolares, algunos niños podían acusarlos de "actuar como blancos". Y Auma sentía la misma culpa que yo esperaba sentir si alguna vez ganaba dinero y tenía que cruzarme con esos grupos de jóvenes negros en las esquinas mientras me dirigía a una oficina del centro de la ciudad. Parecía que el éxito siempre involucraba la amenaza de dejar atrás a los demás.

Hacia el final de mi primera semana en Nairobi, Zeituni me llevó a visitar a nuestra otra tía, Sarah. Ella y mi padre habían sido criados por la segunda esposa de mi abuelo, la madre de Zeituni, a la que todos llamaban Abuelita, después de que su propia madre, Akumu, se marchara.

Sarah vivía ahora en una zona conocida como Mathare, un barrio pobre con kilómetros y kilómetros de tejados ondulados que brillaban bajo el sol como nenúfares húmedos.

—¿Cuánta gente vive allí? —pregunté—. ¿Medio millón?

Zeituni negó con la cabeza.

—Eso sería la semana pasada. Esta semana, debe ser un millón.

Llegamos a una serie de edificios de hormigón a lo largo de una carretera asfaltada, de ocho o tal vez doce plantas, pero extrañamente inacabados, con las vigas de madera y el cemento rugoso expuestos a los elementos. Entramos en uno de ellos, subimos un estrecho tramo de escaleras y llamamos a una puerta desgastada. Apareció una mujer de mediana edad, de baja estatura pero de complexión robusta, con ojos duros y vidriosos en un rostro ancho y descarnado. Me cogió la mano y me dijo algo en luo.

—Dice que se avergüenza de que el hijo de su hermano la vea en un lugar tan miserable —tradujo Zeituni.

Nos hizo pasar a una pequeña habitación de tres metros por doce, lo suficientemente grande como para que cupieran una cama, una cómoda, dos sillas y una máquina de coser. Zeituni y yo cogimos las sillas y una joven nos trajo dos refrescos calientes. Sarah se sentó en la cama y se inclinó hacia delante para estudiar mi cara.

Auma me había dicho que Sarah sabía algo de inglés, pero hablaba sobre todo en luo. Incluso sin el beneficio de la traducción de Zeituni, pude ver que no estaba contenta.

—Quiere saber por qué has tardado tanto en visitarla —explicó Zeituni—. Dice que es la hija mayor de tu abuelo, Hussein Onyango, y que deberías haber venido a verla a ella primero.

—Dile que no quería faltarle el respeto —le respondí—. He estado tan ocupado desde mi llegada que me resultó difícil venir antes.

El tono de Sarah se volvió cortante.

—Dice que la gente con la que te quedas debe de estar contándote mentiras.

—Dile que no he oído nada en su contra.

Sarah resopló y volvió a hablar, su voz retumbando en el pequeño espacio.

—Dice que el juicio no es culpa suya —tradujo Zeituni en voz baja—. Dice que es cosa de Kezia, la madre de Auma. Dice que los niños que dicen ser de Obama no son de Obama. Dice que le han quitado todo y que han dejado a su verdadera gente viviendo como mendigos.

Sarah asintió, y sus ojos empezaron a arder.

—Sí, Barry —dijo de repente en inglés—. Soy yo quien cuidó de tu padre cuando era pequeño. Mi madre, Akumu, es también la madre de tu padre. Akumu es tu verdadera abuela, no esa a la que llamas Abuelita. Akumu, la mujer que da vida a tu padre, deberías ayudarla. Y mira cómo vivo yo.

Antes de que pudiera responder, Zeituni y Sarah empezaron a discutir entre ellas en luo. Finalmente, Zeituni se levantó y se alisó la falda.

—Deberíamos irnos ya, Barry.

Empecé a levantarme de la silla, pero Sarah me cogió la mano con las suyas, y suavizó su voz.

—¿Me darás algo? ¿Para tu abuela?

Saqué la cartera y sentí los ojos de las dos tías mientras contaba el dinero que llevaba encima, unos treinta dólares en chelines. Los puse en las manos secas y agrietadas de Sarah, que rápidamente deslizó el dinero por la parte delantera de su blusa antes de volver a agarrarme la mano.

—Quédate aquí, Barry —dijo Sarah—. Debes conocer a…

—Puedes volver luego, Barry —dijo Zeituni—. Vámonos.

Afuera, Zeituni estaba visiblemente molesta. Esta tía era una mujer orgullosa; la escena con Sarah la había avergonzado. Y luego, esos treinta dólares, Dios sabe que podía haberlos aprovechado ella misma.

Caminamos durante diez minutos antes de preguntarle a Zeituni sobre qué había discutido con Sarah.

—Ah, no es nada, Barry. Esto es lo que les pasa a las viejas que no tienen marido.

Zeituni trató de sonreír, pero la tensión arrugó las comisuras de su boca.

—Vamos, tía. Dime la verdad.

Zeituni negó con la cabeza.

—No *sé* la verdad. Al menos no toda. Tu padre y Sarah eran muy parecidos, aunque no siempre se llevaban bien. Ella era inteligente como él, e independiente. Solía decirme, cuando éramos niños, que quería educarse para no tener que depender de ningún hombre. Por eso acabó casada con cuatro maridos diferentes. El primero murió, pero a los demás los dejó porque eran perezosos o abusaban de ella. La admiro por eso. La mayoría de las mujeres de Kenia lo aguantan todo. Yo lo hice, durante mucho tiempo. Pero Sarah también pagó un precio por su independencia.

Zeituni se secó el sudor de la frente con el dorso de la mano.

—En cualquier caso, tras la muerte de su primer marido, Sarah decidió que tu padre debía mantenerla a ella y a su hijo, ya que él sí había recibido educación. Por eso le disgustaban Kezia y sus hijos; pensaba que Kezia era solo una chica bonita que quería quedarse con todo.

Zeituni dejó de caminar y se volvió hacia mí.

—Después de que tu padre se fue a vivir con su esposa estadounidense, Ruth, bueno, a veces volvía con Kezia. Debes entender que, según la tradición, ella seguía siendo su esposa; entre los luo, los hombres solían tener más de una esposa. Fue en una de esas visitas que Kezia se quedó embarazada de Abo, el hermano que no conoces. La cosa es que Kezia también vivió con otro hombre brevemente durante ese tiempo, así que cuando quedó embarazada de nuevo, de Bernard, nadie estaba seguro de quién…

Zeituni se detuvo, dejando que la frase se completara sola.

—¿Bernard lo sabe?

—Sí, ya lo sabe. Como comprenderás, esas cosas no le importaban a tu padre. Decía que todos eran sus hijos. Expulsó a ese otro hombre y siempre que pudo le dio a Kezia dinero para los niños. Pero una vez muerto, no había nada que demostrara que los había aceptado.

Delante de nosotros, una cabra preñada balaba mientras huía de un *matatu* que se acercaba. Una anciana con la cabeza bajo un chal desteñido nos indicó que miráramos su mercancía: dos latas de judías secas, una pila ordenada de tomates, pescado seco colgado de un alambre como una cadena de monedas de plata. Contemplé el rostro de la anciana. ¿Quién era esta mujer? me pregunté. ¿Mi abuela? ¿Una desconocida?

—Ahora ves lo que sufrió tu padre —dijo Zeituni, interrumpiendo mis pensamientos—. Su corazón era demasiado grande. Le daba a todos los que le pedían. Y todos le pedían. Fue uno de los primeros de todo el distrito en estudiar en el extranjero. La gente del vecindario ni siquiera conocía a nadie más que hubiera viajado en avión. Así que esperaban todo de él. "Ah, Barack", decían, "ahora eres un pez gordo. Deberías darme algo". Y él no podía decir que no. Era tan generoso. Incluso tuvo que ocuparse de mí cuando me quedé embarazada. Estaba muy decepcionado de mí. Quería que fuera a la universidad, pero yo no lo escuché y me fui con mi marido. Y a pesar de esto, cuando mi marido se volvió abusivo y tuve que irme, sin dinero, sin trabajo, ¿quién crees que me acogió? Sí, él. Por eso, digan lo que digan los demás, siempre le estaré agradecida.

Zeituni paró, como si de repente se sintiera enferma, y escupió en el polvo.

—Cuando la suerte de tu padre cambió —dijo—, esa misma gente a la que había ayudado se olvidó de él. Se rieron de él. Incluso la familia se negó a que se quedara en sus casas. Sí, Barry. ¡Se negaron! Le decían a Barack que era demasiado peligroso, ya que se llevaba mal con el presidente. Sabía que esto le dolía, pero tu padre nunca guardó rencor. De hecho, cuando se rehabilitó y volvió a estar bien, ayudó a esa misma gente que le había traicionado. Decía: "¿Cómo sabes que ese hombre no necesita esta pequeña cosa más que yo?".

Cuando retomamos la caminata, añadió:

—Te cuento esto para que sepas la presión a la que estaba sometido tu padre. Para que no lo juzgues con demasiada dureza. Debes aprender de su vida. Si tienes algo, todo el mundo querrá una parte, así que tienes que trazar una línea en algún punto. Si todo el mundo es familia, nadie es familia. Tu padre nunca entendió esto.

UNOS DÍAS después de mi visita a casa de Sarah, Auma y yo nos encontramos con un conocido del Viejo a la salida del banco local. Me di cuenta de que Auma no recordaba su nombre, así que me presenté. El hombre dijo:

—Vaya, vaya, has crecido mucho. ¿Cómo está tu madre? Y tu hermano Mark, ¿ya se graduó de la universidad?

Me sentí confundido. ¿Conocía a esta persona? Entonces Auma le explicó en voz baja que no, que este era otro hermano, Barack, que había crecido en Estados Unidos, hijo de otra madre. David había fallecido. Y luego la incomodidad de todas las partes, el hombre asintiendo

—Lo siento, no lo sabía.

Y yo a un lado, preguntándome cómo sentirme después de que me confundieran con un fantasma.

Unos días después, Auma y yo llegamos a casa y encontramos un coche esperándonos fuera del apartamento. El conductor le entregó a Auma una nota.

—Es una invitación de Ruth —me dijo Auma—. Su hijo Mark ha vuelto de Estados Unidos para pasar el verano. Quiere invitarnos a comer.

—¿Quieres ir?

Auma negó con la cabeza, con una expresión de disgusto en su rostro.

—Ruth sabe que llevo aquí casi seis meses. Yo no le importo. La única razón por la que nos está invitando es que siente curiosidad por ti. Quiere compararte con Mark.

—Creo que debería ir —dije en voz baja.

—Iremos los dos —dijo Auma.

De camino a la casa de Ruth, Auma me explicó los malos sentimientos entre las dos familias. Dijo que el divorcio del Viejo y Ruth había sido muy amargo. Después de separarse, Ruth se casó con un tanzano e hizo que Mark y David tomaran su apellido.

—Los envió a una escuela internacional, y fueron educados como extranjeros. Les dijo que no debían tener nada que ver con nuestra parte de la familia.

Suspiró.

—No lo sé. Quizá porque era mayor, Mark llegó a compartir las actitudes de Ruth y no tuvo contacto con nosotros. Pero una vez que David llegó a la adolescencia, se rebeló. Le dijo a Ruth que era africano y empezó a llamarse Obama. A veces se escapaba de la escuela para visitar al Viejo y al resto de la familia, y así fue como lo conocimos. Se convirtió en el favorito de todos. Era muy dulce y divertido, aunque a veces fuera demasiado salvaje. Ruth lo inscribió en un internado, con la esperanza de que se calmara, pero David acabó huyendo. Nadie lo vio durante meses. Luego Roy se topó con él a la salida de un partido de rugby. Estaba sucio, delgado, pidiendo dinero a desconocidos. Se rio al ver a Roy y se jactó de su vida en la calle. Roy insistió en que David se fuera a vivir con él y le avisó a Ruth que su hijo estaba a salvo. Ella se sintió aliviada, pero también furiosa.

Auma dio un sorbo a su té.

—Fue entonces cuando David murió en un accidente de moto, mientras vivía con Roy. Su muerte rompió el corazón de todos, especialmente el de Roy. Ruth pensó que habíamos corrompido a David, que le habíamos robado a su bebé. Y creo que nunca nos ha perdonado.

Ruth vivía en un barrio de casas caras rodeadas de amplios jardines y cuidados setos, cada una de ellas con un puesto vigilado por guardias uniformados. Llegamos a una de las casas más modestas del bloque y aparcamos en la curva de un camino de entrada. Una mujer blanca de mandíbula larga y pelo canoso salió de la casa a recibirnos. Detrás de ella había un hombre negro de mi estatura y complexión, con un tupido afro y gafas de pasta.

—Pasen, pasen —dijo Ruth.

Los cuatro nos dimos un fuerte apretón de manos y entramos en un gran salón.

—Bueno, aquí estamos —dijo Ruth, llevándonos al sofá y sirviéndonos limonada—. Debo decir que fue toda una sorpresa descubrir que estabas aquí, Barry. Le dije a Mark que teníamos que ver cómo había salido este otro hijo de Obama. Te llamas Obama, ¿verdad? Pero tu madre se volvió a casar. Me pregunto por qué te hizo conservar tu nombre.

Sonreí como si no hubiera entendido la pregunta.

—Entonces, Mark —dije, volviéndome hacia mi hermano—, escuché que estás en Berkeley.

—Stanford —me corrigió. Su voz era grave y su acento perfectamente americano—. Estoy en mi último año del programa de física.

—Debe ser difícil —dijo Auma.

Mark se encogió de hombros.

—No tanto.

—No seas tan modesto, querido —dijo Ruth—. Las cosas que estudia Mark son tan complicadas que solo un puñado de personas las entiende realmente.

Le dio una palmada en la espalda a Mark y se volteó hacia mí.

—Y, Barry, tengo entendido que vas a ir a Harvard, igual que Obama. Debes haber heredado algo de su cerebro y ojalá nada más. Sabes que Obama estaba bastante loco, ¿no? La bebida lo empeoró. ¿Alguna vez lo conociste? ¿A Obama, quiero decir?

—Solo una vez. Cuando tenía diez años.

—Bueno, entonces tuviste suerte. Eso probablemente explica por qué te ha ido tan bien.

Así transcurrió la siguiente hora, con Ruth alternando historias de los fracasos de mi padre con historias de los logros de Mark. Yo quería irme en cuanto terminara la comida, pero Ruth sugirió que Mark nos enseñara el álbum familiar mientras ella sacaba el postre.

Juntos nos sentamos en el sofá, hojeando lentamente las páginas. Auma y Roy, oscuros, flacos y altos, piernas y ojos grandes, sosteniendo a los dos niños más pequeños en sus brazos de forma protectora. El Viejo y Ruth abrazados en alguna playa. Toda la familia vestida para una noche en la ciudad. Eran escenas felices, y todas extrañamente familiares, como si estuviera vislumbrando un universo alternativo. Me di cuenta de que eran el reflejo de mis propias fantasías, que había mantenido en secreto incluso para mí mismo. Si el Viejo nos hubiera llevado a mi madre y a mí a Kenia, ¿habríamos lucido así? A menudo había deseado que mi madre y mi padre, mis hermanas y hermanos, estuvieran todos bajo el mismo techo. Estaba mirando lo que podría haber sido. El reconocimiento de lo mal que había salido todo me entristeció tanto que, al cabo de unos minutos, tuve que apartar la mirada.

En el camino de vuelta, me disculpé con Auma por haberla hecho pasar por ese calvario. Me dijo que no le importaba.

—Podría haber sido peor —dijo—. Pero lo siento por Mark. Se ve tan solitario. Ya sabes, no es fácil ser un niño mestizo en Kenia.

Miré por la ventana, pensando en mi madre, Toot y el abuelo, y en lo agradecido que estaba hacia ellos por ser quienes eran y por las historias que me habían contado.

Me volví hacia Auma y le dije:

—Todavía no lo ha superado, ¿verdad?

—¿Quién?

—Ruth. No ha superado al Viejo.

Auma pensó un momento.

—No, Barack. Supongo que no lo ha superado. Al igual que el resto de nosotros.

LA SEMANA SIGUIENTE, llamé a Mark y le propuse salir a comer. Parecía dudar, pero aceptó reunirse conmigo en un restaurante indio del centro de la ciudad.

Se notaba más relajado que en nuestro primer encuentro. A medida que la comida avanzaba, le pregunté cómo se sentía estando de vuelta por el verano.

—Bien —dijo—. Es agradable ver a mi madre y a mi padre, por supuesto. En cuanto al resto de Kenia, no siento mucho apego. Solo es otro país africano pobre.

—¿Nunca piensas en instalarte aquí?

—No —dijo—. O sea, no hay mucho trabajo para un físico en un país en el que el ciudadano medio no tiene teléfono.

Debí detenerme en ese momento, pero algo, quizá la certeza en su voz o nuestro parecido, me hizo querer insistir. Le pregunté:

—¿Nunca has sentido que podrías estar perdiendo algo?

Mark dejó el cuchillo y el tenedor y, por primera vez en la tarde, me miró directamente a los ojos.

—Entiendo lo que quieres decir —dijo rotundamente—. Crees que de alguna manera estoy desvinculado de mis raíces.

Dejó caer la servilleta sobre su plato.

—Bueno, tienes razón. En un momento dado, tomé la decisión de no pensar en quién era mi verdadero padre. Era un borracho y no se preocupaba por su mujer ni por sus hijos.

—Te hizo enfadar.

—No enfadar. Solo me volvió insensible.

—¿Y eso no te molesta? ¿Ser insensible, quiero decir?

—Hacia él, no. Otras cosas me conmueven. Las sinfonías de Beethoven. Los sonetos de Shakespeare. Ya sé, no se supone que a un africano le importen esas cosas. ¿Pero quién me puede decir lo que debe y no debe importarme? Entiende, no me avergüenzo de ser mitad keniano, solo que no me hago muchas preguntas sobre lo que significa todo esto. No me pregunto sobre quién soy en realidad.

Nos levantamos para irnos y yo insistí en pagar la cuenta. Afuera intercambiamos direcciones y prometimos escribirnos. Dudé que lo hiciéramos, y la falta de honestidad me hizo doler el corazón.

CAPÍTULO 16

Hacia el final de mi segunda semana en Kenia, Auma y yo fuimos a un safari.

Auma no estaba entusiasmada con la idea. Puso mala cara cuando le enseñé el folleto. Como la mayoría de los kenianos, veía los parques de safari, con sus animales vigilados y sus zonas de acampada, como parte de un pasado colonial.

—¿Cuántos kenianos crees que pueden permitirse ir de safari? —preguntó—. ¿Por qué hay que destinar todo ese terreno a los turistas cuando podría utilizarse para la agricultura?

Le dije que estaba dejando que las actitudes de otras personas le impidieran ver su propio país. Al final cedió, pero solo porque se apiadó de mí.

—Si algún animal te come allí, no me lo perdonaría nunca —dijo.

Y así, a las siete de la mañana de un martes, vimos cómo un conductor *kikuyu* de complexión robusta llamado Francis cargaba nuestras maletas en el techo de una miniván blanca. Nos acompañaban un cocinero delgado llamado Rafael, un italiano de pelo oscuro llamado Mauro y una pareja británica de unos cuarenta años, los Wilkerson.

Salimos de Nairobi y pronto nos encontramos en el campo, pasando por colinas verdes y caminos de tierra roja y pequeñas *shambas*, o granjas, rodeadas de parcelas de maíz marchito. Nadie hablaba, y el silencio era incómodo; me hizo pensar en cuando llegué a Kenia creyendo que podría combinar mis múltiples mundos en un todo único y armonioso. En vez de eso, las divisiones parecían haberse multiplicado. Las veía en todas partes.

Por ejemplo, entre los cuarenta grupos étnicos negros del país. No se notaban tanto las finas líneas entre los amigos de Auma, que eran más jóvenes y tenían estudios universitarios. Pero la mayoría de los kenianos tenían antiguas lealtades. Incluso Jane y Zeituni decían cosas que me sorprendían. "Los luo son inteligentes pero perezosos", decían, o "los kikuyu son avaros pero trabajadores".

Al escuchar estos estereotipos, intenté explicarles a mis tías que esas ideas eran erradas.

—Es esa forma de pensar la que nos frena —les dije—. Todos formamos parte de una tribu. La tribu negra. La tribu humana. Mira cómo esa forma de pensar ha provocado guerras en otros países africanos como Nigeria o Liberia.

Y Zeituni decía:

—Hablas como tu padre, Barry. Él también pensaba así.

Lo que quería decir era que él también era ingenuo; a él también le gustaba discutir con la historia. Y mira lo que le había pasado…

La furgoneta se detuvo. Estábamos frente a una pequeña *shamba* y nuestro conductor, Francis, nos pidió que esperáramos. Unos minutos más tarde, salió de la casa con una joven africana, de unos doce o trece años; vestía jeans y una blusa pulcramente planchada y llevaba una pequeña bolsa.

—¿Esta es tu hija? —preguntó Auma, haciéndose a un lado para dejar espacio a la niña.

—No —dijo Francis—. Es de mi hermana. Le gusta ver a los animales y siempre me insiste para que la lleve. Espero que a nadie le moleste.

Todos negaron con la cabeza y sonrieron.

—¿Cómo te llamas? —preguntó la británica, la señora Wilkerson.

—Elizabeth —susurró la niña.

—Bueno, Elizabeth, puedes compartir mi tienda de campaña si quieres —dijo Auma—. Mi hermano, creo que ronca.

Hice una mueca.

—No la escuches —dije, y le tendí un paquete de galletas.

Elizabeth cogió una y la mordisqueó limpiamente por los bordes. Auma cogió la bolsa y se volteó hacia Mauro.

—¿Quieres un poco? —le preguntó.

El italiano sonrió y cogió una, antes de que Auma se las pasara a los demás.

Seguimos el camino hacia colinas más frescas, donde las mujeres caminaban descalzas cargando leña y agua y niños pequeños azuzaban a los burros desde sus carretas. Poco a poco, las *shambas* se hicieron menos frecuentes y fueron sustituidas por arbustos y bosques enmarañados, hasta que los árboles a izquierda desaparecieron y solo podíamos ver el cielo abierto.

—El valle del Gran Rift —anunció Francis.

Bajamos de la furgoneta y nos pusimos al borde de una larga y empinada ladera que miraba hacia el horizonte occidental. Cientos de metros más abajo, la piedra y la hierba de la sabana se extendían en una llanura interminable, nuestro destino.

A la derecha, una montaña solitaria se alzaba como una isla en un mar silencioso; más allá, una hilera de crestas desgastadas y sombrías. Solo se veían dos signos de presencia humana: una delgada carretera y una estación de satélites espaciales, con su enorme antena parabólica blanca inclinada hacia el cielo.

Unos pocos kilómetros al norte, salimos de la autopista. El camino era lento: había baches por toda la carretera y, de vez en cuando, se acercaban camiones en dirección contraria que nos obligaban a salir a un lado. Finalmente, llegamos a la carretera que habíamos visto desde arriba y empezamos a atravesar el fondo del valle. El paisaje era seco, principalmente arbustos bajos y árboles espinosos, grava y parches de piedra oscura y dura. Pasamos junto a un ñu solitario que estaba comiendo en la base de un árbol, unas cebras y una jirafa apenas visible en la distancia. Durante casi una hora no vimos a ninguna otra persona, hasta que apareció en la distancia un solo pastor masái, tan delgado y recto como el bastón que llevaba, guiando un rebaño de ganado por un llano vacío.

No había conocido a muchos masáis en Nairobi, aunque había leído mucho sobre ellos. Sabía que a principios del siglo XX los británicos habían roto los tratados con ellos, los habían expulsado de sus tierras y los habían trasladado a reservas. Al mismo tiempo, su conexión con la tierra y su ferocidad en la guerra les habían hecho merecedores de cierto respeto por parte de los británicos, por lo que en las mentes occidentales se habían convertido en figuras nobles y románticas, como los cherokees o los apaches en Estados Unidos.

Dos horas más tarde, atravesamos la entrada a la reserva. Y allí, al otro lado de una colina, vi la tierra más hermosa que jamás había visto. Se extendía eternamente, con llanuras que se convertían en suaves colinas, elásticas como el lomo de un león, surcadas por bosques y punteadas por árboles espinosos. A nuestra izquierda, una enorme manada de cebras cosechaba la hierba color trigo; a nuestra derecha, una tropa de gacelas saltaba entre los arbustos. Y en el centro, miles de ñus, con cabezas lúgubres y hombros encorvados que parecían demasiado pesados para sus delicadas patas.

Francis empezó a abrirse paso con la furgoneta a través de la manada: los animales se separaban a nuestro paso para luego fundirse como un banco de peces, con sus pezuñas golpeando la tierra como una ola contra la orilla.

Miré a Auma. Tenía su brazo alrededor de Elizabeth, y ambas llevaban la misma sonrisa muda.

Acampamos sobre las orillas de un sinuoso arroyo marrón, bajo una gran higuera llena de ruidosos estorninos azules. Mientras nos sentábamos a comer el guiso de Rafael, Francis nos habló un poco de él. Tenía una esposa y seis hijos que vivían en su granja en Kikuyuland. Cultivaban café y maíz y, en sus días libres, él se encargaba de las tareas más pesadas de la azada y la siembra. Le gustaba su trabajo en la agencia de viajes, pero no le gustaba estar lejos de su familia.

—Si pudiera, preferiría dedicarme a la agricultura a tiempo completo —dijo—, pero el SCK lo hace imposible.

—¿Qué es el SCK? —pregunté.

—El Sindicato del Café de Kenia. Son unos ladrones. Controlan lo que podemos plantar y cuándo podemos plantar. Solo les puedo vender mi café a ellos, y ellos lo venden en el extranjero. Sé que se llevan cien veces más de lo que me pagan a mí.

Francis sacudió la cabeza con disgusto.

—Es terrible que el gobierno robe a su propia gente.

—Hablas con mucha libertad —dijo Auma.

Francis se encogió de hombros.

—Si hubiera más gente que hablara, quizá las cosas cambiarían.

Contempló el fuego, peinando su bigote con los dedos.

—Supongo que no es solo culpa del gobierno —dijo después de un rato—. Incluso cuando las cosas se hacen bien, a los kenianos no nos gusta pagar impuestos. No confiamos en la idea de darle nuestro dinero a alguien. El pobre tiene buenas razones para sentir ese recelo. Pero los grandes hombres, dueños de los camiones que usan las carreteras, también se niegan a pagar su parte y a renunciar a parte de sus beneficios.

Lancé un pedazo de madera al fuego.

—Esas actitudes no son muy diferentes en Estados Unidos —dije.

—Probablemente tengas razón —respondió—. Pero un país rico como Estados Unidos puede permitirse ser estúpido.

En ese momento, dos hombres masáis se acercaron al fuego. Francis les dio la bienvenida y nos explicó que se encargarían de la seguridad durante la noche.

Eran hombres tranquilos y apuestos, con sus lanzas clavadas en el suelo ante ellos. Proyectaban largas sombras. Uno de los dos, que dijo llamarse Wilson, hablaba suajili y nos dijo que vivía en un *boma*, o campamento, a unos kilómetros al este. Auma preguntó si el campamento había sido atacado alguna vez por animales. Wilson sonrió.

—Nada grave —dijo—. Pero si tienes que ir al baño por la noche, deberías llamar a uno de nosotros para que te acompañe.

Me alejé del fuego para mirar las estrellas. Hacía años que no las veía así; lejos de las luces de la ciudad eran gruesas, redondas y brillantes como joyas.

—Creo que esa es la Vía Láctea —dijo el Sr. Wilkerson.

Levantó la mano y trazó las constelaciones para mí. Era un hombre delgado, de voz suave y gafas redondas. Al principio supuse que se pasaba la vida en casa, que era contable o profesor, pero a medida que pasaba el día me di cuenta de que tenía todo tipo de conocimientos prácticos, el tipo de cosas que yo nunca había llegado a aprender pero que deseaba saber. Montó su tienda de campaña antes de que yo pudiera clavar mi primera estaca, y sabía el nombre de cada pájaro y cada árbol que veíamos.

No me sorprendió, pues, que me contara que había pasado su infancia en Kenia, en una plantación de té. No quiso hablar mucho del pasado; solo dijo que su familia había vendido las tierras después de la independencia de Kenia y se había trasladado a Inglaterra, donde había estudiado medicina. Al cabo de unos años, convenció a su mujer, psiquiatra, de volver con él a África. Decidieron no vivir en Kenia, donde había un exceso de médicos, y se instalaron en Malawi, donde ambos trabajaban para el gobierno desde hacía cinco años.

—Superviso a ocho médicos para una zona de medio millón de habitantes —me dijo—. Nunca tenemos suficientes suministros.

Así que solo podemos centrarnos en lo básico, que en África es lo que realmente se necesita de todos modos. La gente muere de todo tipo de enfermedades evitables, incluso de varicela.

Me contó que pasaba muchos de sus días cavando pozos, formando a los trabajadores para vacunar a los niños y repartiendo preservativos para prevenir el SIDA. Le pregunté por qué había vuelto a África.

—Es mi hogar, supongo. La gente, la tierra… —Se quitó las gafas y las limpió con un pañuelo—. Es curioso: una vez que has vivido aquí durante un tiempo, la vida en Inglaterra te parece terriblemente limitada. Los británicos tienen mucho más, pero parecen disfrutar menos de las cosas. Me sentía como un extranjero allá.

Se volvió hacia la hoguera y su voz empezó a flaquear.

—Quizá nunca pueda llamar a este lugar mi hogar —dijo—. Mi propia gente fue responsable de demasiadas injusticias. Los pecados de los padres, he aprendido a aceptarlos. —Hizo una pausa y me miró—. Sin embargo, sí que amo este lugar —dijo antes de volver a su tienda.

AL AMANECER HACIA EL este, el cielo se aclaró por encima de una arboleda negra, primero azul intenso, luego naranja, después amarillo cremoso. Las nubes perdieron lentamente su tinte púrpura y luego desaparecieron, dejando atrás una única estrella. Mientras salimos del campamento vimos una caravana de jirafas, con sus largos cuellos haciendo extrañas marcas sobre un cielo antiguo.

Así fue todo el resto del día. Me sentí como si tuviera los ojos de un niño y el mundo fuera un libro *pop-up*. Una manada de leones bostezando en la hierba; búfalos en las marismas, con sus cuernos como graciosas pelucas y aves garrapateras en sus lomos cubiertos de barro; hipopótamos en los lechos de los ríos poco profundos, con sus ojos rosados y sus fosas nasales como canicas balanceándose en el agua.

Y, sobre todo, noté la quietud. Al anochecer, tropezamos con una tribu de hienas que se alimentaba del cadáver de un ñu. A la luz anaranjada del atardecer, parecían perros endemoniados, con sus ojos de carbón negro y sus barbillas chorreando sangre. A su lado, una hilera de buitres esperaba con mirada severa y paciente, alejándose como jorobados cada vez que una de las hienas se les acercaba demasiado. Era una escena salvaje. Nos quedamos allí durante mucho tiempo, observando cómo la vida se alimenta de sí misma, en un silencio que solo interrumpía el crujido de los huesos o el ruido del viento o el duro golpe de las alas de un buitre.

Y pensé: así se veía la Creación. La misma quietud, el mismo crujido de huesos. Allí, en el crepúsculo, sobre aquella colina, me imaginé al primer ser humano avanzando, desnudo y con la piel áspera, agarrando torpemente un trozo de sílex, sin tener aún palabras para los sentimientos de miedo y asombro que le evocaba la visión del vasto cielo. Si tan solo pudiéramos recordar ese primer paso común, esa primera palabra común, ese tiempo anterior a la bíblica torre de Babel, cuando los humanos se disgregaron, y volver a estar completos.

Esa noche, después de la cena, hablamos más con nuestros guardias masáis. Wilson formaba parte de una clase de jóvenes guerreros conocidos como los *moran*, cada uno de los cuales había matado un león para demostrar su hombría y había participado en muchos asaltos ganaderos. Pero decidió que ser un *moran* era una pérdida de tiempo. Fue a Nairobi en busca de trabajo, pero tenía pocos estudios y terminó como guardia de seguridad en un banco. El aburrimiento lo volvió loco y finalmente regresó al valle para casarse y cuidar el ganado. Recientemente, un león había matado a una de sus reses, y él y otros cuatro decidieron cazar al león en la reserva, a pesar de que ahora eso era ilegal.

—¿Cómo se mata a un león? —pregunté.

—Cinco hombres lo rodean y le arrojan sus lanzas —dijo Wilson—. El león elige a un hombre para abalanzarse sobre él. Ese hombre se esconde bajo su escudo mientras los otros cuatro terminan el trabajo.

—Suena peligroso.

Wilson se encogió de hombros.

—Normalmente solo hay arañazos. Pero a veces solo cuatro hombres regresan.

No parecía que estuviera presumiendo, más bien, sonaba como un mecánico intentando explicar una reparación difícil.

Tal vez fue esa actitud despreocupada la que llevó a Auma a preguntarle a dónde creían los masáis que irían después de la muerte. Al principio, Wilson pareció no entender la pregunta, pero finalmente sonrió y empezó a negar con la cabeza.

—Eso de la vida después de la muerte no es una creencia masái —dijo, casi riendo—. Después de morir, no eres nada. Vuelves a la tierra. Eso es todo.

Durante un rato, Francis había estado leyendo una pequeña Biblia encuadernada en rojo, y Auma le preguntó si había sido criado como cristiano.

Francis asintió.

—Mis padres se convirtieron al cristianismo antes de que yo naciera.

Mauro habló, mirando fijamente al fuego.

—Yo, dejé la Iglesia. Demasiadas reglas. ¿No crees, Francis, que el cristianismo no es tan bueno? Es una religión blanca, ¿no?

Francis puso la Biblia en su regazo.

—Esas cosas me preocupaban cuando era joven. Pero los muchos errores que cometieron los misioneros fueron suyos, no de Dios. E incluso entonces, alimentaban a la gente cuando había sequía. Algunos enseñaban a los niños a leer. En esto, creo que estaban haciendo la obra de Dios. Todo lo que podemos hacer es aspirar a vivir como Dios, aunque siempre nos quedaremos cortos.

Francis volvió a su Biblia. A su lado, Auma leía un cuento con Elizabeth. El Dr. Wilkerson estaba sentado con las rodillas juntas, remendando sus pantalones, mientras su mujer contemplaba el fuego. Miré a los masáis y me pregunté qué pensarían de nosotros. Su valor, su dureza, me hizo cuestionar mi propio espíritu ruidoso. Y sin embargo, al mirar a mi alrededor, vi un coraje que admiraba igualmente en Francis y en Auma y en los Wilkerson. Tal vez era ese tipo de valor el que África necesitaba desesperadamente, el valor de la gente honesta y decente con ambiciones realistas, y la determinación de llevar a cabo esas ambiciones.

El fuego empezó a apagarse, y uno a uno los demás se fueron retirando, hasta que solo quedamos Francis, el masái y yo. Cuando me levanté, Francis empezó a cantar un himno en kikuyu con su voz grave. Reconocí vagamente la melodía. Lo escuché un rato, perdido en mis propios pensamientos. Caminando de vuelta a mi tienda, sentí que entendía el doloroso canto de Francis, imaginando que se elevaba hacia arriba, a través de la clara noche negra, directamente hacia Dios.

CAPÍTULO 17

A las cinco y media de la tarde, nuestro tren salió de la vieja estación de Nairobi en dirección al oeste, hacia el pueblo donde aún vivía mucha de la familia de mi abuelo, incluida la última de sus esposas que aún vivía, la "abuela". Mi madrastra Kezia, mi tía abuela Zeituni y mi hermanastra Auma iban en un compartimento; mis hermanastros Roy y Bernard y yo en otro. Mientras todos guardaban sus maletas, abrí una ventana y miré la curva de las vías que había detrás de nosotros.

El ferrocarril había sido el mayor esfuerzo de ingeniería en la historia del Imperio Británico en el momento de su construcción: seiscientas millas de largo, desde Mombasa en el Océano Índico hasta la orilla oriental del Lago Victoria. El proyecto comenzó en 1895, el año en que nació mi abuelo, tardó cinco años en completarse y costó la vida a varios cientos de trabajadores indios. Intenté imaginar a un keniano viendo por primera vez esta serpiente de acero y humo negro pasar por su pueblo. ¿Miraría el tren con envidia, imaginándose un día sentado en el vagón donde se sentaba el inglés? ¿O se estremecía con visiones de ruina y guerra?

—¿Cuánto tiempo tardaremos en llegar a Home Square? —pregunté.

—Toda la noche hasta Kisumu —dijo Auma—. Tomaremos un autobús o un *matatu* desde allí; otras cinco horas, quizá.

—Por cierto —me dijo Roy—, no es Home Square, sino Home *Squared*.

—¿Qué significa eso?

—Es algo que solían decir los niños de Nairobi —explicó Auma—. Existe tu casa normal en Nairobi y luego existe tu casa en el campo, de donde viene tu gente: tu hogar ancestral. Incluso el más grande empresario o ministro piensa así. Puede tener una mansión en Nairobi y apenas una pequeña cabaña en el campo, pero si le preguntas de dónde es, te dirá que esa cabaña es su verdadero hogar. Por eso, cuando estábamos en la escuela y queríamos decirle a alguien que íbamos a Alego, era nuestro hogar por partida doble: *Home Squared*: Hogar Al Cuadrado.

—Para ti, Barack —dijo Roy—, podemos llamarlo Hogar Al Cubo.

Auma sonrió y se recostó en su asiento, escuchando el ritmo del tren.

—Este tren me trae muchos recuerdos. ¿Te acuerdas, Roy, de lo mucho que esperábamos volver a casa? Es tan bonito, Barack. No se parece en nada a Nairobi. Y la abuela ¡es muy divertida! Te caerá bien, Barack. Tiene tan buen sentido del humor.

—Debía tener buen sentido del humor para vivir con el Terror durante tanto tiempo —dijo Roy.

—¿Quién es el Terror?

—Así solíamos llamar a nuestro abuelo, porque era muy malo —dijo Auma.

Roy se rio.

—¡Es que ese tipo era malo! Te obligaba a sentarte a la mesa para cenar y te servía la comida en porcelana, como un inglés. Si decías algo incorrecto, o usabas el tenedor equivocado, ¡pum! te pegaba con su bastón. A veces, cuando te pegaba, no sabías por qué hasta el día siguiente.

A Zeituni no le impresionaban los cuentos de Roy.

—Ah, ustedes, niños, solo lo conocieron cuando era viejo y débil. Cuando era más joven, ¡ay! yo era su favorita, ya sabes. Pero, aun así, si hacía algo malo, me escondía de él todo el día, ¡me daba tanto miedo! Era estricto hasta con sus invitados. Si venían a su casa, mataba muchos pollos en su honor. Pero si rompían la costumbre, como lavarse las manos antes que alguien mayor, no dudaba en pegarles, incluso a los adultos.

—No suena como un tipo muy popular —dije.

Zeituni negó con la cabeza.

—En realidad era muy respetado porque era un buen agricultor. Su recinto en Alego era uno de los más grandes de la zona. Podía cultivar cualquier cosa. Había estudiado estas técnicas de los británicos cuando trabajaba para ellos como cocinero.

—No sabía que era cocinero.

—Tenía sus tierras, pero durante mucho tiempo fue cocinero de unos blancos en Nairobi. Trabajó para gente muy importante. Durante la Guerra Mundial fue capitán del ejército británico.

—Quizá eso es lo que lo hacía tan malo —dijo Roy, que ahora se bebía su segunda cerveza.

—No lo sé —respondió Zeituni—. Creo que mi padre siempre fue así: muy estricto, pero justo. Un día, cuando yo era niña, un hombre llegó al borde de nuestro recinto con una cabra con correa. Quería pasar por nuestro terreno, porque vivía al otro lado, y no quería desviarse mucho. Así que tu abuelo le dijo a este hombre: "Cuando vas solo, siempre eres libre de pasar por mi tierra. Pero hoy no puedes pasar, porque tu cabra se comerá mis plantas". Pues bien, este hombre no quiso escuchar. Discutió durante mucho tiempo con tu abuelo, diciendo que tendría cuidado y que la cabra no causaría daños. Finalmente, tu abuelo me llamó y me dijo que trajera su machete. Tenía dos machetes que siempre estaban muy, muy afilados; los frotaba en una piedra todo el día. Entonces tu abuelo le dijo al hombre: "Voy a hacer un trato contigo. Puedes pasar con tu cabra. Pero si se daña una sola hoja, si se daña la mitad de una hoja de mis plantas, cortaré a tu cabra". Aunque yo era niña en ese momento, sabía que el hombre debía ser estúpido, porque aceptó el trato. Empezamos a caminar, el hombre y su cabra delante y nosotros dos siguiéndolos de cerca. Habíamos caminado unos veinte pasos cuando la cabra estiró el cuello y empezó a mordisquear una hoja. Entonces, ¡Zas! Mi padre le cortó un lado de la cabeza a la cabra. El dueño de la cabra se sorprendió y empezó a gritar: "¡Ayyy! ¡Ayy! ¿Qué hiciste ahora, Hussein Onyango?". Y tu abuelo se limitó a limpiar su machete y dijo: "Si digo que voy a hacer algo, tengo que hacerlo. Si no, ¿cómo sabrá la gente que mi palabra es cierta?".

Auma sacudió la cabeza.

—¿Te imaginas, Barack? —dijo—. Te juro que a veces pienso que los problemas de esta familia empezaron con él. Es la única persona cuya opinión creo que le preocupaba al Viejo. La única persona a la que temía.

Esa noche me quedé despierto hasta tarde, pensando en nuestro abuelo. Todo había empezado con él, había dicho Auma. Si pudiera reconstruir su historia, tal vez todo lo demás encajaría.

LLEGAMOS a Kisumu al amanecer y caminamos media milla hasta la estación de autobuses. Estaba abarrotada de autobuses y *matatus* que tocaban bocinas y se disputaban el espacio. Auma subió a un vehículo de aspecto triste, con las ruedas agrietadas, y se bajó con cara de mal humor.

—No hay asientos —dijo.

—No te preocupes —dijo Roy, mientras una serie de manos levantaban nuestras maletas hasta el techo del autobús—. Esto es África, Auma… no Europa.

Se giró y le dio una sonrisa al joven que cobraba los billetes.

—¿Nos vas a encontrar asientos, verdad, hermano?

El hombre asintió con la cabeza.

—No hay problema. Este autobús es de primera clase.

Una hora más tarde, Auma estaba sentada en mi regazo, junto con una cesta de boniatos y la bebé de alguna otra persona.

—Me pregunto cómo será la tercera clase —dije, limpiando las babas de mi mano.

LLEGAMOS a un pueblo llamado Ndori y pasamos las dos horas siguientes bebiendo refrescos calientes y observando a los perros callejeros pelear en el polvo, hasta que por fin apareció un *matatu* para llevarnos por la carretera de tierra hacia el norte. Por el camino, unos cuantos niños sin zapatos nos saludaron, y un rebaño de cabras atravesó la carretera para llegar a un arroyo.

Finalmente nos detuvimos en un claro. Dos jóvenes estaban sentados bajo un árbol, y sus rostros se iluminaron al vernos. Roy saltó del *matatu* para coger a los dos hombres en brazos.

—Barack —dijo Roy con alegría—, estos son nuestros tíos. Este es Yusuf —y señaló al hombre de complexión ligera y con bigote—, y este —dijo señalando al hombre más corpulento y bien afeitado— es el hermano menor de nuestro padre, Sayid.

—Ah, hemos oído hablar muy bien de este —dijo Sayid, sonriéndome—. Bienvenido, Barry.

Seguimos a Yusuf y Sayid por un camino y entramos en un gran recinto. En el centro había una casa baja y rectangular con tejado de hierro corrugado y paredes de hormigón en ruinas, con flores que trepaban por uno de sus lados. Al otro lado de la tierra compactada había una pequeña cabaña redonda con macetas de barro y unas cuantas gallinas picoteando el suelo. Pude ver dos cabañas más en el patio detrás de la casa. Debajo de un alto árbol de mango, un par de huesudas vacas rojas nos miraban.

Home Squared.

—¡Eh, Obama!

Una mujer grande con un pañuelo en la cabeza salió de la casa principal. Su rostro era suave, con ojos brillantes y risueños. Era la abuela. Abrazó a Auma y a Roy como si fuera a luchar contra ellos y luego me cogió la mano con un fuerte apretón de manos.

—¡Halo! —dijo, intentando hablar en inglés.

—¡*Musawa*! —dije en luo.

Ella se rio y le dijo algo a Auma.

—Dice que ha soñado con este día, en el que por fin conocería a este hijo de su hijo. Dice que le has traído una gran felicidad. Dice que por fin has llegado a casa.

La abuela me abrazó antes de llevarnos al interior de la casa. Las pequeñas ventanas dejaban pasar poca luz de la tarde y no había muchos muebles: unas cuantas sillas de madera, una mesa de café y un sofá desgastado. En las paredes había varios recuerdos de la familia, incluido el diploma de Harvard del Viejo. También había dos fotografías amarillentas, la primera de una mujer joven y alta de ojos ardientes, con un niño regordete en su regazo y una niña de pie a su lado; la segunda de un hombre mayor en una silla de respaldo alto. El hombre vestía una camisa almidonada y un gran paño de algodón llamado *kanga*; tenía las piernas cruzadas como un inglés, pero sobre su regazo había lo que parecía ser una especie de garrote, con su pesada cabeza envuelta en una piel de animal. Tenía los pómulos altos y los ojos estrechos.

Auma se acercó a mí.

—Es él. Nuestro abuelo. La mujer de la foto es nuestra otra abuela, Akumu. La niña es Sarah. Y el bebé, ese es el Viejo.

Estudié las fotos durante algún tiempo hasta que me fijé en otra, de una mujer blanca con grueso pelo castaño y ojos ligeramente soñadores. Pregunté qué hacía allí y Auma le transmitió la pregunta a la abuela.

—Dice que es una foto de una de las esposas de nuestro abuelo —dijo Auma—. Él contaba que se había casado con ella en Birmania cuando estaba en la guerra.

—No parece muy birmana, ¿eh, Barack? —rio Roy.

Negué con la cabeza. Se parecía a mi madre.

Después de deshacer las maletas, Roy me hizo un gesto para que le siguiera al patio trasero. Al borde de un maizal vecino, al pie de un árbol de mango, vi dos largos rectángulos de cemento que sobresalían de la tierra. Eran tumbas. En una había una placa que decía "hussein onyango obama, nacido en 1895 y muerto en 1979". La otra estaba cubierta de azulejos de baño amarillos, con un espacio vacío en la lápida donde debería haber estado la placa.

Era la tumba de mi padre.

Roy se agachó y apartó un tren de hormigas que marchaba por el borde.

—Seis años —dijo Roy—. Seis años, y todavía no hay nada que diga quién está enterrado aquí. Te lo digo ahora, Barack, cuando muera, asegúrate de que mi nombre esté en la tumba.

Sacudió la cabeza lentamente antes de volver a dirigirse a la casa.

¿CÓMO PUEDO explicar las emociones de ese día? Puedo evocar cada momento en mi mente. Recuerdo a Auma y a mí acompañando a la abuela al mercado de la tarde, lleno de mujeres sentadas en esteras de paja, con sus suaves piernas marrones sobresaliendo de las amplias faldas, y el sabor dulce como una nuez de un tallo de caña de azúcar que una de las mujeres puso en mi mano. Recuerdo el susurro de las hojas de maíz y la concentración en las caras de mis tíos mientras arreglábamos un agujero en la valla de un lado de la propiedad. Recuerdo que un niño llamado Godfrey persiguió a un gran gallo negro entre los plátanos y las papayas, y la mirada que puso cuando finalmente la abuela agarró al gallo y, sin previo aviso, le atravesó el cuello con su cuchillo; una mirada de incredulidad que recordé como la mía propia cuando llegué a Indonesia.

En cada uno de estos momentos sentí alegría, pero fue más que eso. Tenía la sensación de que todo lo que estaba haciendo llevaba todo el peso de mi vida; que un círculo empezaba a cerrarse para que por fin pudiera reconocerme tal y como era, aquí, ahora, en un lugar.

La noche cayó rápidamente sobre el recinto. Bernard, Roy y yo fuimos a un tanque de agua y nos bañamos al aire libre, con nuestros cuerpos enjabonados brillando a la luz de una luna casi llena. Después de la cena, Roy se marchó, murmurando que quería visitar a algunas personas. Yusuf sacó una vieja radio de transistores que, según dijo, había pertenecido a nuestro abuelo, y jugó con el mando hasta que captó un rasposo noticiario británico. Un rato después, escuchamos un extraño y grave gemido en la distancia.

—Los corredores nocturnos deben estar fuera esta noche —dijo Auma.

—¿Qué son los corredores nocturnos? —pregunté.

—Son como brujos —dijo Auma—. Hombres espíritu. Cuando éramos niños, esta gente de aquí —señaló a la abuela y a Zeituni—, nos contaba historias sobre ellos para que nos portáramos bien. Nos decían que a la luz del día los corredores nocturnos son como hombres normales. Puedes cruzarte con ellos en el mercado, o incluso recibirlos en tu casa para comer, y nunca conocer su verdadera naturaleza. Pero por la noche adoptan la forma de leopardos y hablan con todos los animales. Los corredores nocturnos más poderosos pueden abandonar sus cuerpos y volar a lugares lejanos. O hechizarte con solo una mirada. Si preguntas a nuestros vecinos, te dirán que todavía hay muchos corredores nocturnos por aquí.

—Déjame decirte, Barry —dijo Zeituni a la luz parpadeante de la lámpara de queroseno—, que cuando yo era joven, los

corredores nocturnos causaban muchos problemas. Nos roba-
ban las cabras e incluso el ganado. Solo tu abuelo no les tenía
miedo. Recuerdo que una vez oyó balar a sus cabras en el corral
y, cuando fue a verlas, vio lo que parecía un enorme leopardo de
pie sobre sus patas traseras con una cría de cabra en sus fauces.
Cuando vio a tu abuelo, gritó en luo antes de correr hacia el bosque. Tu abuelo lo persiguió hasta lo más profundo de las colinas,
pero justo cuando estaba a punto de golpearlo con su machete,
el corredor nocturno voló hacia los árboles. Por suerte, dejó ir a
la cabra al escapar y solo sufrió una pata rota. Tu abuelo trajo la
cabra de vuelta y yo la cuidé hasta que se recuperó.

Nos quedamos en silencio; la luz de las lámparas fue bajando
y la gente se fue acostando. La abuela sacó mantas y un catre para
Bernard y para mí, y nos acomodamos en la estrecha cama antes
de apagar la lámpara. Me dolía el cuerpo de cansancio. Mientras me dormía, pensaba en las baldosas amarillas de la tumba
del Viejo.

POR LA MAÑANA, Sayid y Yusuf nos dieron a Auma y a mí una vuelta por las tierras. Los seguimos por un camino de tierra, a través
de campos de maíz y mijo, junto a un arroyo marrón y a través de más campos. Frente a unas cabañas, vimos a unas mujeres
arreglando mijo y nos detuvimos a hablar con una de ellas, una
mujer de mediana edad con un vestido rojo descolorido y unas
zapatillas rojas sin cordones. Nos dijo que recordaba a nuestro
padre; de niños habían pastoreado cabras juntos. Cuando Auma
le preguntó cómo la había tratado la vida, sacudió la cabeza lentamente.

—Las cosas han cambiado —dijo con voz llana—. Los jóvenes se van a la ciudad. Solo quedan los ancianos, las mujeres y los niños. Toda la riqueza nos ha abandonado.

Mientras hablaba, un anciano con una bicicleta desvencijada se acercó a nosotros, y luego un hombre flaco que olía a licor. También ellos se quejaban de la dureza de la vida y de los niños que les habían dejado atrás. Nos preguntaron si podíamos darles algo para que se recuperaran, y Auma les dio unos chelines a cada uno.

—¿Qué ha pasado aquí, Sayid? —preguntó Auma cuando ya no nos escuchaban—. Antes no había tanta mendicidad.

—Tienes razón —dijo él—. Creo que han aprendido esto de los de la ciudad. La gente vuelve de Nairobi o Kisumu y les dice: "Ustedes son pobres". Así que ahora tenemos esta idea de la pobreza. Antes no la teníamos. Mi madre nunca pide nada, siempre tiene algo que hacer. Nada de eso le da mucho dinero, pero es algo, ¿sabes? Le da orgullo. Cualquiera podría hacer lo mismo, pero aquí mucha gente se rinde.

Quizá Sayid tenía razón en que la idea de la pobreza había venido de la ciudad, como el sarampión. La gente que acabábamos de conocer había oído que algunas personas tenían baños dentro de sus casas o comían carne todos los días. No podían ignorar esas cosas, como los niños de Altgeld no podían ignorar los coches rápidos y las casas de lujo que aparecían en sus televisores.

Pero, tal vez podían luchar contra la idea de su propia impotencia, como había hecho Sayid. Él no tenía suficiente dinero para ir a la universidad como sus hermanos mayores, y después de tres años en el Cuerpo Nacional de Jóvenes, asignado a proyectos de desarrollo en todo el país, había pasado sus dos últimas vacaciones llamando a las puertas de los negocios en Nairobi sin éxito. Sin embargo, parecía estar seguro de que la persistencia daría sus frutos.

—Para conseguir un trabajo hoy en día, incluso como empleado, es necesario conocer a alguien —dijo Sayid mientras nos acercábamos al recinto de la abuela—. O sobornar a alguien. Por eso me gustaría empezar mi propio negocio. Ese fue el error de tu padre, creo. A pesar de toda su brillantez, nunca tuvo algo propio.

Reflexionó un momento.

—Por supuesto, no tiene sentido perder el tiempo preocupándose por los errores del pasado. Como esta disputa por la herencia de tu padre. Desde el principio, les he dicho a mis hermanas que olviden ese asunto. Debemos seguir con nuestras vidas. Sin embargo, ellas no me escuchan. Y mientras tanto, el dinero por el que pelean, ¿a dónde va? A los abogados. ¿Cómo dice el refrán? Cuando dos langostas se pelean, siempre es el cuervo el que se da un festín.

AL DÍA SIGUIENTE, Roy me dijo que iba a hacer autostop a la bahía de Kendu con el director de una escuela cercana. Dijo que yo también debería ir y presentar mis respetos a la familia de allí. Sayid y yo fuimos a recoger una muda de ropa y nos metimos en el viejo cacharro del director junto con Kezia, Roy y Bernard.

Fue un viaje muy largo, y cuando llegamos ya era casi de noche. Después de la cena, salimos por un estrecho sendero, bajo la luna llena, y llegamos a una pequeña casa donde las sombras de las polillas revoloteaban contra una ventana amarilla. En una pequeña habitación trasera, frente a una lámpara de queroseno, me presentaron al que parecía el hombre más viejo que había visto nunca. Tenía el pelo blanco como la nieve y la piel como el pergamino. Estaba inmóvil, con los ojos cerrados. Pensé que tal vez estaba dormido, pero luego su rostro se inclinó en mi dirección. Entonces vi una imagen especular del rostro que había visto el día anterior en una fotografía descolorida en la pared de la abuela.

Roy le explicó quién era yo, y el anciano asintió y comenzó a hablar en voz baja y temblorosa.

—Dice que se alegra de que hayas venido —tradujo Roy—. Es el hermano de tu abuelo. Te da sus buenos deseos.

Dije que me alegraba de verle y el anciano volvió a asentir.

—Dice que muchos jóvenes se han ido al país de los blancos. Dice que su propio hijo está en América y no ha vuelto a casa en muchos años. Dice que esos hombres son como fantasmas. Cuando mueran, nadie estará allí para llorarlos. Ningún antepasado estará allí para darles la bienvenida. Así que, dice que es bueno que hayas vuelto.

El anciano levantó la mano y yo la estreché suavemente. Cuando nos levantamos para irnos, dijo algo más y Roy asintió con la cabeza antes de cerrar la puerta detrás de nosotros.

—Dice que, si ves a su hijo, le digas que venga a casa —explicó Roy.

Más tarde, esa misma noche, Sayid me contó que mi padre había sido muy popular en estos lugares.

—Siempre que volvía a casa, invitaba a todo el mundo a una copa y se quedaba con ellos hasta muy tarde. La gente le decía: "Eres un tipo exitoso, pero no nos has olvidado". Creo que esas palabras le hacían feliz. Recuerdo que una vez me llevó a la ciudad de Kisumu en su Mercedes. Por el camino, vio un *matatu* que recogía pasajeros y me dijo: "¡Sayid, esta noche seremos conductores de *matatu*!". En la siguiente parada de *matatu*, recogió al resto de la gente y me dijo que les cobrara la tarifa normal. Creo que metimos a ocho personas en su coche. Los llevó a donde fuera necesario. Y cuando cada uno de ellos se bajó, les devolvió todo el dinero. Cuando terminamos, fuimos al bar y les contó la historia a todos sus amigos. Se rio mucho esa noche.

Sayid hizo una pausa, eligiendo cuidadosamente sus palabras.

—Esto es lo que hacía de mi hermano un hombre tan bueno. Pero también creo que una vez que eres una cosa, no puedes pretender ser otra. ¿Cómo podía ser conductor de *matatu*, o estar toda la noche bebiendo, y además lograr escribir el plan económico de Kenia? Aunque se enorgullecía de su independencia, creo que mi hermano temía que, si cambiaba demasiado, dejaría de pertenecer a aquellos con los que había crecido.

—No quiero ser así —dijo Bernard.

Sayid miró a su sobrino con algo parecido al arrepentimiento.

—No quería hablar tan libremente, Bernard. Debes respetar a tus mayores. Ellos allanan el camino para que el tuyo sea más fácil. Pero si ves que caen en un pozo, entonces debes aprender a… ¿A qué?

—A dar un paso al costado —dijo Bernard.

—Tienes razón. Apartarte de ese camino y hacer el tuyo propio.

CAPÍTULO 18

Al día siguiente hice el viaje de vuelta a Home Squared con Sayid y Bernard. Encontramos a las mujeres reunidas en esteras de paja a la sombra de un árbol de mango, la abuela trenzando el pelo de Auma, Zeituni trenzando el pelo de una niña vecina. Me senté junto a ellas y le pedí a la abuela, con Auma como traductora, que empezara por el principio. ¿Cómo llegó nuestro bisabuelo Obama a vivir a Kendu? ¿Dónde trabajaba nuestro abuelo? ¿Por qué se marchó la madre del Viejo?

Y bajo la sombra de un árbol de mango, nuestras voces corrían juntas, tres generaciones que caían unas sobre otras como la corriente de un arroyo que se mueve lentamente…

Primero fue Miwiru. No se sabe quién vino antes. Miwiru engendró a Sigoma, Sigoma engendró a Owiny, Owiny engendró a Kisodhi, Kisodhi engendró a Ogelo, Ogelo engendró a Otondi, Otondi engendró a Obongo, Obongo engendró a Okoth y Okoth engendró a Opiyo. Las mujeres que los engendraron, sus nombres han sido olvidados, pues así era nuestro pueblo.

Okoth vivía en Alego. Antes de eso, solo se sabe que las familias recorrían grandes distancias desde lo que hoy es Uganda, y que éramos como los masáis, que migrábamos en busca de agua y pastos para los rebaños de ganado. En Alego, la gente se asentó y empezó a cultivar.

A medida que la tierra en Alego se llenó de gente, Opiyo decidió trasladarse a la bahía de Kendu. No tenía tierras, pero la costumbre de nuestro pueblo era que un hombre podía usar cualquier tierra que no tuviera dueño. Trabajó en los recintos de otros hombres y despejó la tierra para su propia granja. Pero murió muy joven, dejando dos esposas y varios hijos. Una de las esposas fue acogida por el hermano de Opiyo, como era costumbre entonces; se convirtió en la esposa del hermano y sus hijos en los suyos. Pero la otra esposa también murió, y su hijo mayor, Obama, quedó huérfano cuando aún era un niño. También él vivió con su tío, pero la familia era pobre, y Obama empezó a trabajar para otros hombres, como había hecho su padre antes que él.

La familia para la que trabajaba era rica, pero llegaron a admirar a Obama, porque era emprendedor y muy buen agricultor. Cuando quiso casarse con su hija mayor, aceptaron. Y cuando esta hija murió, aceptaron que Obama se casara con la hija menor, cuyo nombre era Nyaoke. Finalmente, Obama tuvo cuatro esposas, que le dieron muchos hijos. Llegó a ser próspero, con un gran recinto y muchas reses y cabras. Y como era tan responsable, se convirtió en un anciano de Kendu al que muchos acudían para pedir consejos.

Tu abuelo, Onyango, era el quinto hijo de Obama y Nyaoke. Incluso de niño, Onyango era extraño. Se iba solo durante muchos días y cuando volvía no decía dónde había estado. Siempre estaba muy serio: nunca se reía ni jugaba con los otros niños, y nunca hacía bromas. Siempre sentía curiosidad por los asuntos de los demás, y así fue como llegó a sentarse en la cabaña de un herbolario, un hombre que convertía las plantas en medicina, y a aprender su arte.

Cuando tu abuelo era todavía un niño, empezamos a oír que el hombre blanco había llegado a la cercana ciudad de Kisumu. Se decía que estos hombres blancos tenían la piel tan suave como la de un niño, pero que iban en un barco que rugía como un trueno y tenían palos que estallaban con fuego. Antes de esto, nadie en nuestra aldea había visto hombres blancos, solo los comerciantes árabes que venían a vendernos azúcar y telas. Pero incluso eso era raro, porque nuestra gente no consumía mucho azúcar y no vestíamos tela, solo una piel de cabra que nos cubría los genitales. Así que los ancianos aconsejaron a los hombres que se mantuvieran alejados de Kisumu hasta que se entendiera mejor a este hombre blanco.

A pesar de esta advertencia, Onyango sintió curiosidad y decidió que debía ver a estos hombres blancos por sí mismo. Un día desapareció y nadie supo a dónde había ido. Muchos meses después, mientras sus hermanos trabajaban la tierra, Onyango regresó a la aldea. Vestía pantalones de hombre blanco y camisa como de hombre blanco, y zapatos que le cubrían los pies. Los niños pequeños se asustaron, y sus hermanos no sabían qué hacer con este cambio. "¿Qué te ha pasado?", preguntó su padre, Obama. "¿Por qué llevas estas pieles tan extrañas?". Onyango no dijo nada, y Obama decidió que Onyango probablemente estaba usando pantalones para ocultar que estaba circuncidado, lo que iba en contra de la costumbre luo. Pensó que la camisa de Onyango debía estar cubriendo un sarpullido o unas llagas. Obama se dirigió a sus otros hijos y les dijo: "No se acerquen a ese hermano suyo. Está impuro". Luego volvió a su cabaña, y los demás se rieron y rechazaron a Onyango. Onyango entonces regresó a Kisumu, y permaneció distante de su padre durante el resto de su vida.

Nadie se dio cuenta de que los hombres blancos tenían intención de quedarse. Pensábamos que solo habían venido a comerciar con sus bienes. Algunos construyeron una misión religiosa y empezaron a hablar de su dios, que decían que era todopoderoso. Pero la mayoría de la gente pensaba que ese discurso era una tontería. Incluso cuando aparecieron hombres blancos con rifles, no nos resistimos porque no habíamos visto lo letales que eran. Muchos pensaban que las pistolas eran unos agitadores de lujo para el *ugali*, las gachas de maíz que comíamos.

Las cosas empezaron a cambiar con la primera de las guerras de los blancos. Llegó un comisario distrital, lo llamábamos *Bwana O*galo, "el Opresor", y nos dijo que teníamos que pagar un impuesto por nuestras cabañas con el dinero del hombre blanco. Muchos hombres empezaron a luchar y fueron golpeados o fusilados y sus cabañas quemadas hasta los cimientos.

Onyango había aprendido a leer y escribir en inglés, lo que le hizo útil para el hombre blanco. Durante la guerra lo pusieron a cargo de las cuadrillas de carreteras. Cuando por fin regresó, se dedicó a desbrozar tierras en Kendu, pero lejos del recinto de su padre, y rara vez hablaba con sus hermanos. Decidió vivir en una tienda de campaña en lugar de una cabaña. La gente nunca había visto algo así y pensaron que estaba loco. Una vez que hubo apostado, se fue a Nairobi, donde un hombre blanco le había ofrecido trabajo.

No fue el único que se mudó a la ciudad. Después de la guerra, muchos africanos empezaron a trabajar por el dinero de los blancos. La guerra había traído hambre y enfermedades, así como un gran número de colonos blancos que se apoderaron de las mejores tierras. El respeto por la tradición se debilitó. La cerveza venía ahora en botellas y muchos hombres se convirtieron en borrachos. Más padres aceptaron enviar a sus hijos a las escuelas de las misiones, pero incluso los niños que recibían educación no podían hacer las cosas que hacía el hombre blanco. Solo a los blancos se les permitía comprar ciertas tierras y dirigir ciertos negocios. Muchos de nosotros empezamos a probar la vida del hombre blanco y decidimos que, en comparación, nuestras vidas eran pobres.

Según estos criterios, tu abuelo prosperó. Pensaba que muchas cosas que hacía el hombre blanco eran tontas o injustas y no se dejaba golpear. Una vez lo arrestaron por golpear a su patrón blanco, que había tratado de azotarlo. ¡Utilizó el mismo bastón del hombre! Pero respetaba el poder del hombre blanco. Decía que el hombre blanco siempre estaba mejorándose a sí mismo, mientras que el africano desconfiaba de todo lo nuevo. Así que aprendió a preparar la comida del hombre blanco y a organizar la casa del hombre blanco; así, trabajó en las fincas de algunos de los hombres blancos más importantes. Ahorró su salario y compró tierras y ganado en Kendu.

Finalmente encontró una esposa, Helima. Nadie sabe cómo se sentía ella hacia tu abuelo, pero era tranquila y educada, y lo más importante, podía mantener su alto nivel de limpieza. Construyó una cabaña para ella en Kendu, donde pasaba la mayor parte del tiempo. Al cabo de unos años, se descubrió que Helima no podía tener hijos; entre los luo esto era motivo de divorcio. Pero tu abuelo decidió quedarse con Helima y, en ese sentido, la trató bien.

Aun así, Helima debía sentirse muy sola, ya que tu abuelo trabajaba todo el tiempo y no tenía tiempo para amigos ni para entretenerse. No bebía con otros hombres ni fumaba. Su único placer era ir a los salones de baile de Nairobi una vez al mes. Pero tampoco era un buen bailarín; era brusco y chocaba con la gente y les pisaba los pies. La mayoría de la gente no decía nada porque sabía que Onyango tenía mal temperamento. Sin embargo, una noche, un hombre borracho se quejó de la torpeza de Onyango y luego se burló de él por no poder tener hijos.

La gente que escuchó la conversación empezó a reírse, y Onyango golpeó duramente a este hombre. Pero las palabras del borracho debieron de quedarse grabadas en la mente tu abuelo, porque ese mes se puso a buscar otra esposa. Finalmente eligió a una joven y hermosa chica llamada Akumu. Aunque estaba comprometida con otro hombre, tu abuelo sobornó a su padre con ganado. Al día siguiente, los amigos de tu abuelo capturaron a Akumu mientras caminaba por el bosque y la arrastraron hasta la cabaña de Onyango.

EL CHICO MÁS JOVEN, Godfrey, apareció con una palangana y todos nos lavamos las manos para comer. Auma se levantó para estirar la espalda, con el pelo aún medio suelto y una mirada preocupada. Le dijo algo a la abuela, y obtuvo una larga respuesta.

—Le estaba preguntando por el hecho de capturar a la mujer, que forma parte de la costumbre luo —dijo Auma—. Tradicionalmente, una vez que el hombre paga la dote, la mujer no debe parecer demasiado ansiosa por estar con él. Ella finge que lo rechaza, por lo que los amigos del hombre deben capturarla y llevarla a su cabaña. Solo después de este ritual se puede celebrar una ceremonia matrimonial adecuada.

Zeituni sumergió su *ugali* en el guiso.

—Auma, no era tan malo como dices. Si su marido se portaba mal, la mujer siempre podía marcharse.

—¿Pero de qué serviría eso? Su padre acabaría eligiendo a otro hombre para ella. Dime, ¿qué pasaría si una mujer rechazara al pretendiente elegido por su padre?

Zeituni se encogió de hombros.

—Se avergonzaría a sí misma y a su familia.

Auma se giró para preguntarle algo a la abuela. Su respuesta hizo que Auma la golpeara, solo medio en broma, en el brazo.

—Le pregunté si el hombre obligaría a la chica a acostarse con él la noche de su captura —explicó Auma—, y me dijo que nadie sabía lo que pasaba en la cabaña de un hombre. Pero también me preguntó cómo iba a saber un hombre si quería todo el plato de sopa si no lo probaba primero.

Le pregunté a la abuela qué edad tenía cuando se casó con nuestro abuelo. La abuela nos dijo que solo tenía dieciséis años cuando se casó; nuestro abuelo era amigo de su padre. Le pregunté si eso le molestaba, y negó con la cabeza.

—Dice que era habitual casarse con un hombre mayor —dijo Auma—. Dice que en aquella época el matrimonio era algo más que dos personas. Unía a las familias y afectaba a todo el pueblo. No te quejabas ni te preocupabas por el amor. Si no aprendías a amar a tu marido, aprendías a obedecerle.

En este punto, Auma y la abuela empezaron a hablar largo y tendido, y la abuela dijo algo que volvió a hacer reír a los demás, a todos menos Auma, que se levantó y empezó a apilar los platos.

—Me rindo —dijo Auma exasperada.

—¿Qué dijo la abuela?

—Le pregunté por qué nuestras mujeres soportan el matrimonio arreglado. Que los hombres tomen todas las decisiones. Las golpizas. Dijo que a menudo había que golpear a las mujeres, porque si no, no hacían todo lo que se les pedía. ¿Ves cómo somos? Nos quejamos, pero aun así animamos a los hombres a tratarnos sin respeto.

La voz de la abuela se puso seria de repente.

—Quizá si yo fuera joven hoy —dijo en luo—, no habría aceptado estas cosas. Tal vez solo me preocuparía por mis sentimientos y por enamorarme. Pero ese no es el mundo en el que me crié. Solo conozco lo que he visto. Lo que no he visto no me pesa el corazón.

Cuando terminamos de comer, Auma y la niña de la vecina volvieron a ocupar sus puestos frente a las mujeres mayores, y la abuela volvió a su historia.

Cuando llegué a vivir con Onyango, Akumu había dado a luz a dos niños. La primera fue Sarah. Tres años después llegó Barack, tu padre. No conocía bien a Akumu, pero podía ver que era infeliz. Su espíritu era rebelde y Onyango le parecía demasiado exigente. Quizá aún amaba al hombre con el que iba a casarse antes de que Onyango se la llevara. Más de una vez se escapó, pero Onyango la seguía y la traía de vuelta.

La vida se hizo más fácil para ella cuando llegó la Segunda Guerra Mundial. Tu abuelo se fue al extranjero como cocinero del capitán británico, y yo vine a vivir con Akumu y Helima, ayudándolas con los niños y sus cultivos. Onyango viajó mucho con los regimientos británicos, y no lo vimos durante un tiempo. Cuando regresó tres años después, vino con un gramófono y una foto de otra mujer con la que decía haberse casado en Birmania.

Onyango tenía ya casi cincuenta años. Cada vez pensaba más en dejar su trabajo para el hombre blanco y volver a cultivar la tierra. Sin embargo, vio que la tierra que rodeaba a Kendu estaba abarrotada y sobreexplotada, así que decidió volver a Alego, la tierra que su abuelo había abandonado.

Cuando llegamos a Alego, la mayor parte de esta tierra que ahora ves era monte, y la vida era dura para todos nosotros. Pero tu abuelo había estudiado técnicas agrícolas modernas mientras estaba en Nairobi, y podía hacer crecer cualquier cosa. En menos de un año tenía suficientes cosechas para vender en el mercado. Plantó los árboles de mango, plátano y papaya que ves hoy.

Construyó grandes cabañas para Akumu y para mí, así como una cabaña propia. Había traído de Inglaterra un juego de cristal que exhibía en una estantería, y en su gramófono ponía música extraña hasta altas horas de la noche. Cuando nacieron mis primeros hijos, Omar y Zeituni, les compró cunas, batas y mosquiteras, igual que hizo con Barack y Sarah. En la cabaña para cocinar, construyó un horno en el que hacía pan y pasteles como de una tienda.

Sus vecinos de Alego nunca habían visto cosas así. Al principio desconfiaban de él y pensaban que era un insensato. Pero pronto llegaron a respetar su generosidad, así como sus enseñanzas sobre agricultura y hierbas medicinales.

Akumu era siempre infeliz. Onyango la golpeaba y ella discutía a menudo con él. También era orgullosa y despreciativa hacia mí, y a menudo se negaba a ayudar en las tareas domésticas. Tuvo una tercera hija llamada Auma, como esta que está sentada aquí, y mientras amamantaba a esta nueva bebé, planeaba en secreto su huida.

Una noche, cuando Sarah tenía doce años y Barack nueve, Akumu despertó a Sarah y le dijo que iba a huir a Kendu. Le dijo a Sarah que era un viaje demasiado difícil para que los niños lo hicieran de noche, pero que debían seguirla en cuanto fueran mayores. Luego desapareció con su bebé en la oscuridad.

Cuando Onyango se enteró de lo sucedido, se puso furioso. Al principio pensó que debía dejar ir a Akumu, pero cuando vio que Barack y Sarah eran todavía jóvenes, y que incluso yo, con dos hijos propios, era poco más que una niña, fue donde la familia de Akumu en Kendu y pidió que la devolvieran. Pero la familia se negó. Habían oído la dureza con la que Onyango trataba a Akumu y, de hecho, ya habían aceptado la dote para que Akumu se volviera a casar con otro hombre. Juntos, Akumu y su nuevo marido ya se habían marchado a Tanganica. No había nada que Onyango pudiera hacer, así que me dijo que ahora yo era la madre de todos sus hijos.

Pero Sarah recordó las instrucciones de su madre, y apenas pasaron unas semanas antes de que despertara a Barack en mitad de la noche, tal y como su madre había hecho con ella. Le dijo a Barack que se callara, le ayudó a vestirse, y juntos recorrieron el camino hacia Kendu. Todavía me pregunto cómo sobrevivieron. Caminaron por casi dos semanas, recorriendo muchos kilómetros cada día, escondiéndose de los que se cruzaban con ellos en el camino, durmiendo en los campos y pidiendo comida. No muy lejos de Kendu, perdieron el rumbo y una mujer los vio y se apiadó de ellos, porque estaban sucios y casi muertos de hambre. Cuando se dio cuenta de quiénes eran, mandó a buscar a tu abuelo. Y cuando Onyango vino a buscarlos y vio el mal aspecto que tenían esa fue la única vez que alguien lo vio llorar.

Los niños no volvieron a intentar huir. Pero creo que nunca olvidaron su viaje. Sarah mantenía una cuidadosa distancia con Onyango, y en su corazón seguía siendo leal a Akumu, porque era mayor, y quizás había visto cómo el Viejo había tratado a su madre. Creo que también me resentía por haber ocupado el lugar de su madre. Barack reaccionó de forma diferente. No podía perdonar a su madre por haberle abandonado y actuaba como si Akumu no existiera. Le decía a todo el mundo que yo era su madre, y aunque le enviaba dinero a Akumu cuando se hizo mayor, hasta el final de su vida siempre actuó con frialdad hacia ella.

Lo extraño es que, en muchos aspectos, Sarah era más parecida a su padre: estricta, trabajadora y fácil de enfadar, mientras que Barack era salvaje y testarudo como Akumu.

Como era de esperar, Onyango era muy estricto con sus hijos. Los hacía trabajar duro y no les permitía jugar fuera del recinto, porque decía que los otros niños eran sucios y maleducados. Cuando Onyango se iba, yo no hacía caso de esas instrucciones, porque los niños deben jugar con otros niños, igual que deben comer y dormir. Pero nunca le decía a tu abuelo lo que hacía, y tenía que limpiar a los niños antes de que tu abuelo llegara a casa.

Eso no era fácil, especialmente con Barack. ¡Ese niño era tan travieso! En presencia de Onyango, parecía bien educado y obediente. Pero a espaldas del Viejo, Barack hacía lo que quería. Cuando Onyango estaba de viaje de negocios, Barack se quitaba la ropa adecuada y se iba con otros chicos a luchar o a nadar en el río, a robar la fruta de los árboles de los vecinos o a cabalgar en sus vacas. Yo siempre encubría sus tonterías, porque lo quería como a mi propio hijo.

Aunque no le gustaba demostrarlo, tu abuelo quería mucho a Barack, porque era muy inteligente. Cuando Barack era solo un bebé, Onyango le enseñó el alfabeto y los números, y no pasó mucho tiempo antes de que el hijo superara al padre en esas cosas. Esto complacía a Onyango, porque para él el conocimiento era la fuente de todo el poder del hombre blanco, y quería asegurarse de que su hijo fuera tan educado como cualquier hombre blanco. Le preocupaba menos la educación de Sarah, aunque era astuta como Barack. La mayoría de los hombres pensaban que educar a sus hijas era un despilfarro de dinero.

Esto creaba más fricciones entre Sarah y su hermano menor, sobre todo porque ella sabía que Barack no siempre se tomaba en serio sus estudios. Todo le resultaba demasiado fácil. Al principio fue a la escuela de la misión que estaba cerca, pero volvió después del primer día y le dijo a su padre que no podía estudiar allí porque su clase la impartía una mujer y él ya sabía todo lo que ella le podía enseñar. La siguiente escuela más cercana estaba a seis millas de distancia, y empecé a acompañarlo hasta allá todas las mañanas.

Su profesor allí era un hombre, pero Barack descubrió que eso no resolvía sus problemas. Siempre sabía las respuestas, y a veces incluso corregía los errores del profesor ante toda la clase. Esto hizo que Barack recibiera muchos golpes de manos del director. Pero quizá también le enseñó algo, porque al año siguiente, cuando se cambió a una clase con una profesora, me di cuenta de que no se quejaba.

Aun así, se aburría en la escuela, y cuando se hizo mayor, pasaba semanas sin ir. Unos días antes de los exámenes, buscaba a un compañero de clase y leía las lecciones. Podía sentarse y aprenderse todo en pocos días, y cuando llegaban las notas, siempre era el primero. Las pocas veces que no lo era, venía a verme llorando, porque estaba muy acostumbrado a ser el mejor. Pero normalmente volvía a casa riendo y presumiendo de su inteligencia.

Cuando tu padre era adolescente, las cosas estaban cambiando rápidamente en Kenia. La gente empezaba a hablar de independencia. Había reuniones y manifestaciones, y se presentaban peticiones al gobierno, quejándose de que los blancos se quedaban con las tierras. Al igual que otros chicos, tu padre se vio influenciado por las primeras conversaciones sobre la independencia. Pero tu abuelo dudaba de que el movimiento llegara a nada, porque pensaba que los africanos nunca podrían ganar contra el ejército de los blancos.

A pesar de su actitud, tu abuelo estuvo una vez en un campo de detención durante seis meses. Otro africano, un recaudador de impuestos, estaba celoso de sus tierras, y tu abuelo lo había regañado una vez por embolsarse parte del dinero de los impuestos. Este hombre dijo ante las autoridades que Onyango era un rebelde, y un día los soldados vinieron a llevarse a tu abuelo. Al final lo declararon inocente, pero estuvo en el campo más de seis meses, y cuando volvió a Alego estaba muy delgado y sucio. Le costaba caminar y tenía la cabeza llena de piojos. Estaba tan avergonzado que se negó a entrar en su casa o a contarnos lo que había pasado.

Barack estaba fuera en ese momento y se enteró de la detención más tarde. Se había presentado al examen del distrito y había sido admitido en la Escuela de la Misión de Maseno, a unos cincuenta kilómetros al sur. Debió haber sido un gran honor para Barack, ya que solo los mejores estudiantes entraban en Maseno. Pero la naturaleza rebelde de tu padre causó muchos problemas en la escuela. Metía a las chicas en su dormitorio a escondidas y él y sus amigos asaltaban granjas en busca de pollos y batatas porque no les gustaba la comida del dormitorio. Los profesores pasaron por alto gran parte de esto porque veían lo inteligente que era. Pero finalmente Barack cruzó la línea y fue expulsado.

Onyango se puso tan furioso cuando se enteró que golpeó a Barack con un palo en la espalda hasta hacerlo sangrar. Pero Barack se negó a huir o a gritar, o incluso a dar explicaciones a su padre.

Barack se trasladó a Nairobi y encontró un trabajo como empleado del ferrocarril. Pero se aburría y se distrajo con el movimiento independentista de Kenia. Comenzó a asistir a reuniones y llegó a conocer a algunos de los líderes rebeldes. En una de esas reuniones, la policía irrumpió y Barack fue encarcelado. Envió un mensaje a su padre diciendo que necesitaba dinero para la fianza, pero Onyango se negó. Me dijo que necesitaba darle una lección a su hijo.

Como no era un líder, Barack fue liberado a los pocos días. Pero había empezado a pensar que lo que su padre le había dicho una vez era cierto; que nunca llegaría a nada. Era un hombre de veinte años y no tenía dinero ni perspectivas. Y ahora tenía una esposa y un hijo. Había conocido a Kezia cuando solo tenía dieciocho años. Un año después de casarse, nació Roy. Dos años después llegó tu hermana, Auma.

Barack estaba profundamente deprimido, casi desesperado. Vio que podría acabar trabajando como empleado el resto de su vida. Entonces, la suerte le sonrió: conoció a dos mujeres estadounidenses que daban clases en una organización religiosa. Al ver lo inteligente que era, lo ayudaron a tomar un curso por correspondencia que le daría el certificado que necesitaba para ir a la universidad. Si tenía éxito, dijeron, tratarían de ayudarle a entrar en una universidad en Estados Unidos.

Barack se entusiasmó y, por primera vez en su vida, trabajó con diligencia. Todas las noches, y durante las horas del almuerzo, estudiaba. Unos meses después, se presentó al examen en la embajada estadounidense. El examen tardó varios meses en calificarse, y durante la espera estaba tan nervioso que apenas podía comer. Adelgazó tanto que pensamos que iba a morir. Un día llegó la carta. Yo no estaba allí para verlo abrirla. Sé que cuando me dio la noticia todavía gritaba de felicidad.

Pero no tenía dinero y ninguna universidad lo había aceptado todavía. Onyango se había ablandado con su hijo al ver que se estaba volviendo más responsable, pero ni siquiera él podía reunir suficiente dinero. Así que Barack escribió a las universidades de Estados Unidos. Escribió y escribió. Finalmente, una universidad de Hawái le respondió y le dijo que le daría una beca. Nadie sabía dónde quedaba ese lugar, pero a Barack no le importaba. Dejó a su mujer embarazada y a su hijo conmigo, y en menos de un mes se fue.

No puedo hablar de lo que pasó en América. Sé que después de menos de dos años recibimos una carta diciendo que había conocido a esta chica americana, Ann, tu madre, y que le gustaría casarse con ella.

Ahora, Barry, sé que has oído que tu abuelo no aprobaba este matrimonio. Es cierto, pero no por las razones que dices. Onyango no creía que tu padre se comportara responsablemente. Le escribió a Barack diciéndole: "¿Cómo puedes casarte con esta mujer blanca cuando tienes responsabilidades en casa? ¿Volverá esta mujer contigo a vivir como una mujer luo? ¿Aceptará que ya tienes esposa e hijos? No he oído que los blancos entiendan estas cosas. Sus mujeres son celosas y están acostumbradas a ser mimadas. Pero si me equivoco en este asunto, que el padre de la chica venga a mi cabaña y discuta la situación adecuadamente. Porque estos son asuntos de los mayores, no de los niños". También le escribió a tu abuelo Stanley y le dijo muchas de estas cosas.

Como sabes, tu padre siguió adelante con el matrimonio. Le dijo a Onyango lo que había sucedido solo después de que tú nacieras. Todos nos alegramos de que este matrimonio se celebrara, porque sin él no te tendríamos aquí con nosotros ahora. Pero tu abuelo se enfadó mucho y amenazó con hacer revocar el visado de Barack. Y como había vivido con los blancos, quizá Onyango entendía las costumbres de los blancos mejor que Barack. Porque cuando Barack regresó a Kenia, descubrimos que tú y tu madre se habían quedado atrás, tal y como había advertido Onyango.

Poco después de la llegada de Barack, una mujer blanca llegó a Kisumu buscándolo. Al principio pensamos que debía ser tu madre, Ann. Barack tuvo que explicarnos que se trataba de otra mujer, Ruth. Dijo que la había conocido en Harvard y que ella lo había seguido hasta Kenia sin que él lo supiera.

Una vez que Barack se casó con Ruth, ella no pudo aceptar la idea de que tuviera a Kezia como segunda esposa, así que Kezia se quedó atrás y Auma y Roy se fueron a vivir a Nairobi con Barack y Ruth. Cuando tu padre traía a Auma y a Roy a visitarnos, Ruth se negaba a acompañarle y no dejaba que Barack trajera a sus hijos, David y Mark.

Los demás te han contado lo que le pasó a tu padre en Nairobi. Le veíamos poco, y normalmente se quedaba poco tiempo. Cada vez que venía, nos traía regalos caros y dinero, e impresionaba a toda la gente con su gran coche y su buena ropa. Pero tu abuelo seguía hablándole con dureza, como si fuera un niño. Onyango era ya muy viejo. Caminaba con un bastón y estaba casi ciego. Ni siquiera podía bañarse sin mi ayuda, lo que creo que le causaba vergüenza. Pero la edad no ablandó su temperamento.

Más tarde, cuando Barack cayó del poder, trató de ocultarle sus problemas a tu abuelo. Solo a mí me confiaba su infelicidad y sus decepciones. Yo le decía que era demasiado testarudo en sus relaciones con el gobierno. Me hablaba de principios, y yo le decía que sus principios pesaban sobre sus hijos. Me decía que no lo entendía, tal y como me había dicho su padre. Así que dejé de dar consejos y me limité a escuchar.

Eso es lo que más necesitaba Barack, creo, que alguien lo escuchara. Incluso después de que las cosas mejoraran y construyera esta casa para nosotros, seguía con el corazón pesado. Con sus hijos, se comportaba igual que Onyango con él. Veía que los alejaba, pero no podía hacer nada. Todavía le gustaba presumir, reír y beber con los hombres, pero su risa era vacía.

Recuerdo la última vez que visitó a Onyango antes de que el Viejo muriera. Los dos se sentaron en sus sillas, uno frente al otro y comiendo su comida, pero no mediaron palabra. Unos meses más tarde, cuando Onyango finalmente fue a reunirse con sus antepasados, Barack vino a casa para hacer todos los preparativos. Habló muy poco, y solo cuando ordenó algunas de las pertenencias del Viejo le vi llorar.

La abuela se levantó y se quitó la hierba de la falda.

—Va a llover —dijo, y todos recogimos las esteras y las tazas y las llevamos a la casa.

Dentro, le pregunté a la abuela si le quedaba algún objeto del Viejo o de nuestro abuelo. Sacó un viejo baúl de cuero y me dio un libro de color óxido del tamaño de un pasaporte, junto con unos cuantos papeles de diferentes colores, engrapados y mordidos por un lado.

—Me temo que esto es todo lo que he podido encontrar —le dijo a Auma—. Las ratas se comieron los papeles antes de que pudiera guardarlos.

La encuadernación del libro rojo estaba rota, pero la cubierta seguía siendo legible: *Registro de bolsillo del servicio doméstico*, decía, y en letras más pequeñas, *Emitido bajo la autoridad de la Ordenanza de Registro del Servicio Doméstico, 1928, Colonia y Protectorado de Kenia*. En la cubierta interior, encontramos un sello de dos chelines sobre las huellas del pulgar izquierdo y derecho de Onyango. Los remolinos de sus pulgares seguían siendo claros, pero el recuadro donde había estado la fotografía estaba vacío.

El libro daba una definición de la palabra *sirviente: cocinero, sirviente de la casa, camarero, mayordomo, enfermero, ayuda de cámara, mozo de bar, lacayo, chofer, o lavandero*. Decía que cualquier sirviente al que se sorprendiera trabajando sin libreta, o dañando una libreta, tendría que pagar una multa de hasta cien chelines, ser encarcelado hasta seis meses, o ambas cosas.

Lo más importante eran los detalles personales del sirviente registrado, mi abuelo:

Nombre: *Hussein II Onyango*.
Número de registro de nativos: *Rwl A NBI 0976717*.
Raza o tribu: *Ja'Luo*.
Lugar de residencia habitual cuando no está empleado: *Kisumu*.

Sexo: *M.*

Edad: *35.*

Altura y constitución: *1,90 m. Media.*

Complexión: *Oscura.*

Nariz: *Plana.*

Boca: *Grande.*

Pelo: *Rizado.*

Dientes: *Faltan seis.*

Cicatrices, marcas tribales u otras peculiaridades: *Ninguna.*

Hacia el final del libro, encontramos testimonios de sus empleadores. El capitán C. Harford, de la Casa de Gobierno de Nairobi, dijo que Onyango "cumplía sus deberes como chico personal con una diligencia admirable". El Sr. A. G. Dickson consideraba que su cocina era excelente, "sabe leer y escribir en inglés y sigue cualquier receta... entre otras cosas, sus pasteles son excelentes". Por otra parte, el Sr. Arthur W. H. Cole, del East Africa Survey Group, dijo que, tras una semana de trabajo, Onyango "resultaba inadecuado y, desde luego, no valía 60 chelines al mes".

Pasamos a la pila de cartas. Había más de treinta, de nuestro padre a los presidentes de varias universidades de Estados Unidos.

Estimado Presidente Calhoun, decía una. He oído hablar de su universidad por la Sra. Helen Roberts de Palo Alto, California, que ahora está en Nairobi. La Sra. Roberts, sabiendo lo mucho que deseo continuar mis estudios en los Estados Unidos de América, me ha pedido que solicite la admisión en su estimada universidad. Por lo tanto, me complacería mucho que tuviera la amabilidad de enviarme su formulario de solicitud y la información relativa de posibles becas de las que pueda tener conocimiento.

Esto es todo, pensé. Mi herencia.

Volví a ordenar las cartas en una pila y las puse debajo del libro de registro. Luego salí al patio trasero y me puse delante de las dos tumbas. Todo lo que me rodeaba, los campos de maíz, el árbol de mango, el cielo, parecía cerrarse sobre mí, hasta que solo quedaba una serie de imágenes; las historias de la abuela cobraron vida.

Veo a mi abuelo, Onyango, de pie frente a la cabaña de su padre, vistiendo sus ropas de hombre blanco. Veo que su padre se aleja de él y oigo reír a sus hermanos, y siento, como él debió sentir, el repentino salto en su corazón. Cuando se da la vuelta y comienza a bajar por el camino de tierra roja, sé que el trayecto de su vida ha cambiado definitivamente.

Tendrá que reinventarse a sí mismo en este lugar seco y solitario. A fuerza de voluntad, creará una vida a partir de los restos de un mundo desconocido y de los recuerdos de un mundo que ha quedado obsoleto. Lo veo como un anciano, sentado solo en una cabaña recién trapeada, y sé que todavía escucha a su padre y a sus hermanos reírse de él. Todavía siente la humillación de ser un sirviente, de quedarse callado mientras un capitán británico le explica por tercera y última vez la forma correcta de mezclar un gin-tonic. Los nervios del cuello de mi abuelo se tensan, la rabia se acumula, toma su bastón para golpear algo, cualquier cosa. Hasta que finalmente afloja su mano. Se da cuenta de que, por muy fuerte que sea, no puede escapar de las risas y las humillaciones. Su cuerpo cede. Espera la muerte, solo.

La imagen se desvanece y es sustituida por la de un niño de nueve años, mi padre. Está hambriento, cansado, aferrado a la mano de su hermana, buscando a la madre que ha perdido. Al final todo esto es demasiado para él, y la delgada cuerda que lo mantiene unido a su madre se rompe; la imagen de su madre flota hacia abajo, hacia el vacío. El niño empieza a llorar; se quita de encima la mano de su hermana. Quiere volver a casa, grita, a la casa de su padre. Encontrará una nueva madre. Conocerá el poder de su propia mente.

Pero no olvidará la desesperación de aquel día. Doce años más tarde, en su estrecho escritorio en un trabajo sin futuro, sentirá que regresa ese mismo pánico. También él tendrá que reinventarse. Saca una lista de direcciones, acerca la máquina de escribir y empieza a redactar carta tras carta, sellándolas como mensajes en botellas.

Qué afortunado se debió sentir cuando llegó la carta de aceptación de Hawái. Después de todo, había sido elegido; poseía la gracia de su nombre, la *baraka*, las bendiciones de Dios. Con un título universitario, el vestuario adecuado, la esposa americana, el coche, las palabras, la billetera, la proporción adecuada de agua tónica y ginebra, ¿qué podía interponerse en su camino?

Casi había triunfado, de una manera que su propio padre nunca habría imaginado. Y luego, después de haber viajado tanto, ¡descubrió que no había escapado en realidad! Seguía atrapado en la isla de su padre, y su madre seguía lejos, lejos, lejos…

Me dejé caer al suelo y pasé la mano por la lisa baldosa amarilla.

Oh, Padre, lloré.

No había vergüenza en tu confusión. Igual que no hubo vergüenza en la de tu padre antes de ti. Si tan solo no hubieran guardado silencio.

Fue el silencio lo que nos traicionó.

Si no hubiera sido por ese silencio, tu abuelo podría haberle dicho a tu padre que, aunque escapara de su pueblo y se vistiera como un hombre blanco y aprendiera las costumbres del hombre blanco, nunca podría escapar de quién era o de dónde había venido. Nunca podría crear una nueva identidad por sí solo, apartándose completamente del mundo que lo había formado.

Tu padre podría haberte enseñado esas mismas lecciones.

Y tú, el hijo, podrías haberle enseñado algo a tu padre. Podrías haberle mostrado que el nuevo mundo que él abrazó, el mundo de los ferrocarriles y los retretes interiores y los gramófonos, tenía un poder peligroso. Debido a ese poder, tu padre, mi abuelo, perdió una fe nacida de las dificultades, una fe que no era nueva, que no era negra ni blanca ni cristiana ni musulmana, pero que latía en el corazón de la primera aldea de Kenia y de la primera granja de Kansas; la fe en los demás.

El silencio mató tu fe. Y sin ella te aferraste demasiado a tu pasado. Y demasiado poco. Demasiado a su rigidez, sus sospechas, sus crueldades masculinas; demasiado poco a la risa en la voz de la abuela, a los placeres de la compañía mientras se arreaban las cabras, al murmullo del mercado, a las historias en torno al fuego.

A pesar de todos tus dones, tu mente rápida, tu encanto, nunca podrías estar completo si dejabas atrás ese precioso legado.

Durante mucho tiempo me senté entre las dos tumbas y lloré. Cuando ya no me quedaban lágrimas que llorar, sentí que me invadía la calma. Sentí que el círculo se cerraba por fin. Me di cuenta de que mi vida en Estados Unidos, la vida negra, la vida blanca, la sensación de abandono que había sentido de niño, la frustración y la esperanza que había presenciado en Chicago, estaba toda conectada a esta pequeña parcela de tierra a un océano de distancia; conectada por algo más que un nombre accidental o por el color de mi piel. El dolor que sentía era el dolor de mi padre. Mis preguntas eran las de mis hermanos. Su lucha era mi lucha.

Una ligera lluvia comenzó a caer y sentí una mano en mi brazo. Me di la vuelta y vi a Bernard a mi lado, tratando de cubrirnos a los dos con un viejo paraguas doblado.

—Querían que viera si estabas bien —dijo.

Sonreí.

—Sí, estoy bien. Caminemos.

Nos levantamos y nos dirigimos a la entrada del recinto. El chico más joven, Godfrey, estaba apoyado en la pared de la cabaña de cocinar. Nos miró y sonrió tímidamente.

—Vamos —dijo Bernard, haciéndole un gesto con la mano—. Puedes caminar con nosotros.

Y así, los tres nos dirigimos por el camino de tierra que se ensanchaba, recogiendo hojas que crecían por el camino, viendo cómo la lluvia caía sobre los valles.

EPÍLOGO

Me quedé en Kenia durante dos semanas más. Volvimos todos a Nairobi y hubo más cenas, más discusiones, más historias. La abuela se quedó en el apartamento de Auma, y cada noche me dormía con el sonido de sus voces susurrantes. Un día nos reunimos en un estudio fotográfico para hacernos un retrato familiar, y todas las mujeres llevaban vestidos africanos de colores verdes, amarillos y azules brillantes, y los hombres se veían altos, bien afeitados y bien planchados, y el fotógrafo nos dijo que formábamos una imagen muy bonita.

Roy voló de vuelta a Washington, D.C., poco después, y la abuela volvió a *Home Squared*. Los días se volvieron repentinamente muy tranquilos, y una cierta tristeza se apoderó de Auma y de mí, como si estuviéramos saliendo de un sueño.

El último fin de semana de mi estancia, Auma y yo tomamos el tren hacia la costa y nos alojamos en un viejo hotel frente al mar en Mombasa que había sido uno de los favoritos del Viejo. No hicimos mucho, solo leer y nadar y pasear por la playa, observando a los pálidos cangrejos escurrirse como fantasmas en sus agujeros de arena. Visitamos el casco antiguo de Mombasa; subimos las desgastadas escaleras de un fuerte construido por los portugueses que ahora es una carcasa vacía de piedra, con enormes muros descascarillados como papel maché y cañones vacíos que apuntan a un mar tranquilo.

De regreso a Nairobi, Auma y yo decidimos darnos un lujo y compramos billetes en una línea de autobús que realmente asignaba asientos. Pero mis rodillas acabaron pellizcadas por un pasajero que quería sacar el máximo provecho de los asientos reclinables, y una repentina tormenta hizo que goteara agua por el techo, que intentamos, sin éxito, tapar con pañuelos de papel.

Al final dejó de llover y nos encontramos con un paisaje árido de grava y arbustos y uno que otro baobab. Recordé haber leído en alguna parte que el baobab podía pasar años sin florecer, sobreviviendo con pocas lluvias; y al ver los árboles allí en la brumosa luz de la tarde, comprendí por qué la gente creía que tenían un poder especial, que albergaban espíritus ancestrales y demonios y que la humanidad apareció por primera vez bajo un árbol así.

—Lucen como si cada uno tuviera una historia que contar —dijo Auma.

Y era cierto. Cada árbol parecía poseer su propio carácter: ni generoso ni cruel, sino simplemente antiguo, con secretos cuya profundidad nunca podría sondear. Parecía que iban a levantar sus raíces y marcharse, si no fuera por el conocimiento de que en este planeta un lugar no es muy diferente de otro; el conocimiento de que un momento ya lleva dentro de sí todo lo que ha pasado antes.

MIENTRAS ESCRIBO, han pasado seis años desde aquel primer viaje a Kenia, y muchas cosas han cambiado en el mundo.

Para mí, ha sido un período relativamente tranquilo, un tiempo para hacer las cosas que nos decimos que finalmente debemos hacer para crecer. Fui a la Facultad de Derecho de Harvard y pasé la mayor parte de los tres años en las bibliotecas. El estudio del derecho puede ser a veces decepcionante: una cuestión de aplicar reglas estrictas a una realidad que a veces no coopera. A menudo, la ley ayuda a los que ya son poderosos a gestionar ese poder; y trata de explicarles a los demás por qué es justo que permanezcan impotentes.

Pero la ley no es solo eso. La ley es también un medio para que una nación examine su conciencia y se plantee las mismas preguntas que han llegado a dar forma a mi vida, las mismas preguntas que a veces, a altas horas de la noche, me encuentro haciéndole al Viejo; sobre la definición de comunidad y las formas en que todos somos responsables unos de otros. Las respuestas que encuentro en los libros de derecho no siempre me satisfacen. Sin embargo, creo que mientras se sigan planteando las preguntas, hay esperanza de que lo que nos une sea más fuerte que lo que nos separa.

Creo que he aprendido a ser más paciente estos últimos años, tanto con los demás como conmigo mismo. Si es así, le doy la mayor parte del crédito a mi esposa, Michelle. Ella es una hija del South Side de Chicago, criada en una de esas casas estilo bungalow que por tantas horas visité durante mi primer año en Chicago. No siempre sabe qué pensar de mí; le preocupa que, como el abuelo y el Viejo, sea algo soñador. A veces, con su sentido práctico y sus actitudes del Medio Oeste, me recuerda mucho a Toot. De hecho, la primera vez que la llevé a Hawái, Toot describió a mi futura esposa como "una chica muy sensata"; lo que Michelle entendió como el mayor elogio que podía recibir de ella.

Después de nuestro compromiso, llevé a Michelle a África para que conociera a la otra mitad de mi familia. Allí también tuvo un éxito inmediato, en parte porque pronto tuvo un vocabulario luo mucho más amplio que el mío. Lo pasamos muy bien en Alego, ayudando a Auma en un proyecto cinematográfico, escuchando más historias de la abuela y conociendo a parientes que no había visto la primera vez. Sin embargo, lejos del campo, la vida en Kenia parecía haberse vuelto más difícil. La economía había empeorado, el gobierno parecía más corrupto y la delincuencia callejera iba en aumento. El caso de la herencia del Viejo seguía en el aire, y Sarah y Kezia seguían sin hablarse. Ni Bernard, ni Abo, ni Sayid habían encontrado un trabajo estable, aunque mantenían la esperanza.

El padre de Michelle, de los hombres más decentes que he conocido, murió antes de que nos casáramos. El abuelo murió de cáncer de próstata unos meses después. Como veterano de la Segunda Guerra Mundial, fue enterrado en el cementerio nacional de Punchbowl, en una colina con vistas a Honolulu. Fue una pequeña ceremonia a la que asistieron algunos de sus compañeros de bridge y de golf, con una salva de tres cañonazos y una trompeta.

A pesar de estos sinsabores, Michelle y yo decidimos seguir adelante con nuestros planes de boda. La ceremonia tuvo lugar en el santuario de la Trinity United Church of Christ. Todo el mundo lucía muy bien en la recepción, mis nuevas tías admirando el pastel, mis nuevos tíos admirándose a sí mismos con sus esmóquines alquilados. Mi amigo organizador Johnnie estaba allí, compartiendo risas con algunos de mis viejos amigos de Hawái. También estaban Angela, Shirley y Mona, que le dijeron a mi madre lo bien que me había criado. "No saben ni la mitad", respondió mi madre riendo.

Miré a mi hermana pequeña, Maya, y vi a una mujer adulta, hermosa y sabia, con aspecto de condesa latina, con su piel aceitunada, su largo pelo negro y su vestido negro de dama de honor. Auma estaba a su lado, con un aspecto igual de encantador, aunque tenía los ojos un poco hinchados; para mi sorpresa, fue la única que lloró durante la ceremonia.

Cuando la banda empezó a tocar, las dos buscaron a los primos de cinco y seis años de Michelle, que habían sido nuestros portadores de anillos. Al ver a los chicos guiar a mis hermanas a la pista de baile, pensé que parecían jóvenes príncipes africanos con sus gorritos de tela *kente* y sus fajas a juego y pajaritas marchitas.

Sin embargo, la persona que me hizo sentir más orgullo fue Roy. En realidad, ahora le llamamos Abongo, su nombre luo, porque hace dos años decidió abrazar su herencia africana. Se convirtió al islam y ya no bebía ni fumaba. Seguía trabajando en su empresa de contabilidad, pero hablaba de volver a Kenia cuando tuviera suficiente dinero. De hecho, cuando nos vimos por última vez en *Home Squared*, estaba ocupado construyendo una cabaña para él y su madre, lejos del recinto de nuestro abuelo. Me dijo que había seguido adelante con su negocio de importación y que esperaba que pronto le diera suficiente dinero para emplear a Bernard y a Abo a tiempo completo. Y cuando fuimos juntos a ver la tumba del Viejo, me di cuenta de que por fin había una placa donde antes solo había cemento desnudo.

El nuevo estilo de vida de Abongo lo ha dejado en buena forma y con los ojos despejados. En la boda tenía un aspecto tan digno con su traje negro africano con ribetes blancos y sombrero a juego que algunos de nuestros invitados pensaron que podría ser mi padre. Aquel día fue sin duda un hermano mayor, calmando mis nervios, diciéndome pacientemente por quinta y sexta vez que sí, que todavía tenía el anillo de boda, y que si pasaba más tiempo frente al espejo no importaría mi aspecto porque seguro llegaríamos tarde.

Hacia el final de la boda, lo vi sonreír ampliamente para la cámara de vídeo, con sus largos brazos sobre los hombros de mi madre y Toot, cuyas cabezas apenas le llegaban a la altura del pecho.

—Eh, hermano —me dijo cuando me acerqué a los tres—. Parece que ahora tengo dos nuevas madres.

Toot le dio una palmadita en la espalda.

—Y nosotros tenemos un nuevo hijo —dijo, aunque cuando intentó decir "abongo" su lengua de Kansas lo destrozó sin remedio.

La barbilla de mi madre empezó a temblar como cuando está a punto de llorar, y Abongo levantó su vaso de ponche de frutas para brindar.

—Por los que no están aquí con nosotros —dijo.

—Y por un final feliz —dije yo.

Regamos nuestras bebidas en el suelo de baldosas a cuadros. Y por ese momento, al menos, me sentí el hombre más afortunado del mundo.

POSDATA

Julio de 2004

La mayoría de los personajes de este libro, cuyos nombres han sido cambiados para proteger su privacidad, siguen formando parte de mi vida.

La excepción es mi madre, que murió de cáncer en 1995, unos meses después de que se publicara la primera edición de *Los sueños de mi padre*. Llevó su enfermedad con gracia y buen humor, y nos ayudó a mi hermana Maya y a mí a seguir adelante con nuestras vidas, a pesar de lo mucho que temíamos perderla.

Había pasado los diez años anteriores haciendo lo que le gustaba. Viajó por el mundo y trabajó en aldeas lejanas de África y Asia, ayudando a las mujeres a comprar una máquina de coser o una vaca lechera o a obtener educación. Reunió a amigos de arriba y de abajo, dio largos paseos y contempló la luna. Escribió informes, leyó novelas, molestó a sus hijos y soñó con sus nietos.

Nos veíamos a menudo y nuestro vínculo nunca se rompió. Mientras escribía este libro, ella leía los borradores y corregía las historias que yo había malinterpretado. Se cuidaba de no comentar los pasajes sobre ella, pero se apresuraba a defender a mi padre si consideraba que yo estaba siendo demasiado duro con él.

A veces pienso que habría escrito un libro diferente si hubiera sabido que mi madre no viviría mucho más, menos una meditación sobre mi padre ausente y más una celebración de quien fue la única constante en mi vida. La veo cada día en mis hijas: en su alegría y su capacidad de asombro. No voy a intentar describir lo mucho que todavía lloro su muerte. Sé que era el espíritu más amable y generoso que he conocido, y que lo mejor de mí se lo debo a ella.

CRÉDITOS FOTOGRÁFICOS

CUADERNILLO DE FOTOS

PÁGINA 1: Todas las fotografías son cortesía del Archivo de la Familia Obama-Robinson

PÁGINA 2: Todas las fotografías son cortesía del Archivo de la Familia Obama-Robinson

PÁGINA 3: Todas las fotografías son cortesía del Archivo de la Familia Obama-Robinson

PÁGINA 4: Todas las fotografías son cortesía del Archivo de la Familia Obama-Robinson

PÁGINA 5: Laura S. L. Kong / Getty Images

PÁGINA 6: (*arriba*) Lisa Jack / Getty Images; (*centro derecha, centro izquierda, abajo*) Cortesía del Archivo de la Familia Obama-Robinson

PÁGINA 7: (*arriba*) Joe Wrinn / Getty Images; (*centro*) ©Ins News/Shutterstock; (*abajo*) Cortesía del Archivo de la Familia Obama-Robinson

PÁGINA 8: Todas las fotografías son cortesía del Archivo de la Familia Obama-Robinson

AGRADECIMIENTOS

Agradezco a Rachel Klayman, mi editora de muchos años en Crown, por haber tomado la versión original de este libro, mucho más extensa, y haberla adaptado hábilmente para los lectores más jóvenes.

En Crown, también me gustaría dar las gracias a David Drake, que orquestó hábilmente la publicación de esta edición, y a Chris Brand, que replanteó la portada del libro para un nuevo público. Madison Jacobs y Lydia Morgan siguieron con energía cada detalle y mantuvieron el proyecto en marcha.

Como siempre, tengo la suerte de contar con el trabajo duro y el apoyo constante de mi personal, especialmente de Anita Decker Breckenridge, que ha gestionado cuidadosamente cada paso del proceso.

También estoy en deuda con Sara Corbett, que ha leído la adaptación con su habitual cuidado y su aguda mente editorial, haciendo muchas sugerencias útiles.

Esta edición no sería posible sin todo el equipo de Delacorte Press/Random House Children's Books, especialmente la editora Beverly Horowitz. Gracias también a John Adamo, Dominique Cimina, Denise DeGennaro, Colleen Fellingham, Felicia Frazier, Rebecca Gudelis, Emily Harburg, Judith Haut, Erica Henegan, Noreen Herits, Tracy Heydweiller, Alison Kolani, Barbara Marcus, Stephanie Moss, Linda Palladino, Tamar Schwartz, Jinna Shin, Tim Terhune y April Ward, así como a los grupos de marketing, publicidad, ventas y derechos extranjeros y subsidiarios.

Por último, me gustaría agradecer a mi familia los años de amor, apoyo y aprendizaje que me han proporcionado desde la publicación original de este libro. Gracias a ellos siempre me sentiré joven.